# 배움과
# 좌절의
# 갈림길,
# 야학—

# 배움과 좌절의 갈림길, 야학

한국 근현대 학교 풍경과 학생의 일상 08

**초판 1쇄 인쇄** 2017년 12월 1일 \ **초판 1쇄 발행** 2017년 12월 5일
**지은이** 임송자 \ **펴낸이** 이영선 \ **편집 이사** 강영선 김선정
**주간** 김문정 \ **편집장** 임경훈 \ **편집** 김종훈 유선 이현정 \ **디자인** 김회량 정경아
**독자본부** 김일신 이호석 김연수 박정래 손미경 김동욱

**펴낸곳** 서해문집 \ **출판등록** 1989년 3월 16일(제406-2005-000047호)
**주소** 경기도 파주시 광인사길 217(파주출판도시) \ **전화** (031)955-7470 \ **팩스** (031)955-7469
**홈페이지** www.booksea.co.kr \ **이메일** shmj21@hanmail.net

임송자 ⓒ 2017
ISBN 978-89-7483-897-3 94910
ISBN 978-89-7483-896-6 (세트)
값 23,000원

이 도서의 국립중앙도서관 출판시도서목록(CIP)은 e-CIP 홈페이지(http://www.nl.go.kr/ecip)에서
이용하실 수 있습니다.(CIP제어번호: CIP2017029545)

이 저서는 2013년 대한민국 교육부와 한국학중앙연구원(한국학진흥사업단)의
한국학총서 사업의 지원을 받아 수행된 연구임(AKS-2013-KSS-1230003)

進賢
한국학

한국 근현대
학교 풍경과
학생의 일상
08

임송자
지음

# 배움과 좌절의 갈림길, 야학

서해문집

## 총서를 펴내며

오늘날 한국의 교육은 1876년 국교 확대 이전 전통시대 교육과는 판이하다. 19세기 후반부터 오늘날에 이르기까지 일본을 거치거나 직접들어온 서구의 교육이 미친 영향이 적지 않기 때문이다.

이러한 교육은 한국인의 물질적 생활방식을 바꾸었을 뿐더러 가치관마저 송두리째 바꿨다. 그것은 오늘날 학교의 풍경과 학생들의 일상생활에서 엿볼 수 있다. 매일 일정한 시각에 등교해 교사의 주도로학년마다 서로 다르게 표준화된 교과서를 학습하고 입시를 준비하거나 취직에 필요한 역량을 키운다. 또한 복장과 용모 지도에서 볼 수있듯이 여전히 남아 있는 일제 잔재와 군사문화의 일부가 학생들의일상생활을 통제한다.

그러나 한국의 교육은 서구의 교육과는 동일하지 않다. 그것은 단적으로 해방 후 한국교육의 양적 성장에서 잘 드러난다. 초등교육은 물론 중등교육·고등교육의 비약적인 팽창은 세계교육사에서 유례를 찾아볼 수 없을 정도로 엄청난 규모를 보여 준다. 그리하여 이러한 경이적인 팽창은 한국의 경제성장에 기여했을 뿐만 아니라 사회 전반에 걸친 압축적 근대화에 견인차 역할을 수행했다. 아울러 이러한 성장은 직간접적으로 국민들의 의식에도 영향을 미쳐 산업화와 함께 민주화의 동력이 되었다.

그런데 오늘날 한국교육은 급속한 양적 성장을 거친 결과 만만치 않은 과제를 안고 있다. 사회의 양극화와 더불어 교육의 양극화가 극심해져 교육이 계층 이동의 사다리이자 자아실현의 디딤돌이 되기는 커녕 사회의 양극화를 부채질하고 학생들의 삶을 황폐화시키고 있다. 고등학생은 물론 초등학생·중학생들도 입시 준비에 온 힘을 기울임으로써 학생은 물론 학부모, 학교, 지역사회의 일상생활이 입시전쟁에 종속되어 버렸다.

도대체 1876년 국교 확대 이후 한국의 교육에서 어떠한 변화가 일어났기에 오늘날 이러한 현상이 일어났는가. 한국의 교육열은 어디에서 그 기원을 찾아야 하는가. 고학력자의 실업률이 나날이 증가함에도 이른바 학벌주의가 여전히 기승을 부리는 이유는 무엇인가. 그럼에도 야학으로 대표되는 제도권 바깥 교육이 비약적인 경제성장에도 끈질기게 살아남으며 한국교육에서 차지하는 비중이 낮지 않음은 무슨 까닭인가. 또 이러한 비제도권 교육은 한국의 압축적 근대화에 어떻게 영향을 미쳤으며, 비제도권 교육의 양적·질적 변동 속에서 학생들의 일상생활은 어떻게 변화했는가. 그 과정 속에서 학생들은 어떻게 자신의 꿈을 실현했으며, 한편으로는 어떻게 좌절했는가. 아울러 한국의 교육 현상은 유교를 역사적·사상적 기반으로 하는 동아시아 각국의 교육 현상과 어떻게 같고 또 다른가.

이 총서는 이러한 문제의식에서 역사학자·교육학자 10명이 의기투합해 저술한 결과물로서 다음과 같은 점에 중점을 두었다. 먼저 근현대 학교의 풍경과 학생의 일상생활을 공통 소재로 삼아 전통과 근대의 충돌, 일제하 근대성의 착근과 일본화 과정, 해방 후 식민지 유제의 지속과 변용을 구체적으로 고찰함으로써 한국적 근대성의 실체를 구명하고자 했다. 더 나아가 한국의 교육을 동아시아 각국의 근현대교육과 비교하고 연관시킴으로써 상호작용과 반작용을 드러내고 그 의미를 추출하고자 했다.

따라서 이 총서는 기존의 연구 성과를 디딤돌로 삼되 새로운 구성 방식과 방법론에 입각해 다음과 같은 부면에 유의하며 각 권을 구성했다. 첫째, 한국 근현대교육제도의 변천 과정을 통시적으로 고찰하면서 오늘날 한국교육을 형성한 기반에 주목했다. 기존의 한국 근현대 교육사에 대한 저술은 특정 시기·분야에 국한되거나 1~2권 안에 개괄적으로 정리하는 것이 보통이었다. 그러나 이러한 저술은 한국근현대교육의 흐름을 파악하는 데 도움을 줄 수는 있으나 자료에 입각해 통시적이고 종합적으로 이해하기에는 아쉬움 점이 적지 않았다.

특히 대부분의 저술이 초등교육에 국한된 나머지 중등교육과 고등교육, 비제도권 교육에 대한 서술을 매우 소략했다. 그리하여 이 총서에서는 기존 저술의 이러한 한계를 극복하기 위해 일반 대중의 눈높이를 염두에 두면서 초등교육은 물론 중등교육·고등교육을 심도 있게 다루었다. 다만 대중적 학술총서의 취지를 살려 분량을 고려하고 초등교육·중등교육·고등교육 각각의 기원과 의미에 중점을 둔 까닭에 개괄적인 통사 서술 방식에서 벗어나 특정 시기를 중심으로 구체적으로 서술했다.

둘째, 이 총서의 가장 큰 특징은 기존 연구에서 거의 다루지 않은 학생들의 일상을 미시적으로 탐색하면서 한국적 근대의 실체를 구명하는 데 있다. 따라서 이 작업은 교육제도와 교육정책에 치중된 기존 연구 방식에서 벗어나 삶의 총체성이라 할 일상 문제를 교육 영역으로 적극 끌어들였다고 하겠다. 물론 학생의 일상은 교육사 전체에서 개관하면 매우 작은 부분일 수 있다. 그러나 이들 학생의 일상은 국가와 자본, 사회와 경제 같은 거대한 환경에 따라 규정될뿐더러 학생이 이러한 환경과 상호작용하면서 자신의 체험을 내면화함으로써 새로운 세계를 열어가는 기반이라는 점에서 그 의미가 적지 않다. 그리하여 한국 근현대 시기 학생의 일상에 대한 서술은 일상의 사소한 경험이 사회 구조 속에서 빚어지는 모습과 특정한 역사 조건 속에서 인간 삶이 체현되는 과정으로 귀결된다. 나아가 이러한 서술은 오늘날 한국인의 심성을 만들어낸 역사적·사회적 조건을 구명하는 계기를 제공할 것이다. 이에 이 총서는 문화연구 방법론을 활용하기 위해 기존 역사 자료 외에도 문학 작품을 비롯해 미시적인 생활 세계를 담은 구술 채록과 증언 자료, 사진, 삽화 등을 적극 활용했다.

셋째, 이 총서의 마무리 저술에서는 학제 작업의 장점을 살려 일본·타이완과 같은 동아시아 국가의 교육과 비교·연관함으로써 동아시아적 시야 속에서 한국 근현대교육의 위상과 의미를 짚어보고자 했다. 왜냐하면 일본과 타이완, 한국은 유교를 기반으로 하면서도 각각 제국주의와 식민지라는 서로 다른 처지에서 전통과 다르면서도 공히 자본주의 체제를 내면화하면서 급속한 경제성장과 정치적 권위주의의 병존, 1990년대 이후의 민주화 여정에서 볼 수 있듯이 서구와 서로 다른 동아시아적 특색을 구비했기 때문이다. 따라서 동아시아 속에서 비교·연관을 통한 한국 교육에 대한 재검토는 이후 한국 교육의 방향을 국민국가 차원에서 벗어나 동아시아적·지구적인 차원에서 모색하는 데 중요한 시사점을 제공할 것이다.

그럼에도 이 총서는 기존 연구 성과를 밑거름으로 삼아 집필되었기 때문에 각 권마다 편차를 보인다. 지금에서야 새롭게 주목받기 시작한 일상생활 영역과 오래 전부터 연구돼 온 영역 간의 괴리로 인해 연구 내용과 자료가 시기마다, 학교급마다, 분야마다 균질하지 않기 때문이다. 다만 총서의 취지와 주제를 적극 살리기 위해 이러한 차이를 메우려고 노력했다는 점도 부기하고자 한다. 그리하여 이 총서가 한국 근현대교육사를 한때 학생이었던 독자의 눈과 처지에서 체계적으로 이해할뿐더러 학생의 일상과 교육의 상호작용을 구체적으로 묘사하는 데 중요한 문화 콘텐츠로 활용되기를 기대한다. 또한 이 총서는 총10권으로 방대하지만 독자들이 이러한 방대한 총서를 통해 한국 근현대교육사의 속내를 엿보는 가운데 한국교육의 지나온 발자취를 성찰하면서 오늘날 한국교육이 나아가야 할 방향을 모색하는 데 기꺼이 동참해 주기를 고대한다. 이 자리를 빌려 이 총서를 발간할 수 있도록 지원해 준 한국학중앙연구원 한국학진흥사업단에 감사의 말씀을 드린다.

끝으로 총서 작업을 해오는 과정에서 저자들에 못지않게 교열을 비롯해 사진·삽화의 선정과 배치 등 온갖 궂은일을 도맡아 주신 출판사 편집진의 노고에 감사의 뜻을 표한다. 아울러 독자들의 따뜻한 관심과 차가운 질정을 빈다.

저자들을 대표해 김태웅이 쓰다

## 머리말

야학의 의미를 사전에서 찾아보면 '야간학교의 줄임말이며 밤에 글을 배운다'라는 뜻이 담겨 있다. 처음에는 주간에 학교를 가지 못하는 학생을 대상으로 야간 교육을 행한 곳이었기에 야학이라는 명칭이 붙었다. 그런데 세월이 지나면서 야간에만 공부하는 곳이 아니라 주야를 가리지 않고 교육이 이루어지는 곳으로 의미가 변화했다. 야학의 명칭은 다양하다. 역사적으로 학당, 강습소, 야학, 야간학교, 교실, 센터 등의 이름을 사용했으며, 학교라는 명칭 앞에 설립자의 의도나 사회적인 역할을 강조하여 재건학교, 새마을학교, 직업청소년학교, 공민학교 등이 붙기도 했다.[1]

이훈도에 따르면, 야학은 ① 정부 주도 집단의식화 야학, ② 민간 주도 집단의식화 야학, ③ 민간 주도 개인의식화 야학으로 유형화할 수 있다.[2] 이러한 유형화는 야학의 지향점, 교육과정, 설립과 운영의 주체라는 기준에 따른 것이다. 다시 말해 설립과 운영의 주체에 따라 정부 주도냐 민간 주도냐를 가른 것이며, 야학의 지향점에 따라 개인 의식화와 집단의식화로 나눈 것이다. 한편 이장원은 교육을 민중교육과 제도교육으로 분류하고, 야학은 민중교육의 한 형태라는 견해를 밝히고 있다. 그는 또한 민중교육이 제도교육의 적대적 모순(지배계급의 이데올로기를 피지배계급이 갖게 한다는)을 극복하기 위한 운동이라고 주장했다.[3]

역사적으로 일제시기 야학의 흐름은 해방 후 문해운동으로 계승되었다. 해방 후에는 일제 말기 국어(일본어) 상용을 강요했기 때문에 언어적인 혼란이 극심했다. 따라서 해방 후 교육계의 최대 현안은 '우리말 도로 찾기'였다. 이와 함께 문맹 퇴치 문제도 교육계의 중요한 화두가 되었다. 문맹률이 78퍼센트에 이르는 상황은 민주국가 건설에 치명적인 걸림돌로 작용할 수 있었기 때문이다. 따라서 해방이라는 열린 공간에서 대중의 향학열이 고조되었으며, 이러한 대중의 향학열을 반영하여 미군정 학무국(문교부) 주도로 문해교육이 실시되었다.

또한 미군정의 교육정책에 부응하여 우익 세력이나 우익 학생 단체는 문맹 퇴치 활동을 적극적으로 전개했다. 이러한 활동은 우익 세력의 정치적 기반을 확보하기 위한 일환이었다. 미군정의 좌익 탄압책으로 유리한 지형을 형성하면서 전개되었고, 이승만李承晩 세력과 한민당 세력이 주창한 남한만의 단독정부 수립을 성공적으로 이끌기 위한 목적으로도 행해졌다. 한편 좌익 세력은 9월 총파업, 10월 항쟁 이후 세력이 점차 약화되면서 상대적으로 문해교육을 시행하는 데 어려움을 겪었다.

정부 수립 후 정부가 주도하는 문해교육은 1949년 교육법 제정으로 본격화되었다. 교육법에 따라 17세 이상 비학령기 국민들을 위한 교육을 공민학교 성인반을 통해 실시할 예정이었으나 1950년 한국전쟁이 발발하면서 좌절을 겪었다. 이 시기에 기독교 계명협회라는 종교 단체에서 문맹 퇴치 교육을 실시하기도 했다.[4] 전쟁 후에는 국가 주도로 한글 강습소나 공민학교에서 문맹 퇴치 교육을 실시했고, 개인과 민간단체에서도 야학을 설립하여 문해교육을 실시했다. 이승만 정권은 1953년 휴전 협정 이후 1954년부터 1958년까지 문맹자 퇴치 운동을 대대적으로 전개했다. 이 시기 문맹 퇴치 교육은 국가가 주도했지만 실제로는 민간의 자발적 참여가 중요한 역할을 했다. 이렇게 미군정기와 이승만 정권기의 야학은 문해교육을 중심으로 정책이 펼쳐졌다. 그러나 1960년대 초 정부에서는 문맹이 어느 정도 퇴치되었다고 인식하고 문해교육을 소홀히 다룬 측면이 있다.[5]

1961년 5·16 군부 쿠데타 이후 문맹 퇴치 교육은 재건국민운동의 일환으로 실시되었다. 재건국민운동은 1964년 재건국민운동중앙회가 발족되면서 민간단체 영역으로 이전되었으며, 재건국민운동중앙회는 재건학교 규정을 마련하여 사회교육을 시행했다. 재건학교는 국민학교를 졸업하고 중학교에 진학하지 못하는 학생들을 대상으로 교육했다. 한편 1960년대 농촌 계몽운동의 일환으로 야학이 설립되어 운영되었으며, 대도시에도 민간 사회교육 시설이 설립되었다. 1960년대는 중등교육에 대한 진학의 기회가 적었던 시기였으므로 상급학교 진학이 어려운 학생들이 야학으로 흡수되는 경우가 많았다.[6] 이러한 1960년대 민간야학은 순수한 봉사 형태의 야학으로, 계몽적인 수준을 벗어나지 못했다.

재건학교라는 이름으로 국가 주도하에 이루어졌던 야학은 1969년 중학교 평준화로 인해 그 수가 점차 줄어들었다. 1975년 12월에는 재건국민운동본부가 해체되어 재건학교의 지도 감독이 마을금고연합회로 승계되었다. 이에 따라 1976년에 재건학교라는 명칭이 새마을청소년학교로 바뀌었다. 한편 이 시기에는 민간 주도로 검정고시야학, 빈민야학이 활성화되었다. 또한 1970년대는 노동야학이 등장했던 시기다. 청계피복노동조합에서 운영한 새마을교실이 그 대표적인 사례라 할 수 있다. 새마을교실은 노동야학의 단초를 열었고, 1970년대 중·후반 노동야학으로 이어지는 징검다리 역할을 했다. 한편 1970년대 종교 단체는 민중선교 차원에서 야학을 직접 운영하거나 간접적으로 지원하는 활동을 전개했는데, 그 대표적인 종교 단체로 도시산업선교회나 가톨릭노동청년회, YWCA, 크리스천아카데미 등을 들 수 있다.

이상과 같이 해방 이후부터 1970년대 후반까지 이어져 온 야학의 흐름을 간략히 살펴보았다. 야학은 제도권교육에서 소외된 사람을 대상으로 문해교육, 계몽운동, 의식화교육을 담당했다. 한국의 교육은 제도권교육과 비제도권교육으로 구분되며, 비제도권교육은 제도권 교육을 보완하는 역할을 한다. 이 책은 해방 후부터 1980년대 전반기까지 야학의 역사와 학생의 일상을 탐색하고, 비제도권교육인 야학이 교육사에서 어떠한 기능을 수행했는지 파악하는 것을 목적으로 삼고 있다.

1장에서는 해방 후부터 1950년대까지 문해교육의 역사를 살펴볼 것이다. 첫째, 미군정기 각 정당과 사회단체는 좌우를 막론하고 문해교육의 중요성을 강조했는데, 이에 대한 구체적인 내용을 파악하고자 한다. 둘째, 미군정의 문해교육 정책을 살펴보고 이러한 정책이 어떠한 기능을 했는지 탐색하고자 한다. 셋째, 미군정의 좌익 탄압책으로 인해 문해교육의 활동 공간을 유리하게 넓혀 나갔던 우익 정치 세력과 우익 학생 단체가 어떠한 방식으로 문해교육 활동을 전개했는지 살펴볼 것이다. 시기를 ① 제1차 미소공위 휴회 이후, ② 9월 총파업과 10월 항쟁 이후, ③ 단정 수립 과정으로 나누어 살펴보고, 이러한 활동이 어떠한 기능을 했는지 분석하고자 한다. 특히 주목할 점은 남조선 과도입법의원의 〈입법의원의원선거법〉 제정 과정인데, 우익 세력이 문해교육을 어떠한 방향으로 활용하고자 했는지를 살펴보는 데 유용하다. 넷째, 정부 수립 후 문해교육 정책을 다룰 것이다. 교육법 제정 과정에서 문해교육을 어떠한 방향으로 실시하려고 했는지, 그리고 교육법 제정 이후 문해교육은 어떠한 내용으로 전개되어 갔는지를 중점적으로 파악하고자 한다. 다섯째, 이승만 정부에서 1954년부터 1958년까지 대대적으로 전개했던 '문맹 퇴치 5개년 사업'을 구체적으로 살펴보고, 정부가 어떠한 의도로 '문맹 퇴치 5개년 사업'을 추진했는지 분석하고자 한다.

2장에서는 산업화 시기 야학의 역사를 다룰 것이다. 1960년대와 1970년대를 하나의 용어로 명명하기 어려운 점이 있어 잠정적으로 '산업화 시기'로 묶은 이 장에서는 두 시대의 야학사에 초점을 맞춰 살펴볼 것이다. 이 시기는 민주당 정부의 향토학교 운동으로, 5·16 군부 세력의 재건국민운동, 박정희 정권의 새마을운동에 따라 향토야학, 재건학교, 판자촌야학, 새마을학교, 새마을청소년학교, 산업체부설학교, 산업체 특별학급 등 여러 형태의 야학이 등장했다. 따라서 1950년대 후반에 논의가 활발히 진행되어 4월 혁명 이후 민주당 정부 아래에서 추진한 향토학교 운동이나 5·16 군부 쿠데타 이후 군부 세력에 의해 대대적으로 전개한 범국민운동으로서의 재건국민운동, 그리고 농민 동원과 통제를 목적으로 1970년부터 시작된 농촌 새마을운동, 뒤이은 공장 새마을운동 등을 면밀히 검토하면서 여러 유형의 야학을 살펴볼 필요가 있다.

한편 이 시기에는 '압축 성장'의 그림자로써 도시빈민과 판자촌, 그리고 노동문제가 심화되었다. 이를 반영하여 빈민촌의 민간야학 설립이 두드러졌으며, 1970년대 중·후반부터는 계몽적인 성격을 가진 노동야학도 하나의 흐름으로 자리를 잡아 가고 있었다. 따라서 빈민촌

민간야학, 검정고시야학에서 노동야학으로 변화해 갔던 서둔야학, 그리고 노동야학의 성격을 일정 정도 갖추고 있던 청계천 노동교실과 빛고을 들불야학을 구체적으로 검토하고 그 역할과 기능을 분석하고자 한다.

3장에서는 학출(대학생 출신) 운동가의 야학 활동과 이에 대한 국가권력의 개입과 억압을 다룰 것이다. 첫째, 산업화 과정에서 나타난 노동자 계급의 증가, 그리고 성장 제일주의를 모토로 대기업 중심의 산업화 정책을 펼치게 되면서 부의 편중, 사회적 불평등, 노동자 계층의 소외와 상대적 박탈감이 심화된 상황을 간략히 정리할 것이다. 둘째, 파울로 프레이리Paulo Freire의 민중교육이 한국 사회에 도입되어 지식인의 민중교육, 의식화교육에 영향을 미치게 되는 과정을 살펴볼 것이다. 셋째, 1970년대 후반기~1980년대 전반기에 학출 운동가가 민중에 주목하여 노동야학 활동을 전개했는데, 이에 대한 구체적인 과정을 살펴보고자 한다. 넷째, 국가권력의 야학에 대한 규제와 억압을 살펴보고, 야학 탄압의 대표적인 사례의 하나로써 '야학연합회 사건'의 실체를 규명하고자 한다. 마지막으로 사회적으로 야학을 어떻게 바라보았는지를 살펴볼 것이며, 민중야학에 대한 당시 언론의 보도 내용을 분석하고자 한다.

4장에서는 학생들의 삶과 희망, 그리고 야학 문화를 살펴볼 것이다. 야학의 주체인 학생을 중심으로 그들의 삶과 학교생활의 모습을 생생하게 드러내기 위해 제4장을 마련했다. 첫째, 노동자이면서 학생이었던 야학생의 고단한 생활상, 현실과 희망 사이에서 겪게 되는 좌절, 그리고 교사(강학)와 학생 사이의 교감과 갈등의 모습을 담아내고자 한다. 둘째, 야학의 교육과정과 내용을 살펴보기 위해 야학을 구성하는 시간과 공간, 그리고 교과목을 중점적으로 살펴보고자 한다. 이를 통해 야학과 제도교육의 차별점을 파악할 수 있을 것으로 본다. 셋째, 은행저금식 교육과 문제제기식 교육의 장단점을 살펴보고 야학에서는 어떠한 수업 방식을 채택했는지 탐색하고자 한다. 넷째, 야학에서는 수업의 연장선상에서 입학식, 소풍, 야유회, 수학여행, 예술제, 문화제, 체육대회 등 갖가지 행사를 실시했다. 따라서 야학 문화를 탐색하는 데 상당히 유용한 행사들을 중심으로 야학 문화를 살펴보고자한다.

2017년 11월

임송자

# 차례

## I

## 해방 후~1950년대 문해교육과 전국 문맹 퇴치 5개년 사업

# 2

## 산업화 시기 야학의 역사

# 3

## 학출 운동가의 야학 활동과 국가권력의 억압

산업화와 노동계급의 증가 | 의식화교육의 필요성 대두 | 학출 운동가의 야학 활동

# 4

## 야학생의 삶과 희망, 그리고 야학 문화

노동자와 학생으로 살아가는 이중생활 | 학생들의 현실과 희망 | 학생과 교사의 교감과 갈등

은행저금식 교육 | 문제제기식 교육 | 야학에서의 교육 방식

입학식과 졸업식 | 소풍과 수학여행 | 학예회 | 체육대회

# 해방 후~1950년대
# 문해교육과 전국 문맹 퇴치
# 5개년 사업

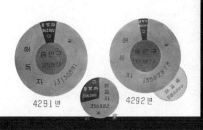

# I

## '문맹'의 늪에 빠진
## 가난하고
## 소외된 사람들

학교교육은 근대 이후 보편화되기 시작했으나, 지배 집단은 자신들
의 지위를 유지하기 위해 제도교육을 이용하여 불평등한 사회구조를
재생산했다. 1910년 8월 한일합방조약을 통해 조선의 국권을 침탈한
일본제국주의는 식민 통치를 용이하게 하고, 피지배 조선인들을 교화
하기 위해 제도교육을 이용했다.

따라서 식민지 조선인들에게 부여된 학교교육은 기본적으로 지배
와 통제를 위한 제국주의 일본의 이데올로기 장치였다. 일제는 식민
지 조선에서 일본인과의 차별화를 위해 제도교육을 최대한 활용하여
교육을 시행했다. 일제 식민 통치에 순응하는 국민을 만들기 위한 목
적에서 조선인에게 허용한 교육은 초등교육과 실업교육 수준을 크게
벗어나지 못했으며, 상급 단계의 교육은 양적으로 매우 제한되었고

질적으로도 특정 영역에 국한되었을 뿐이었다.[1]

일제시기 조선인들은 교육 기회를 얻기 위해 많은 희생을 감수할 수밖에 없는 존재였다. 조선인 대부분이 극히 빈곤하여 자녀들을 초등학교에 보내는 것조차 경제적으로 커다란 부담이었기 때문에, 배움을 갈구하는 아동과 청소년의 대다수는 제도교육에서 소외되었다. 1930년 10월 1일에 실시한 국세조사 결과(1934년 발표)에 따르면 조선인의 문맹자 비율은 전체 인구의 77.7퍼센트나 되었으며, 이 중에서 남자는 63.9퍼센트, 여자는 92퍼센트가 문맹자였다. 문맹자는 순문맹(illiterates)과 반半문맹(semi-literates)으로 나눌 수 있다. 순문맹은 일상 생활에 필요한 문장을 읽지도, 쓰지도 못하는 경우이며, 반문맹은 편지 정도의 문장을 읽을 수는 있으나 쓰지를 못하는 경우다. 따라서 문해자(literates)는 최소한 편지 정도의 문장을 읽고 쓸 수 있는 사람을 일컫는다.[2] 이렇게 볼 때 조선인 대다수는 편지 한 장조차도 읽을 수 없는 처지에 놓여 있었던 것이다.

연령별 문맹률을 살펴보면, 6~9세의 88.4퍼센트, 10~14세의 72.6퍼센트, 15~19세의 66.2퍼센트가 문맹자였다.[3] 이러한 현실에서 사회단체나 종교 단체, 언론사에서는 문맹 타파와 민중 계몽운동을 전개했다. 제도교육에서 소외된 농민과 노동자, 여성들을 위한 사회운동을 조직적으로 전개한 것이다. 이러한 민중교육은 농촌 운동을 통한 계몽과 농촌 야학 운영, 도시와 각 지역사회 단위로 조직된 각종 야학과 강습회, 그리고 교회를 중심으로 전개된 문해교육사업 등 다양한 양상을 보였다. 그러나 일제는 1930년대에 들어 만주 침략과 더불어 본격적인 전시체제와 황민화 정책을 수립하면서 문해교육 운동을 철저하게 금기하고 억압했다.[4]

식민지교육으로 인해 막대한 규모의 문맹자가 양산되었다. 일제시기부터 글을 읽고 쓰지 못하는 사람을 '눈뜨고 못 보는 까막눈', '눈뜬 소경', '문맹인'으로 일컬었다. 해방 후 남한의 문맹률은 총인구(12세 이상)의 78퍼센트에 달할 정도로 높은 수치를 기록했다.[5] 물론 78퍼센트라는 비율은 정확한 수치가 아니다. 대체로 학계에서는 78퍼센트로 보고 있으나 이견도 존재한다.[6] 그렇지만 일제시기 가난하고 소외된 대다수의 조선인이 일제의 식민정책으로 문맹의 늪에 빠져 있었던 것만은 분명한 사실이다.

2

# 해방 후
## 정당·사회단체가
## 인식한 문해교육

해방이 되자 민중들은 일제의 억압으로부터 벗어나 새 사회 건설에 대한 욕망을 표출하기 시작했다. 민중들의 정치적·사회적·경제적인 욕망이 전국 각지에서 분출되었으며, 교육에 대한 욕구도 충만해져서 전국적으로 국문 보급 운동이 일어났다. 높은 향학열에 부응하여 학원, 강습소, 야학 등 교육기관이 나날이 증가하는 추세였다.

해방 후 민족국가 건설이라는 대명제 아래 교육 부문에서 시급히 해결해야 할 과제는 식민주의 교육 체제 청산이었다. 황국신민을 길러내기 위한 목적에서 실시된 식민주의 교육을 폐기하고, 민족민주국가 건설에 부응하는 민주적인 교육의 도입이 무엇보다도 절실히 요청되었다. 이와 함께 '문맹 퇴치' 문제가 시급히 해결해야 할 과제의 하나로 부상했다. 일제시기 우민정책의 소산인 높은 문맹률은 민족민주국가 건설에 크나큰 걸림돌로 작용할 수 있었기에 무엇보다 문해교육 문제가 최대 현안으로 제기된 것이다.

문해교육의 중요성은 좌우를 막론하고 정당·사회단체에서 깊이 인식했다고 볼 수 있다. 이는 각 정당이나 사회단체의 시정방침, 선언문, 정강, 결정서 등을 통해 파악이 가능하다. 물론 좌우 세력은 각각 자신들이 지향하는 국가체제에 적합한 국민 형성을 목표로 문해교육의 중요성을 인식하고 이를 정책에 반영했다.

해방이 되면서 곧바로 출범한 건국준비위원회는 "우리가 수행해야 할 당면 임무는 완전한 독립과 진정한 민주주의의 확립을 위하여 노력하는 것"임을 밝혔다. 1945년 9월 6일 전국인민대표대회를 통해 성립한 조선인민공화국은 27개 시정방침의 하나로 "일반대중의 문맹 퇴치"를 제시했다.[7]

좌우연합의 여성 단체로서 8월 17일에 결성된 건국부녀동맹에서도 행동강령에 여성대중의 문맹 타파를 명시했다. 건국부녀동맹은 이후 좌익의 조선부녀총동맹과 우익의 한국애국부인회, 조선여자국민당으로 분리되었는데,[8] 좌익계를 중심으로 결성된 조선부녀총동맹(부총)도 12월의 결성대회에서 문맹 퇴치 문제를 토의사항의 하나로 포함시켜 "우리나라 말과 글"을 깨우치게 할 구체적인 방침을 논의했다.[9] 그리고 부녀대중을 위한 한글 보급을 조직의 중요한 행동 목표로 설정했으며, 행동강령으로 "교육에 대한 남녀 차별제 철폐"를 내세웠다.[10] 11월 12일 건국동맹을 발전적으로 해소하고 "개방적인 대중적

정당"으로 재출발한 조선인민당도 정책의 하나로 "문맹 퇴치 및 사회 교육의 추진"을 내세웠다.[11]

1945년 9월 11일 재건파를 중심으로 통합된 조선공산당은 9월 20일 〈현 정세와 우리의 임무〉(8월테제)를 채택함으로써 "농민의 교화기관을 국가 부담으로 실시할 것", "농촌 내에서 혁명적 계몽운동을 일으킬 것"을 주장했다.[12] 이는 문맹인구가 농촌에 집중된 점을 고려하여 농촌 계몽운동의 중요성을 강조한 것이라 할 수 있다. 11월 5일에 결성된 조선노동조합전국평의회(전평)는[13] 미조직 대중을 조직 내로 끌어들이기 위한 조직 확대와 조합원 대중의 계급의식 강화를 주요 활동 과제로 삼았다. 결성대회에서 전평은 노동자들의 일반교양에 관한 문제를 다루었는데, "노동자 교양 및 정치의식 주입"과 "우수한 분자" 양성을 목적으로 한 노동학교 설치를 결의했다. 그리고 강연반, 영화반, 연극반 등 이동선전대 조직을 통한 교양·선전 활동, 월간 잡지, 단행본, 번역물, 포스터, 벽신문, 선전문 등 일반 출판물 간행을 통한 교양·선전 활동을 펼칠 것을 결정했다.[14]

1945년 12월 8~10일에 개최한 전국농민조합총연맹(농총) 결성대회에서도[15] 계몽운동 방침을 중요하게 다루었으며, "농민조합 청년부를 중심으로 활발한 선전 계몽운동을 전개하여 농민의 정치적 의식을 앙양하는 동시에 농민의 사회적 지위의 향상을 기할 것"을 결의했다. 계몽운동의 방법으로 "문맹 퇴치를 위한 강습회, 야학 등의 개최", "정치의식의 앙양을 위한 강습회 토론회 간담회의 개최" 등을 제시했으며,[16] 기관지《전국농민신문全國農民新聞》발간을 결의했다.[17] 1945년 12월 11~12일에 개최한 조선청년총동맹(청총) 결성대회에서[18] 결정서를 채택했는데, 이때 "국가 부담으로 청소년의 문맹 퇴치와 의무교육제를 실시"하자고 결의했다.[19]

건국준비위원회와 조선인민공화국에 대항하기 위해 우익 진영도 결집하기 시작하여 9월 16일에 한국민주당(한민당)을 창당했다. 한민당은 "대중 본위의 민주주의 제도 앞에 개로개학皆勞皆學으로써 국민의 생활과 교양을 향상"시킬 것을 선언했다.[20] 여운형呂運亨과 협력하여 건국준비위원회에 참여했던 안재홍安在鴻은 건국준비위원회 좌우 분열 과정에서 이탈하여 9월 1일에 국민당을 결성했는데, 정책으로써 "국가 책임제의 의무 교육제도의 실시"를 내걸었다.[21] 한편 한국독립당(한독당)은 환국에 앞서 8월 28일 대표자대회를 개최하고 선언, 당의黨義와 당강黨綱, 27개조 당책黨策 등을 채택했다. 문맹 퇴치에 대한 구체적인 내용을 제시하지는 않았으나 '선언'에서 "정치·경제·교육의 균등을 기초로 한 신新 민주국을 건립"할 것을 주창했다. '당강'에서는 "국비 교육 실시를 완비하여서 기본 지식과 필수 기능을 보급할 것"을 내세웠다.[22]

한편 근로대중의 계몽을 목적으로 '새한사'를 창립하고, 1946년 1월 19일에는 주간지《새한》창간호를 펴냈다. 여기에 실린 기고문을 보면 정치인들의 문맹 퇴치에 대한 관심 정도를 파악할 수 있다. 먼저 이승만은 "보통 평민과 농민들의 지식 발달이 없이는 공화제도는 부지 못 한다"고 강조했다. 조선어학회 간사장 이극로李克魯는 "농민 계몽은 새나라 건설에 위대한 힘을 주게 된다. 국민교육이 보급되지 않았으니, 한글 신문으로 우선 보급시킬 일"이라며 공화제 국가 건설을 위한 국민교육의 필요성을 주창했다. 한민당 원세훈元世勳은 "나라의 주인은 국민인데 국민에 대한 계몽이 매우 시급하다. 그 급선무의 하나는 농민 계몽운동이다. (…) 젊은 청년들이 민중 속에 들어가서 활발한 계몽을 전개해야 한다"라는 의견을 제시했으며, 국민당 당수 안재홍도 농민 계몽운동이 긴급한 문제라고 강조했다. 조선공산당 당수 박헌영朴憲永은 "문맹 퇴치 운동을 적극적으로 전개"할 것을 주장했으며, 조선인민당 이여성도 문맹 퇴치의 중요성을 피력하면서 "우리 당의 복안은 중학 이상의 학생을 동기 휴가를 이용하야 계몽대를 조직하고 농한기에 농민의 문맹을 퇴치할가(까) 함이다"라고 하며 구체적인 실천 방안을 제시했다.[23] 이와 같이 정치인들은 문맹 퇴치를 위한 계몽운동의 중요성, 특히 문맹의 대다수를 차지하고 있는 농촌에서의 문맹 퇴치, 부녀자들을 대상으로 한 문맹 퇴치의 필요성을 개진했다.

문해운동은 해방 후 사회적으로 향학열이 고조되는 가운데 일제시기의 '브나로드운동'을 계승하여 자발적으로 전개되었다. 조선어학회는 9월 11일부터 우리말 지도자를 양성하기 위한 강습회를 열어 중등 이상의 학교 졸업자와 교직원을 대상으로 강좌를 개설했으며,[24] 한글 보급을 위한 한글 입문 교재를 긴급히 편찬하는 작업에 들어갔다.[25]

또한 한글 강습회를 열어서 교육과정을 보통반·고등반·사범반으로 나누고 2주일~1개월 사이의 단기 교육을 실시했다.[26] 한글 강습회는 조선어학회가 처음으로 주최했으나 한글문화보급회가 창립된 뒤로는 한글문화보급회가 주관했고, 조선어학회는 강사 초청만을 담당했다.[27] 1945년 9월에 결성된 한글문화보급회는 경성에 본부를 두고 지방에는 도지부, 군무회를 두었다. 이 단체는 조선어학회 지도를 받아 강연회, 강습회, 기관지, 출판물을 통한 한글을 보급시키는 활동을 했다.[28]

조선어학회와 한글문화보급회 이외에도 조선사회교육협회, 중앙성인계몽협회, 성인교육협회 총본부 등이 발족하여 한글을 깨우치기 위한 활동을 전개했다. 조선사회교육협회는 "국민정신 고취, 국사·국문 보급, 노농·부인 계몽, 생활 개선 운동" 등을 목표로 1945년 10월 하순에 결성된 단체였다.[29] 중앙성인계몽협회는 문맹을 퇴치하고 국민을 재교육하여 공민으로서 수준을 높인다는 목적을 갖고 김윤경金允經·설의식薛義植·이훈구李勳求 등 10여 명이 발기하여 1946년 3월 31일에 결성되었다.[30] 성인교육협회 총본부는 1946년 6월 12일 민간단체로 출범했는데, 도·부(시)·군·면·동·리에 회會 또는 분회分會를 두어 운영했다.[31]

좌익이나 우익의 각 정당·사회단체는 문맹 퇴치, 대중 계몽의 중요성을 공통적으로 인식하고 있었다. 그러나 좌익 세력이 문맹 퇴치 활동에 적극성을 보인 반면 우익 세력은 1946년 5월 6일에 미소공동위원회(미소공위)가 휴회되기 전까지 조직적으로 활동을 펼치지는 못했다. 좌익 세력은 전평, 농총, 부총을 중심으로 노동자, 농민, 여성의 문맹을 퇴치하기 위한 활동에 적극 나섰다. 전평 산하 조직의 경우 교양 강습회를 정기적으로 혹은 수시로 열어 조합원들의 교양을 높이기 위한 활동을 전개했다. 예를 들면 1945년 12월 초순 왕십리지구에서 매주 월요일과 목요일에 '교양회'를 열어 노동자를 교육했는데, 이때의 교과목은 시사, 특수, 일반 등 세 과목이었다. 섬유노조인 태창직물 분회에서도 1946년 1월 노동자를 대상으로 한글 이해와 교양 정도에 따라 나눈 3개의 반에서 교양교육을 실시했다.[32]

우익 세력의 계몽·문해운동은 미소공위가 휴회된 이후에야 조직적으로, 그리고 본격적으로 추진되었다. 이러한 우익 세력의 활동은 우익 학생 단체를 적극적으로 동원하는 형태로 진행되었다. 반면 좌익 세력은 미소공위 휴회 이후 미군정의 좌익 탄압책에 의해 활동이 위축되었으며, 1946년의 9월 총파업, 10월 항쟁 과정에서 대량으로 검거당하면서 조직세가 약화되어 문해운동에 적극 나설 수 있는 형편이 되지 못했다. 이러한 상황에서 우익 세력은 미군정의 지원과 막대한 물리력을 바탕으로 좌익 세력을 밀어내고 계몽·문해운동을 주도적으로 전개할 수 있었다.

# 3

# 미군정 교육기구와
# 문해교육

## 미군정 교육기구

1945년 9월 9일 오후 4시, 연합국과 일본 측과의 종전협정에 대한 항복문서 조인식이 거행되었다. 그 시각 이후부터 남한 지역에서 미군정이 권력을 행사했다. 미군정은 교육 문제를 해결하기 위해서 적극적인 개혁을 추진하기보다는 현상 유지와 응급조처라는 방식을 선택하여 정책을 추진했다. 당시 가장 시급을 요하는 교육의 당면 과제는 학교교육 재개와 교육 관계자의 인사 문제, 그리고 교사의 충원 문제였다.[33]

이러한 상황 아래에서 9월 11일 군정 업무가 시작되었고, 육군 대위 라카드Earl N. Lockard가 교육 책임자로 임명되었다. 라카드는 한때 미국 시카고의 시립 초급대학에서 영어를 가르친 경력은 있었으나 교육행정에 대한 지식과 경험은 부족한 인물이었다.[34] 그는 포병장교로 재직하던 중 일본 수신교과서를 연구했다는 이유로 학무국에 배속되었다.[35] 교육 책임자로 임명된 라카드는 9월 11일부터 업무를 보기 시작했으며, 9월 14일에 접수한 학무국을 재조직하는 작업에 착수했다. 그 결과 10월 12일 학무국을 6과로 개편했으며, 각 과에 한국인 과장을 임명, 배치했다. 12월 19일에는 학무국을 9과로 개편했고 유억겸兪億兼을 한국인 국장으로 임명했다.[36]

문교행정에 처음 참여한 한국인은 오천석吳天錫, 최현배崔鉉培, 최승만崔承萬 등이었다. 오천석은 미국 코넬대학교, 노스웨스턴대학교, 콜롬비아대학교에서 교육학 학사, 교육학 석사, 철학 박사학위를 취득한 지식인이었으며 사립학교에서 교직 생활을 하던 인물이다. 최현배는 일본 교토(京都)제대 출신이며 조선어학회에 관계한 인물이다.[37] 최승만은 일본 도요우(東洋)대학과 미국 스프링필드대학 출신으로 일본 동경에서 한국 YMCA 총무를 10년간 역임했다. 이들 중 최현배는 편수 책임자로, 최승만은 사회교육 담당자로 9월 19일에 취임했다.[38]

오천석은 9월 12일 라카드의 협조자로 교육 업무에 참여했다. 라카드는 오천석의 추천으로 한국의 교육 지도자들과 회담했고, 그 결과 자문기관으로 조선교육위원회를 조직할 수 있었다. 이때 조선교육위원회 임원으로 초등교육 김성달金性達, 중등교육 현상윤玄相允, 전문교육 유억겸, 교육 전반 백낙준白樂濬, 여자교육 김활란金活蘭, 고등교육 김성수金性洙, 일반교육 최규동崔奎東 등이 선출 되었다. 이들 다수는 한민당과 관련을 맺고 있었으며, 유억겸, 현상윤, 백낙준, 김활란, 김성수 등은 일제시기 친일 행적이 있는 인사들이다.[39]

〈그림 1〉 오천석(국가 기록원 소장)

10월 5일 김성수가 군정장관 고문관으로 임명되자[40] 22일 그 후임으로 백남훈白南薰이 위원으로 취임했다. 11월에는 윤일선尹日善(의학교육), 조백현趙伯顯(농업교육), 정인보鄭寅普 등 3인이 추가로 선출됨으로써 교육위원회는 10인의 위원으로 구성되었다.[41] 조선교육위원회는 군정당국의 자문기관이었으나 실질적으로 교육의 모든 부문에 걸쳐 중요한 문제를 심의·결정했고, 각 도의 교육 책임자나 기관장을 선발·인선하는 일을 전담했다.[42] 미군정이 선발한 문교행정 관리와 교육 지도자들은 대체로 체제 유지적인 보수주의와 반공 이데올로기에 철저한 인사들이었으며, 진보 색채를 띤 교육 전문가들은 배제되었다.[43]

학무국은 1945년 11월 23일에 교육계와 학계의 권위자 100여 명을 초청하여 조선교육심의회를 구성했다. 조선교육심의회는 미군정 학무국이 요청하는 교육 현안에 대한 자문을 전담하는 기구였다.[44] 교육이념·교육제도·교육행정·초등교육·중등교육·직업교육·사범교육·고등교육·교과서 등 9개 분과위원회로 구성되었는데, 12월에 이르러 의학교육에 관한 분과가 신설되었다.[45] 조선교육심의회는 미군정이 대거 등용한 보수주의 정치 노선과 미국식 민주주의, 미국식 교육에 대한 선호도가 높은 인사들이 장악했다. 소수의 혁신 세력도 참여했으나 이들은 우익 세력과의 패권 경쟁에서 탈락했다.[46] 조선교육심의회는 학무국 내에 편제된 조직이 아니라 행정구조 밖의 조직이었으며, 1946년 3월 초 전체회의를 끝으로 막을 내렸다.[47]

한편, 미군정 학무국은 문맹 퇴치 정책을 실현하기 위해 기구를 정비했다. 먼저 1945년 11월 중순에 문맹 퇴치를 주관하기 위한 기구로 학무국 문화과 내에 성인교육계를 설치했다. 성인교육계는 1946년 1월에 성인교육과로 승격되었으며, 내부에 대중교육계와 재교육계를 설치했다.[48] 또한 1945년 12월에는 문맹 퇴치를 위해 성인교육위원회를 조직했다. 1946년 3월 29일 법령 제64호에 따라 군정청 부서가 국에서 부로 개편되면서[49] 학무국이 교육부로 개편되었으며, 성인교육과는 성인교육국으로 확대 개편되었다.[50]

1946년 7월 10일, 사회교육의 사무는 성인교육국과 교화국에서 담당하게 되었다.[51] 성인교육국과 교화국의 업무분장을 살펴보면 다음과 같다. 성인교육국은 ① 일반 계몽, ② 국민 재교육과 국민정신 교양, ③ 성인교육 지도자 양성, ④ 성인교육 자료 조사 연구, ⑤ 성인교육 협조 단체의 감독, ⑥ 성인교육 제반 시설과 지도 감독, ⑦ 성인교육 지방 사정 조사, ⑧ 성인교육 보고 기타 성인교육에 관한 서적 발행, ⑨ 성인교육 연예 등에 관한 사항을 담당했다.

교화국은 ① 명승 천연기념물의 답사 및 보존, ② 보물 고적 기타 문화재의 조사와 보존, ③ 종교와 유교, ④ 성균관 및 향교 유림단체, ⑤ 각종 개인종교, ⑥ 서원과 사우, ⑦ 박물관과 도서관, ⑧ 청소년 지도, ⑨ 일반 및 단체 체육, ⑩ 일반 음악극장·영화·무용·미술 및 공예, ⑪ 미풍 민속 진흥 및 생활 개선, ⑫ 종교 및 사회 교화, ⑬ 미술 박람회, ⑭ 기타 교화 등에 관한 사항을 담당했다. 성인교육국과 교화국은 1948년 7월에 하나의 국으로 통합되어 사회교육국으로 개칭되었으며, 사회교육국은 성인교육과, 교도과, 문화시설과, 예술과, 체육과로 구성되었다.[52]

## 문해교육

미군정 학무국에서 시급을 요하는 업무로 처리한 것이 바로 학교교육의 정상화와 교과서 편찬이었다. 9월 28일, 각 도에 통첩을 보내 중등학교 이상의 학교를 재개할 것을 지시했으며, 교과서 편찬을 위해 각 학문 분야의 인물들을 참여시켜 편찬 작업을 진행했다. 그리하여 학무국은 해방 후 처음으로 《한글 첫걸음》이라는 한글 교재를 펴냈다. 이 책은 한글 보급을 위해 조선어학회 회원들이 저술하고 학무국에서 11월 6일에 발간한 것이다.[53] 다음으로 펴낸 것은 《초등 국어독본》이었다.[54] 한편 중등학교 교과서는 국정교과서인 국어와 사회생활을 제외하고는 검정 제도를 만들어 민간인의 저서를 사용하도록 조치했다.[55]

학교교육 정상화와 교과서 편찬 업무 외에도 학무국에서는 문해교육을 중요한 과제로 설정하여 추진했다. 해방 후 문맹률이 78퍼센트에 이르는 상황에서 문해교육은 교육 분야에서 중대한 과제가 아닐 수 없었다. 미군정도 교육정책에서 문해교육을 중요한 문제로 다루었다. 그러나 미군정 교육정책의 목표는 이길상이 지적한 바와 같이 "독립된 통일정부의 수립이나 민주화를 위한 준비"가 아니었으며, 해방 후 향학열이 고조되는 상황에서 한국인들의 불만을 무마시키기 위한 수단으로 활용되었다고 할 수 있다. 따라서 자주적이고 민주적인 국민 양성이라는 교육의 목표는 부차적인 문제로 간주되었다. 요컨대, 미군정 교육정책의 주된 목표는 ① 교육을 통해 미국의 선의를 보여 줌으로써 미국의 입지를 강화하는 것, ② 미국식 교육을 민주주의 교육이라는 명목으로 한국에 이식하는 것, ③ 반공 이데올로기 확산과 자본주의 시장경제 체제를 구축하기 위한 기반을 형성하는 것 등이었다.[56]

미군정은 문해교육을 위해 1945년 12월에 성인교육위원회를 조직했고, 이듬해 1월에는 성인교육계로 발족한 것을 과로 승격시켰다. 이후 4월에는 국으로 개편했다.[57] 이렇게 학무국은 문해교육을 위한 기구를 정비하면서 활동에 들어갔다. 1946년 2~3월에 각 도에 강사를 파견하여 계몽운동을 위한 체제를 갖춰 나갔으며,[58] 3월부터는 전국적으로 한글 계몽운동을 전개했다. 또한 성인교육위원회는 문해교육을 지도할 성인교육사를 양성할 계획을 세워 나갔으며, 4월 초순부터

3차에 걸쳐 지도자 양성을 위한 강습회를 개최했다. 그리고 서울에서 양성된 성인교육사를 각 시·군에 배치했으며, 시·군에서도 구·읍·면·리·동 등에서 활동할 지도자를 양성하여 전국적으로 개설된 국문 강습회에 배치했다.

성인교육위원회는 1946년 초 농한기를 이용하여 국문 강습회 운동을 개시하려 했다. 그러나 지도자 양성에 시일이 걸려 1946년 6월에 이르러서야 전국적인 차원에서 본격적으로 전개할 수 있었다.[59] 그렇지만 국문 강습회 운동을 전개하는 모든 곳에 성인교육사가 배치된 것은 아니었다. 교육 시설이나 교과서 부족과 함께 교사 부족이 심각한 문제 중의 하나였는데, 이러한 교육 문제는 끝내 해결되지 못한 채 1948년에 이를 때까지 어려움을 겪었다.[60] 따라서 국문 강습회 운동은 교사 부족 문제를 해결하지 못한 채 전개되었다고 볼 수 있다.

한편 1946년 5월에는 공민학교 설치 요령과 무허가 학교 폐쇄령을 통해 그동안 각 시, 읍, 면, 리, 동 그리고 기업체, 회사, 종교 단체, 성인교육기관 등에서 운영되고 있던 각종 강습소와 학교를 정비했다.[61] 미군정은 공민학교 설치 목적이 "공민, 국어, 산수, 직업, 음악을 가르쳐 민주국가의 공민으로서의 자질 향상에 이바지"하는데 있으며, 성인교육의 목적이 "한국에서 문맹을 퇴치하고 한국인들의 생각을 탄압과 군국주의로부터 평화와 국가 통일성으로 전환시키는 것"이라고 표명했다.[62]

그러나 이러한 공민학교 운영에는 전평과 전농에서 도시 노동자와 농촌 농민을 대상으로 전개하고 있던 강습회나 야학 활동을 불법화하기 위한 '은밀한 목적'도 내재되어 있었다. 시기적으로 미군정이 좌익 세력 탄압을 강화하고 있던 때와 맞물려 공민학교 설치와 무허가 학교 폐쇄령을 내렸다는 점을 고려할 때, 좌익 세력의 강습회나 야학 활동을 와해시키기 위한 의도가 포함되어 있었던 것으로 이해할 수 있다. 또한 "민주국가의 공민으로서의 자질 향상"이라는 것도 미국식 민주주의 절차를 따르고, 미국이 지향하던 신新 식민지적 지배 체제에 적절히 적응할 수 있는 공민을 육성한다는 의미가 짙게 깔려 있었다고 볼 수 있다.

공민학교는 초등 정도인 13세 이상을 대상으로 한 소년과(2년 또는 3년), 18세 이상을 대상으로 한 성년과(1년 또는 2년), 그리고 학교를 마쳤지만 국어와 국사교육을 원하는 자들을 대상으로 한 보수과(1년)로 구성되었는데, 각 과정의 교과와 주간 수업 시간은 다음 〈표 1〉과 같다.

〈표 1〉 공민학교 교과목에 따른 주간 수업 시간

| 구분 | 교과목(주간 수업 시간) |
|------|------------------------|
| 소년과 | 공민(2), 국어(10), 국사·한국지리(3), 산수(5), 과학(2), 음악·체육(2), 가정·재봉(2), 실업교육(4) / 총 30시간 |
| 성년과 | 공민(1), 국어(7), 산수(4) / 총 12시간 |
| 보수과 | 공민(1), 국어(6), 국사(5) / 총 12시간 |

출전 : 《동아일보》 1946년 5월 29일, 〈성인교육에 공민학교. 문교부서 各面部落에 설치요망〉; 鄭泰秀, 《美軍政期 韓國教育史資料集》上, 弘芝苑, 1992, 896쪽. 공민학교 규정에 대한 자세한 내용은 鄭泰秀, 《美軍政期 韓國教育史資料集》上, 弘芝苑, 1992, 896~901쪽 참조.

〈표 1〉을 통해서 알 수 있듯이, 국어 과목이 차지하는 비중은 소년과 33퍼센트, 성년과 58퍼센트, 보수과 50퍼센트로 높은 편이었다. 그리고 소년과와 성년과의 경우에는 국어 과목 다음으로 산수의 비중이 높았는데, 이는 교육과정에서 '읽고, 쓰고, 셈하기'를 중시하는 방향으로 운영되었기 때문이다. 공민학교 설립과 운영이라는 형태로 진행된 성인교육은 ① 대중교육, ② 재교육, ③ 공장학교, ④ 재소자학교 등 4개 분과로 구성되었다.[63] 재교육은 일제시기에 교육받은 성인들을 대상으로 민주주의 원리 즉 인권과 자유 등을 교육했다는 점에서 대중교육과는 차이가 있다. 이 교육 프로그램은 각 도별로 시행되었다. 공장학교는 13~16세 사이의 노동자 15명 이상을 고용하는 공장에 설치했으며, 읽기, 쓰기, 산수를 교육하는 단순 교육과정과 보건, 바른생활, 한국지리 등을 교육하는 상급 과정으로 구분되었다. 재소자학교는 교도소와 소년원에서 성인교육을 실시한 곳으로, 교과 과목은 공예, 실업훈련, 재교육 등이었다.

성인교육의 실시 현황을 파악하기 위해 경기도의 경우를 예로써 살펴보면 다음과 같다. 1947년 12월 현재 375개의 공민학교와 18개의 공장공민학교를 설치했고, 취학 중인 학생 수는 1만 9955명이며 공장공민학교 학생 수는 3406명에 이르렀다.[64] 그리고 도道 사회교육과에서는 1948년도 3월까지 문맹자 일소 운동을 전개하고, 244개의 읍면에 공민학교를, 그리고 148개의 공장공민학교를 개설하는 계획을 세워 나갔다.[65]

성인교육에서 주목할 만한 점은 공장학교와 재소자학교를 운영한 것이다. 당시 사용되었던 교재의 내용을 구체적으로 분석해 봐야겠지만, 공장학교는 미군정의 좌익 탄압과 우익 강화책의 일환으로 추진된 것으로 보인다. 공장노동자들을 전평 세력으로부터 견인하여 반공이데올로기를 주입시키고 우익 세력의 정치적 목적을 관철시키려는 목적에서 운영된 측면이 있다.

이는 대한노총의 활동에서 엿볼 수 있다. 미군정, 경찰, 우익 정치인, 우익 청년단의 적극적인 원조로 전평 타도 운동을 전개한 대한노총은 9월 총파업 이후 세력을 확대해 가면서 전평에 소속된 노동자를 대한노총 쪽으로 견인하는 데 집중했다. 9월 총파업 과정에서 파업에 가담한 노동자 1700여 명이 체포되어 조사를 받았는데, 이들 중에서 대한노총 수습위원회가 신원을 보장하는 노동자를 석방시켰다.[66] 대한노총의 신원보증으로 석방된 다수는 대한노총의 집중 관리 대상이 되었을 것이며, 여러 가지 압력에 의해 전평으로부터 떨어져 나온 나이 어린 노동자를 염두에 두고 이들을 교육시키고자 공장학교를 신설한 것으로 보인다. 대한노총이 우익 청년단의 지원을 받으면서 활동을 전개했으므로, 공장학교 운영에는 우익 청년단과 우익 학생 단체가 적극 개입했을 것으로 여겨진다.

대구 메리야스공장에서는 1947년 7월 중순부터 공민학교를 설치하여 작업이 끝난 후 하루 2시간씩 한글과 공민도덕 등을 교육했다.[67] 재소자학교도 좌우 대립이 낳은 산물이었다. 다시 말해 미군정의 좌익 탄압책에 의해, 특히 9월 총파업과 10월 항쟁, 3·22 총파업 등으로 다수의 좌익 세력이 수감 생활을 하고 있던 상황을 반영하여 좌익 수감자를 순치시키기 위한 방편으로 재소자학교를 운영했다고 볼 수 있다. 마포형무소의 경우 재소자학교를 1947년 6월 초순부터 운영했다.[68]

1947년 5월부터는 한글개학촉진운동을 전개했다. 이 운동은 "18세 이상 모든 문맹 남녀 전부를 일정한 기간 안에 한글을 해득시켜 다가올 보통선거에 이바지"하게 한다는 목적으로 전개되었다. 이리하여 각 동리 촌락 또는 교회 단체가 주최가 되어 한글 강습회를 개최했다. 한글 강습회 강사는 거주 지역의 신망 있는 주민들로 구성되었으며, 이들은 매일 1시간 이상의 강습을 실시했다.[69]

4

# 문해운동과
## 야학의
## 굴절

## 제1차 미소공위 휴회 이후

미군정의 행정 지원을 받으며 교육정책에 관여할 수 있었던 교육 주도 세력의 대다수는 한민당 인사들이었다.[70] 조선교육위원회 임원 가운데 다수는 한민당과 관련을 맺고 있었으며, 유억겸·현상윤·백낙준·김활란·김성수 등은 일제시기 친일 행적이 있는 인사들이었다.[71] 교육심의회 10개 분과위원회에 소속된 인사 중에서 한민당원은 김성수·유억겸·백낙준·김준연金俊淵·백남훈·송석하宋錫夏·유진오兪鎭午·이극로·이훈구·장덕수張德秀·최현배·현상윤·이강원李康元·서원출徐元出 등이었다. 한민당 세력은 주로 대지주 내지는 자산가들이었고, 식민 통치에 부일 협력을 한 자들이 대부분이었다.[72] 이처럼 대중적 기반이 허약했던 한민당은 간부 중심의 정당 조직을 벗어나지 못하다가, 모스크바삼상회의 결의안이 나온 이후 반탁운동을 계기로 우익 청년단이나 우익 학생 세력을 확보하면서 대중적 기반을 갖추기 시작했다.

우익 세력은 우익 청년 단체나 학생 단체의 결성이나 활동에도 적극 관여하고 지원했다. 우익 청년단은 우익 정치 세력과 지도자들에게 한편으로는 정치 선전과 권력 유지를 위한 기반으로, 다른 한편으로는 좌익 세력으로부터 자기 보호와 좌익 세력 제압을 위하여 필요한 존재였다.[73] 우익 청년 단체나 학생 조직은 모스크바삼상회의 결정안이 발표된 이후 좌익 세력과 대항하여 반탁운동을 전개할 목적으로 결성되기 시작했다.

문해·계몽 활동을 주도적으로 전개한 대표적인 우익 학생 단체는 1946년 1월 7일에 결성된 반탁전국학생총연맹(반탁학련)이었다. 1946년 1월 2일 시내 각 학교 대표들이 참석한 가운데 결성 준비대회를 열었다. 7일에는 서울운동장에서 16개 남녀 전문대학을 비롯한 시내 15개 남녀 중학생 등이 참가하여 결성대회를 개최했다. 결성대회에서 선출된 임원은 위원장 이철승李哲承, 부위원장 김덕순金惠舜·이동원李東元, 총무부장 박종호, 조직부장 조한원趙漢元, 선전부장 최찬영, 교양부장 신호섭, 동원부장 김동흥, 후생부장 김석우, 여자부장 황근옥 등이었다.[74] 반탁학련은 학병동맹사건을 일으킨 주역이었다. 그들은 1월 18일 반탁성토대회를 마친 후 인민보사, 조선인민당 본부, 서

울시 인민위원회 사무실을 급습하여 좌익과 우익 학생 세력 사이의 유혈 사태를 초래했다.[75]

모스크바삼상회의 결의안을 둘러싸고 일어난 찬·반탁운동으로 정국은 극과 극의 좌우 대결로 치달았으며, 결국 1946년 2월에 우익은 남조선국민대표민주의원(민주의원)으로, 좌익은 민주주의민족전선(민전)으로 결집했다. 이러한 좌우 대립으로 인해 모스크바삼상회의 결정에 따라 1946년 3월 20일에 미소공동위원회가 개최되었으나, 정당·사회단체의 의견 대립으로 5월 6일 휴회되었다.

미군정은 미소공위가 휴회된 뒤 '조선정판사 위폐사건'[76]을 발표하면서 좌익 탄압을 본격화했다. 먼저 조선공산당이 본부로 사용하던 근택빌딩을 폐쇄했으며, 기관지《해방일보》에 정간 처분을 내렸다. 9월 6일에는《조선인민보》,《현대일보》,《중앙신문》 등 3개 중앙지에 무기정간 처분을 내렸고, 다음날 아침에는 박헌영, 이주하李舟河, 이강국李康國에 대한 체포령을 내렸다고 보도했다.[77] 이렇게 좌익이 미군정의 대대적인 탄압으로 기세를 펴지 못하는 상황을 이용해서 우익 진영은 세력 만회를 위한 타공 활동을 가속화했다.

타공 활동의 선봉대는 우익 청년단과 반탁학련을 비롯한 우익 학생 단체, 그리고 우익 노동조직인 대한노총 등이었다. 타공 활동은 좌익과 직접적인 대결 양상이 주를 이루었지만, 일반 대중을 대상으로 한 문맹 퇴치 운동도 타공 활동의 일환이었다. 또한 여기에서 우익 학생 단체인 반탁학련(이후 전국학생총연맹으로 재조직)이 중심적인 역할을 했다.

미소공위 휴회 이후 우익 세력의 문해운동이 본격화되었지만 이보다 앞서 우익 성향의 태평부녀계몽협회에서 문맹 퇴치 활동을 전개했다. 태평부녀계몽협회는 일제시기 YWCA의 계몽운동을 잇는 조직으로서 부녀들의 문맹 퇴치와 전국적인 계몽운동을 목적으로 1946년 4월에 결성되었다.[78] 이 조직의 중심인물은 유각경兪珏卿이었다. 유각경은 1923년 8월에 YWCA 회장에 취임하여 활동했고, 1925년 2월부터 수년간 노동하는 부인들을 대상으로 야학을 열어 문맹 타파 운동을 벌였다. 또한 1927년 5월 27일에 결성된 근우회에서 부회장으로 활동했다.[79] 일제 말기에는 친일 조직인 애국금차회, 애국기헌납기성회, 조선임전보국단 부인대 등에서 활동했으며, 강연회와 좌담회를 통해 황민화 정책을 옹호하고 일제의 전시체제에 여성 동원을 독려하는 활동을 했다.[80] 유각경은 미군정 학무국장(1946년 3월 이후 문교부장) 유억겸과는 사촌 사이였는데,[81] 이러한 사실로써 미군정의 문맹 퇴치 정책과 태평부녀계몽협회의 결성은 상호 관련성이 깊었을 것으로 추정된다.

유각경은 태평부녀계몽협회와 비슷한 시기에 결성된 독립촉성애국부인회 지방부장으로도 활동했다. 독립촉성애국부인회(독촉부인회)는 1946년 4월 5일 한국애국부인회와 독립촉성중앙부인단이 통합하여 만든 조직이다.[82] 이렇게 조직된 독촉부인회는 1946년 6월에 전국대회를 열어 신생활운동, 계몽 사업 등을 논의하면서[83] 문해교육, 특히 여성의 문해교육에도 관심을 갖게 되었다.

한편 김구金九를 중심으로 한 임정 세력은 1946년 5월에 한국청년회를 조직했는데, 그 임원진은 명예회장 김규식金奎植, 부회장 엄요섭嚴堯燮·김태욱金泰旭,[84] 총무부장 이규석李圭錫, 조직부장 김익준金益俊, 정훈부장 선우기성鮮于基聖, 연구부장 유기천劉基天, 노농부장 이태현李台現, 선전부장 김동리金東里, 문화부장 김광주金光州, 지방부장 홍천洪泉, 사업부장 김진金鎭, 체육부장 김은배金恩培, 재정부장 서정한徐廷翰, 조사부장 장준하張俊河 등이다. 한국청년회는 행동 조직으로 하기夏期 계몽대를 편성하여[85] 7월 초순경에 남조선 각 도에 파견하기로 결정하는 등 계몽운동과 문해교육에 열의를 보였다. 문교부는 한국청년회가 이러한 계몽대 활동을 펼치자 필요한 교재를 알선하기도 했다.[86]

또한 여자국민당은 문해운동의 일환으로 1946년 6월경 시국 강좌를 매달 개최하기로 결정하고, 6월 17일에 "정치와 조선여성"이라는 주제의 첫 강좌를 개설했다.[87] 이렇듯 한국청년회나 여자국민당의 계몽운동과 문해 활동이 6월에 본격적으로 이루어졌다는 점에서 볼 때, 이들 단체와 정당의 활동은 미군정의 교육정책, 특히 문해정책에 적극 호응하여 추진되었으며 우익 세력의 대중성 확보를 목적으로 전개되었다고 볼 수 있다.

우익 학생 단체도 미소공위 휴회 이후 문맹 퇴치 활동을 본격화했다. 당시 좌익 세력은 독서회와 학습회 등을 조직하여 사상 의식화 운동에 힘을 쏟고 있었으며, 좌익 학생 세력은 문맹자가 많았던 농촌에서 문맹 퇴치 운동을 전개하고 있었다. 이러한 상황에서 우익 학생 세력은 좌익에 대항할 필요성을 절감하고 맹원의 교양교육에 중점을 두어 반탁·반공 강좌를 개설했으며, 강연회나 웅변대회 등을 열어 반공 의식 고취에 전력을 기울였다. 한민당, 국민당 등 우익의 주요 인사들은 이러한 강연회나 웅변대회에 내빈으로 참석하거나 강연회 강사, 웅변대회 심사위원으로 활약하는 등 우익 학생 세력을 적극 지원했다. 1946년 3월 9일 정동 제일교회에서 열린 웅변대회의 심사위원은 박순천朴順天, 안호상安浩相, 김산金山 등이었으며, 내빈으로 국민당 안재홍, 한민당 원세훈, 한독당 엄항섭嚴恒燮이 참석했다. 같은 해 5월부터 2주간 실시한 반탁 강좌에는 조소앙趙素昻과 신익희申翼熙, 전진한錢鎭漢, 김도연金度演, 엄항섭, 안호상, 장덕수, 윤치영尹致暎, 박순천朴順天 등이 강사로 참여했다.[88]

이처럼 문해·계몽운동은 미군정-우익 세력-우익 학생 단체라는 선상에서 복합적인 관계를 맺으며 전개되었다고 볼 수 있다. 앞서 밝혔듯이 문교부는 성인교육위원회를 통해 1946년 6월부터 국문 강습회 운동을 전개했는데, 이를 국민 개학皆學 운동으로 확산시키기 위해 여름방학을 이용하여 전국적으로 문맹 퇴치 운동을 일으키기로 결정했다. 이러한 운동에 우익 세력이 적극 호응했으며, 우익 학생 단체는 하부 동원 조직으로 기능했다. 문해운동에 반공 의식이 철저한 우익 학생 단체를 활용한 것은 교원 부족 문제 해결과 반공 의식 주입이라는 일거양득의 전술이었다고 볼 수 있다.

미군정과 우익 세력의 의도에 따라 반탁학련은 하기 학생 계몽대를 조직하여 각지에 파견하기로 결의했다. 반탁학련의 계몽대는 문맹 퇴치, 의료, 음악 등 3개 반으로 편성하여 7월 9일부터 경기, 충청, 전라, 경상 각 도의 부·군 소재지에 파견하기로 했으며,[89] 중등·전문·대학의 학생들은 여름방학을 기하여 대대적으로 계몽운동을 전개하기로 했다. 서울시내 각 중등학교, 전문학교, 대학의 재학생 대표 100여 명이 6월 4일 경성사범대학에서 '문맹 퇴치 하기 학생 봉사대' 준비위원회를 결성했으며,[90] 6월 중순경 서울의 각 전문대학 학생들로 구성된 '브나로드운동 실천 위원회'에서는 전국 학생·청년·여성·소년으로 실천대를 조직하여 농산어촌에서 문맹 퇴치의 계몽운동을 전개하기로 하고 실천대를 모집했다.[91] 이밖에도 자유신문사 후원으로 '문맹 퇴치 학생 계몽대'를 비롯한 계몽대가 다수 출현했다.[92]

문교부 성인교육국에서는 문해·계몽 활동을 통일적으로 지도하기 위해 6월 18일 시내 각 전문대학 교장과 회의를 열고 학생 동원에 대해 협의했다. 그 결과 문교부에서는 ① 각 도·부·군 단위로 계몽대 편성, ② 각 도 학무부에 지부 설치와 대원의 훈련·소집·연락 담당, ③ 계몽 활동을 위한 교재 제공 등을 결정했으며,[93] 이에 따라 각 도·부·군 단위로 계몽대를 편성했다. 계몽대는 각 학교 교장의 추천으로 편성되었는데, 29일까지 접수된 학생 봉사대의 참가자 수는 약 1500여 명에 이르렀다.[94] 계몽대 출동식은 6월 30일에 거행할 예정이었으나 홍수로 인한 교통 두절, 문교부가 지원하기로 한 교재 준비의 미흡 등으로 며칠 연기되어 7월 4일에 군정청 근정전 앞 광장에서 거행되었다.[95] 언론에서는 이러한 활동을 일제시기 "브나로드운동을 계승하는 것"이라며 대대적으로 보도했다.[96]

한편 반탁학련은 학생 계몽대를 편성하여 문해·계몽 활동을 위한 사전 준비 작업을 추진했다. 계몽대는 현지로 출발하기에 앞서 좌익 세력을 겨냥하여 "금번 문교부 성인교육과에서 파견할 하계 학생 계몽대는 (…) 문맹 퇴치 운동을 목적으로 하는 것으로서 정치, 정당, 주의, 사상 등 선전은 절대 용납할 수 없다"라는 내용의 경고문을 발표했다.[97]

반탁학련의 문해·계몽운동은 7월 중순부터 8월 중순까지 약 한 달 동안 전개되었다. 중등학교 이상 재학생이 동원된 하기 학생 계몽대가 지도한 과목은 한글, 국사, 위생 등이었다.[98] 그런데 문해·계몽운동을 전개하는 와중에서 우익 학생 단체가 통합을 추진했다. 7월 12일 반탁학련, 독립학생전선, 유학생동맹 등 13개 학생 단체와 보성전문(普專), 수원고농(高農), 경성제국대학(京大), 경성사범(京師), 이화여전(梨專), 세브란스의전(世專), 연희전문(延專) 등 28개 대표가 모여 전국학생총연맹(전국학련) 결성발기회를 개최했다.[99] 이어 31일에 각 학교에서 활동하던 우익 학생 대표들이 참석한 가운데 결성대회를 개최했다.[100] 결성대회에는 이승만을 비롯해 김성수, 이극로, 정준모鄭準謨 등 각계 인사들이 참석했다. 이날 공동의장으로 이철승, 채문식蔡汶植, 이

동원, 박용만朴容萬 등을 선출했고, 대표 의장은 이철승이 맡는 것으로 결정했다.[101]

반탁학련/전국학련(1946년 7월 31일 이후)[102]은 미군정청 경무부장 조병옥趙炳玉, 문교부장 유억겸(뒤에 오천석), 공보처장 이철원의 적극적인 지원을 받으며 문해운동을 전개했다. 반탁학련/전국학련은 계몽대가 출발하기 전에 정신교육을 실시했는데, 이때 이선근李瑄根, 박순천, 조소앙, 전진한 등이 강사로 참여했다. 그리고 임시정부 측과 이승만, 김성수, 김연수金秊洙, 조병옥, 장택상張澤相, 전용순全用淳, 공진환孔鎭桓 등으로부터 활동 자금을, 군정청 상공부 오정수吳禎洙 부장, 한승인韓昇寅 상역국장으로부터 특별 배급품을 지원받았다.[103] 또한 현지에서는 우익 세력의 독립촉성국민회, 한민당, 한독당, 서북청년회, 대동청년단 등으로부터 협조를 받았다.[104]

## 9월 총파업과 10월 항쟁 이후

1946년 9월 총파업과 10월 항쟁 이후 좌익 세력은 점차 세력을 잃어 갔다. 9월 총파업과 10월 항쟁으로 좌익 세력이 대량 검거되면서 타격을 받게 되자, 우익 세력은 이를 기회로 삼아 점차 조직을 확대하며 세력을 강화하기 시작했다. 9월 총파업과 10월 항쟁은 대한노총을 비롯한 우익 청년 단체, 우익 학생 단체가 조직을 확장하는 하나의 분기점이 되었다. 이 시기를 전후하여 우익 세력은 지방조직 확대를 절

감하고 전평을 비롯한 좌익 파괴 활동과 더불어 지방조직에 착수했다.[105]

이 시기는 국립대학안(국대안) 반대 운동이 집단행동으로 표출되어 동맹휴학기(맹휴기)로 접어든 시기였다. 국대안 반대 운동은 1946년 7월부터 전개되기 시작했다. 1946년 7월 13일 국대안이 발표되자 관련 학교와 일반 사회단체에서는 국대안의 시기상조, 비민주성, 반민족성 등을 거론하면서 반대 운동을 전개했다. 최혜월의 연구에 따르면, 국대안 반대 운동은 ① 초기 단계(1946년 7월부터 8월까지) : 국대안에 관련된 학교뿐만 아니라 일반교육·사회·정치단체 등에서 국대안에 대한 비판을 제기한 시기, ② 맹휴기(1946년 9월부터 1947년 1월까지) : 비판적인 문제 제기를 넘어서서 구체적인 집단행동을 취한 시기, ③ 최고조기(1947년 2월) : 국대안 반대 운동이 전국적으로 파급되고, 좌우익 정치 세력에게 정치적 쟁점으로 대두된 시기, ④ 종결 시기 : 1947년 3월의 개학을 기점으로 부분적인 조정과 타협을 거쳐 10월에 미국인 총장이 한국인 총장으로 대체됨으로써 표면적으로 일단락되는 시기로 구분된다.[106]

국대안 반대 집회와 서명운동이 확산되고 각 대학교부터 중학교까지 동정同情 맹휴로 뭉치자, 전국학련은 전력을 기울여 맹휴가 지방으로 확산되는 것을 저지하는 활동에 집중했다. 이에 따라 전국학련은 1946년 겨울방학을 이용한 계몽대를 파견할 수 없는 상황에 이르게 되었다. 이를 두고 1946년 9월부터 1947년 초반까지 전국학련의 문

맹 퇴치 운동이 일시적으로 정지되었다는 견해가 있다. 그러나 전국
학련은 각 도를 중심으로 1946년 하반기부터 활성화되었던 국문개학
활동에 동원되어 활동했다. 따라서 방학을 이용하여 계몽대를 파견하
지 않은 것을 두고 문맹 퇴치 활동의 휴지기로 파악하는 것은 재고할
여지가 있다.

한편 남조선 과도입법의원의 선거법 제정은 우익 세력과 우익 학
생 단체의 문해운동과 깊은 관련이 있다. 따라서 우익 세력과 우익 학
생 단체가 전개한 문해운동의 성격을 제대로 파악하기 위해서는 선거
법 제정 과정과 내용을 자세히 살펴볼 필요가 있다.

군정법령 제118호에 따라 설치된 남조선 과도입법의원(입법의원)은
1946년 12월 12일에 개원해서 본격적으로 활동에 들어갔으나 우익
의원들과 중도파 의원들 사이의 입장 차이로 갈등·대립했다. 우익
의원들은 2월 말 행정권 이양 법안을 계획했는데, 이 시기에 국제 정
세가 급변하면서 1947년 3월 12일에는 트루먼독트린이 발표되었다.
당시 미국에 있던 이승만은 트루먼독트린이 나오게 된 것을 자신이
미국에서 행한 위대한 공로로 선전했다. 또한 입법의원에 대해 남한
과도정부 활동을 위한 법을 만들고 선거법을 속히 통과시키라고 재
촉했다.[107] 한민당도 트루먼독트린으로 미국의 대소정책이 경직되는
상황에서 속히 선거법을 제정하라는 이승만의 주장을 적극 받아들였
으며, 입법의원에 대해서도 보통선거법을 제정하라고 촉구했다. 미군
정 또한 입법의원 개원 이래 보통선거법 제정이 입법의원의 일차적

인 임무가 되어야 한다는 것을 여러 차례 밝히면서 보통선거법 제정을 서둘렀다.

그러나 김규식을 비롯한 중도파 세력들은 선거법 제정보다는 친일파 처벌법을 먼저 제정하여 친일 경력이 있는 우익의 등장을 차단해야 한다는 입장을 고수했다.[108] 이에 따라 입원의원 내에서 보통선거법, 친일파 처벌법을 둘러싸고 갈등이 고조되었다.

3월 13일 러치Archer L. Lerch 군정장관은 담화를 발표하여 선거법을 제정하는 것이 가장 긴급한 당면과업이라고 밝히고, 7월 1일까지 선거법령을 제정하라고 입법의원에게 촉구했다.[109] 그러나 입법의원에서는 친일파 처벌법과 보통선거법의 선후 처리 문제를 놓고 우익 의원들과 중도파 의원들 사이에서 격렬한 논쟁이 이어졌다.[110] 민족통일총본부와 민주의원에서는 보통선거법 지연을 격렬히 항의하면서 입법의원 해산을 주장하기도 했다.[111] 5월 13일 친일파 처벌법은 잠시 보류되었고 전문 10장 62조에 이르는 보통선거법안이 정식으로 상정되었다.[112] 입법의원에서 보통선거법안이 상정되자 이승만은 조속히 통과시킬 것을 주장하는 담화를 발표했다.[113]

보통선거법안을 논의하는 과정에서 가장 논란이 되었던 것은 선거권자와 피선거권자의 연령 문제였다. 중도파 의원들은 선거권 20세 이상, 피선거권 25세 이상을 주장했으나 표결에서 부결되고, 선거권 25세 이상, 피선거권 30세 이상으로 하자는 우익 의원들의 주장이 득세하여 가결되었다.[114] 이에 중도파 의원 다수가 불만을 품고 퇴장했으며, 우익 의원들은 퇴장한 의원들을 징계처리위원회에 넘기자는 동의안을 가결시켜 보통선거법을 둘러싼 내분이 격화되었다. 이러한 내분은 6월 3일 김규식 의장과 최동오崔東旿·윤기섭尹琦燮 부의장이 "3백만의 유위有爲한 청년층의 공민권을 박탈하여 시대에 역행하는 의원의 의장 급及 부의장의 자리에 있을 수 없다"라는 이유를 들어 사표를 제출하기에 이르러 극단적인 사태로 치달았다.[115]

입법의원에서 선거권자의 연령을 25세 이상으로 하자는 안이 가결된 것에 대해 군정장관 러치는 "세계사조에 역행하는 것"이라며 입법의원에서 통과되더라도 승인하지 않겠다는 의사를 전달했다. 좌우합작위원회에서도 "비민주적이고 의원의 정치적 무지와 과오를 여지없이 폭로했을 뿐 아니라 세계에 유례가 없는 시대역행의 조치"라고 비판했다.[116] 며칠 후 김규식의 의장직 사퇴는 백지화되었고,[117] 이후 보통선거법(입법의원의원선거법) 논의를 재개했다. 논의를 여러 차례 거듭한 결과, 보통선거법은 수정 과정을 거쳐 6월 27일에 본회의를 통과했다.[118]

입법의원의원선거법은 제10장 제62조로 구성되었다. 제1장 총강(선거권과 피선거권)에서 선거권자를 만 23세 이상으로, 피선거권자는 만 25세 이상으로 규정했다(제1조). 그리고 민족반역자, 부일협력자, 또는 간상배로 규정된 자에게는 선거권과 피선거권을 박탈했으며(제2조 1항 4), 일제강점기에 중추원 참의, 도·부회 의원, 3등급 이상의 고등관, 판임관 이상의 경찰관 및 헌병 등은 피선거권을 가질 수 없도록(제2조

2항) 규정했다. 제6장(선거방법 및 당선인)의 제28조에서 선거인은 투표소에 설치한 장소에서 의원후보자의 성명을 투표용지에 자서自書한 후 투표함에 직접 투입하는 기명투표제를 채택했다.[119]

입법의원에서 통과된 보통선거법은 문제가 많은 조항을 내포하고 있었다. 군정장관 대리 헬믹G. Helmick조차도 7월 24일에 기자단과의 정례회견 자리에서 보통선거법 문제를 거론했다.[120] 26일에는 입법의원에 서한을 보내 법률 내용이 비민주적이며 모순이 있다고 지적했다.[121] 헬믹은 대체로 ① 선거권과 피선거권의 연령 제한이 높다는 점, ② 민족반역자, 부일협력자, 간상배의 선거권 상실은 적당한 관할권을 가진 재판소에서 유죄판결이 난 이후에 가능하다는 점, ③ 특별선거구 설치의 비현실성, ④ 기명투표법은 일제시기의 압제 방법이므로 문맹국민에게도 투표권을 주는 방법을 고려해야 한다는 점 등을 지적했다.

이에 1947년 8월 12일 입법의원은 군정장관 대리의 지적 사항을 안건으로 회의를 개최했다. 회의에서 그들은 ① 선거 연령 제한은 선거의 경험과 훈련이 없고 보통선거를 처음 실시하는 조선의 현실에서는 오히려 타당하며, ② 민족반역자 등의 선거권 제한 문제는 이들이 건국도상의 선거에 참가하는 것을 방지해야 할 특수 사정에 있으며, ③ 특별선거구 설치는 조선이 미소 양군에 점령된 특수 현실에서 볼 때 가장 실제적인 것이며, ④ 자서투표 방법이 문맹층의 투표권을 제한한다는 운운은 기우에 불과하며 성인이면 누구나 간결하고도 우수한 국문을 단시일 내에 해득할 수 있다고 결론을 내렸다. 그리고 이를 군정장관 대리에게 회신하기로 결의(재석 60인, 가 47, 부 0, 기권 13) 했다.[122]

민선의원이 선거권과 피선거권의 연령 제한을 높인 이유는 젊은층과 좌익 세력을 의식했기 때문이다. 젊은층의 대다수가 좌익 세력을 지지하고 있다는 현실을 반영하여 이들을 배제하기 위해 선거 연령을 높인 것이다.

또한 군정장관 대리에게 보낸 입법의원의 회신 내용에서 주목할 부분은 자서투표를 고집하고 있다는 점이다. 당시의 높은 문맹률을 고려할 때 문제가 많은 규정이라 할 수 있는데, 여기에는 모종의 정치적인 의도가 개재되었다고 볼 수 있다. 그 정치적인 의도라는 것은 1946년 미소공위 휴회 이후 우익 세력들이 본격화한 문맹 퇴치 활동과 관계가 깊다. 앞서 보았듯이 이승만·한민당을 비롯한 우익 세력은 문맹 퇴치 활동을 전개하면서 좌익 세력을 제압해 나갔으며, 자신들의 정치적 입장을 선전하는 도구로 문맹 퇴치 활동을 적극 활용했다. 이러한 활동은 우익 세력이 의도하는 정부를 수립할 때까지 지속적이고도 집중적으로 전개해 나갈 필요가 있었다. 우익 세력은 선거 방법으로써 기호투표를 의미하는 표식투표를 채택할 경우 문맹자들의 국문 해득 욕구가 반감될 수 있다고 판단했으며, 이는 자신들의 정치적 의도에 따라 문해 활동을 전개하는 데에 장애로 작용할 것으로 보았다. 이러한 이유에서 자서투표를 고수했던 것이다. 이후 보통선거법은 부분적인 수정을 거쳤으며, 1947년 9월 3일 군정장관 대리 헬믹의 인준을 통해 법률 제5호 〈입법의원의원선거법〉으로 공포되었다.[123]

한편 입법의원에서 보통선거법안을 통과시키기 위한 일련의 과정을 밟고 있을 때, 문교부와 지방 행정 조직은 문맹 퇴치 활동을 대대적으로 전개해 나갔다. 문교부는 1947년 5월에 이르러 '한글개학촉진운동'을 전개했으며, 6월 3일에는 러치 군정장관, 안재홍 민정장관, 유억겸 문교부장 등이 참석한 가운데 성인교육대회를 개최하여 성인교육의 필요성을 강조했다.[124]

1946년 9월부터 12월까지 3개월 동안 국문 개학 운동을 전개했던 서울시에서는 1947년에도 3월부터 6월까지 문맹 퇴치에 나섰으며, 유세대, 영화반 등을 조직하여 계몽 사업을 벌였다.[125] 또한 경기도에서는 4월 21일부터 27일까지를 '문맹 퇴치 강조 주간'으로 설정하고 도내 전반에 걸쳐 유세대와 강연대를 파견하여 성인교육대회를 개최하는 동시에 면과 동·리에 이르기까지 책임제를 부여하여 문맹 퇴치 사업을 실시했다.[126] 5월부터는 한 달 동안 국문단기강습회를 열어 성인교육을 대대적으로 실시했다.[127] 이어서 교원과 학생을 동원하여 한글 강습회를 각지에서 7월과 8월 사이에 개최하기로 결정했다.[128] 서울시에서는 5월 20일부터 6월 말까지 각 구청을 비롯한 교화 단체 등을 총동원했으며, 18세 이상 남녀로서 한글을 해득하지 못하는 사람을 수용하여 한글 강습회를 열었다.[129] 한글 강습회는 각 동마다 열렸으며, 6월 3일에는 성인교육대회를 열어 성인교육의 취지를 널리

알렸다.

선거법이 본회의를 통과하고 투표 방법으로 자서투표 규정이 발표된 6월 말 이후 문맹 퇴치 운동은 더욱더 가속도가 붙었다. 경기도 학무국에서는 문맹 퇴치를 위해 8월 1일부터 9월 말까지 2개월에 걸쳐 도내 각 부락에 강습소를 일제히 열었으며, 강습소 강사로는 군·면의 관공서 직원과 국민학교 상급생, 중등학교 학생들이 동원되었다.[130]

전국학련은 4월 21~22일 대의원대회를 열어 "이 박사의 외교 성공을 축하하며 언제나 그 지휘 하에 있기를 맹세"했으며,[131] 1947년 여름방학을 앞두고 계몽대를 조직하여 7월 23일부터 8월 20일까지 각 지방을 순회하며 강연회와 영화 상영회를 개최하기로 결정했다.[132] 전국학련의 1947년 하계 계몽 활동은 전국에 걸쳐 대대적으로 전개되었다. 지역별로 편성된 하기 계몽대는 대도시는 물론 군·면 단위에서 문맹 퇴치, 위생 조사 등을 실시했다.[133]

전국학련의 이러한 활동에는 미군정 경찰이나 현지의 우익 청년 단체의 지원이 컸다. 구체적인 예를 들어보자. 좌익의 조선문화단체총연맹(문련) 산하 조직에서는 문화공작대를 1947년 7월에서 8월 초까지 지방에 파견하여 활동을 전개했다. 문련 산하의 연극·음악·무용·미술·문학 등 각 동맹별로 참여했으며, 문화공작대는 4개 대로 구성되었다. 제1대는 6월 30일 경남에서, 제2대는 7월 21일 충남·충북에서, 제3대는 7월 15일 강원도에서, 제4대는 7월 21일 경북에서 활동했다.[134]

이러한 활동은 당연히 전국학련과의 충돌이 불가피했다. 우익 청년 단은 문화공작대에 대항하여 테러 활동을 전개했다. 이때마다 미군정 경찰은 공공연히 문화공작대의 공연 중지 조치를 취하거나 협박 수단 을 구사하면서 좌익을 철저히 배제시키고 우익의 활동 공간을 넓혀 주었다. 더욱이 수도경찰청에서는 8월 11일부터 본청과 각 경찰서를 총동원하여 좌익 단체 본부를 급습하고 대대적인 좌익 계열 검거에 나섰으며,[135] 13일에는 수도경찰청에 경비총본부와 각 경찰서에 경비 본부를 두고 기관총까지 배치하기도 했다.[136] 좌익 계열에 대한 검거 선풍은 열흘 만에 남조선 전역에서 2000여 명이 검거될 정도로 극심 했다.[137] 이렇게 좌익 계열이 대량 검거됨으로써 우익 세력은 유리한 고지에서 활동을 전개할 수 있었다.

한편 국대안 반대 운동을 와해시킬 목적에서 1947년 2월 28일 결 성된 전국건설학생연맹에서도[138] 7월 중순부터 8월 말까지 문맹 퇴치 와 사상 계몽을 위한 하기 건설학생 계몽대를 편성하여 지방 각지로 파견했다.[139] 전국건설학생연맹은 전국학련의 발기인이었거나 간부 맹원이었던 인물들이 주도하여 결성한 조직으로, 전국학련이 흡수하 지 못한 학생 상당수를 규합하며 반공 활동을 벌였다. 이 조직은 결성 후 몇 개월 동안 활동하다가 해체되었으며, 간부진 대부분이 전국학 련으로 복귀했다.[140]

## 단정 수립 과정에서

1947년 5월 21일 제2차 미소공위가 재개되었으나 협의 대상 명부 작성을 둘러싼 미국과 소련 사이의 의견 대립으로 7월에 들어 난항을 겪었다. 미국은 8월 26일 미·영·중·소 4대국 회의를 통한 임시정부 수립을 소련 측에 제안했는데, 이는 한국 문제를 유엔UN으로 넘기기 위한 사전 정지 작업이었다. 소련이 미국의 제안을 반대하자 유엔 미국 대표 마샬G. C. Marshall은 한국 문제를 유엔총회에 상정했다. 9월 23일에 이르러 유엔총회는 소련의 반대에도 불구하고 미국안을 통과시켰다.[141] 이는 우익 세력의 단독정부 수립론이 차츰 현실화되고 있다는 것을 의미했다. 이 시기 이승만과 한민당 세력은 7월 10일에 남한 단정을 추진하는 보수 우익 조직인 한국민족대표자대회를, 9월에는 총선대비간담회를 개최하여 총선 준비를 착착 진행시켜 나갔다.[142]

11월 14일에 개최된 유엔총회는 유엔 감시 아래 남북 총선거안을 찬성 43, 반대 0, 기권 6표로 통과시켜 단독정부 수립의 길을 열어 놓았다. 독립촉성국민회를 비롯한 우익 세력은 1947년 11월 15일 '총선거 촉진 국민대회'를 열어 유엔의 결정에 대한 감사문과 총선거 촉진 결의문을 통과시켰다.[143] 독립촉성국민회에서는 17일에 담화를 발표하여 "총선거로써 국회만 세우면 조국의 독립이 완성되는 것"이라고 주장했으며,[144] 26일에 이승만은 〈애국동포에게 거듭 경고〉라는 제목의 담화를 발표하여 남한에 독립 정부를 세우는 것이 "독립을 완성하는 초보"라고 밝혔다.[145] 김구는 12월 1일의 국민의회 임시대회에서 "과거 남조선 총선거를 단정 수립이라 하여 다르다 했으나 우리 민족이 전체통일 방향으로 나가는 데 있어서는 다른 점이 없으며 이 박사의 주장하는 바와 조금도 다른 점이 없으니 이 길로 우리는 나가야한다"라는 내용의 연설을 했다. 또한 유엔 결정을 지지한다는 내용의 담화를 발표하여[146] 자신과 이승만의 주장이 동일하다고 밝혔다. 반면 김규식, 홍명희洪命熹, 장건상張建相, 원세훈, 조소앙, 유림柳林, 김붕준金朋濬 등 7요인이 15일에 회합하여 "남북조선에서 각각 군정 대변으로 된 지역 내 선거에는 절대 반대"할 것이라고 밝혔다.[147]

이 시기에 미군정 교육부는 성인교육을 통한 문해운동을 강력하게 전개했다. 경기도의 경우, 9월 1일부터 11월 말일까지 제1기, 11월 11일부터 12월 말일까지 제2기로 나누어 개학皆學 운동을 추진했다.[148] 전국학련도 선거 참여율을 높이기 위한 목적으로 계몽대 활동에 집중했다. 계몽대는 위원장 이철승을 단장으로 한 호남반과 감찰위원장 조병후曺秉厚를 단장으로 한 영남반으로 조직되었으며, 12월 20일부터 1500여 명의 맹원이 지방 농촌에 들어가 활동했다.[149] 또한 1948년 1월 2일부터 1월 말까지 1개월 동안에는 경기도, 강원도, 충청도, 전라도, 경상도, 제주도에 계몽대를 파견하여 국민정신 앙양, 국민 보건 운동 추진, 문맹 퇴치 활동을 전개했다.[150] 경기도 사회과는 1월부터 단기 국문 강습회를 개설하고 국문을 해득한 사람에게는 선거에 대한 지식과 실지 훈련을 실시했다. 이러한 활동에 신생활촉진회와

애국부인 단체, 사회단체, 청년 단체 등을 동원했다.[151]

한편 1947년 12월 20~21일에 중도파 정치 세력을 망라한 민족자주연맹(민련)이 결성되었는데, 김규식은 민련 결성식에서 민족 자주적입장에서 "인민을 위한 인민으로써 정부를 수립하는데 전심전력을경주하여야 할 것"이라고 역설하며 "문맹 퇴치와 계몽 사업은 본맹本盟의 사업 중 가장 중요한 것의 하나"라고 밝혔다.[152] 김규식의 이러한발언은 선거를 염두에 둔 것으로 해석된다. 1948년 2월 26일 유엔소총회에서 남한만의 단독선거 결의안이 가결되기 전까지는 총선 참여라는 입장을 견지하고 있었다는 의미이기도 하다.

그러나 민련의 대중적 기반은 취약했으며, 민련 아래에서 조직적으로 계몽 사업이나 문맹 퇴치 사업을 전개할 우익 학생 조직이나 청년조직은 그다지 존재하지 않았다. 대부분이 이승만·한민당 세력과 긴밀한 관계를 형성하고 있는 우익 청년 조직이나 우익 학생 조직이었다. 특히 문맹 퇴치와 계몽 활동을 주도적으로 전개했던 전국학련의경우 이승만·한민당 세력을 옹호하는 충실한 조직이었다.

따라서 중도 세력의 결집체였던 민련의 경우 선거를 앞둔 시점에서 문맹 퇴치와 계몽 사업의 중요성을 인식하고 주요 사업의 하나로추진하려 했지만, 대중 기반이 부재해서 실천될 가능성은 희박했다.더욱이 이후의 정국은 남한만의 단독선거로 이어졌고, 김규식을 중심으로 한 중도파 세력은 김구와 더불어 남북협상을 추진했기 때문에선거를 염두에 둔 문맹 퇴치와 계몽 사업을 펼치지 못했다고 보는 것이 타당하다.

1월 8일 입국한 유엔조선임시위원단은[153] 본격적으로 활동에 들어갔으나, 북조선에서 입경을 거부함으로써 위원단이 북조선에서 임무를 수행하는 것이 불가능하게 되었다. 그리하여 한국 문제는 유엔소총회로 넘어가게 되고, 2월 26일 남한만의 단독선거 결의안이 가결되었다.[154] 유엔소총회에서 한국 문제에 관한 결의안이 통과되자, 이승만은 "유엔대표단의 노력과 특별히 미 국무성에서 정당한 주장으로 우리의 기대한 바를 달성케 된 것"이라고 했고, 독촉국민회와 한민당도 남한만의 단독선거 결정을 대대적으로 환영했다. 반면 김구는 "민주주의의 파산"을 선고한 것이나 다름이 없는 것으로, 그리고 김규식은 앞으로 정치 활동을 정지하겠다고 자신의 입장을 밝혔다.[155]

유엔조선임시위원단은 소총회 결의를 인정하고 남한만의 총선거 준비에 들어갔다. 3월 1일 하지John R. Hodge 중장은 유엔조선임시위원단의 감시 아래에서 5월 9일 선거를 거행할 것이며, 선거는 입법의원선거법을 유엔조선임시위원단과 상의하여 개정한 후 실시할 것이라는 내용의 포고를 발포했다.[156] 유엔조선임시위원단은 3월 10일 입법의원선거법에 약간의 수정을 가하여 채택하기로 가결하고 하지 중장에게 동 법안을 건의했다.[157] 그 내용의 요점은 ① 선거권은 성별 재산 교육 종교의 구별 없이 만 21세, 반역·친일·모리배는 선거권 박탈 ② 피선거권은 25세 이상, 정치범은 재감 여부를 불문하고 자격이 있음 ③ 문맹자에게도 투표권이 있음 ④ 특별선거구 삭제 등이었다.[158]

군정당국은 유엔조선임시위원단의 건의를 검토해서 3월 중순 공보부를 통해 국회의원선거법을 발표했다. 최종으로 개정된 내용을 보면 ① 선거권 21세, 피선거권 25세(제1조)로 규정했고, ② 선거권과 피선거권 제한 대상자 규정을 명기(제2조, 제3조)했으며, ③ 후보자 1인을 선택하는 표식투표 방식을 채택(제34조)했으며, ④ 특별선거구제를 삭제했고, ⑤ 의원의 임기를 2년으로 규정(제47조)했다.[159]

자서투표 방식의 입법의원의원선거법을 변경하여 표식투표의 국회의원선거법으로 발포하자, 성인교육을 기피하거나 거부하는 사람들이 늘어나 강습소 출석률이 저하되기도 했다.[160] 그런데 표식투표로 변경되었다고 해서 성인교육을 기피한 것만은 아니었다. 문맹인 다수가 집중되어 있는 곳이 농촌이었으며, 선거법이 변경되어 발표된 시기는 농민들이 한창 농사 준비에 바쁜 시기였다는 점을 고려해 볼 필요가 있다.

우익 세력은 3월 30일 '전국애국연합 총선거 추진위원회'를 결성하여 본격적으로 총선에 대비했고,[161] 우익 청년 단체, 부인 단체, 학생 단체 등을 동원하여 단독정부 수립을 위한 총선거 참여율을 높이고자 선거 계몽에 매진했다. 이때는 문해 활동보다는 선거 참여를 독려하는 계몽 활동에 치중할 수밖에 없었다. 유엔조선임시위원단은 "선거는 자유로운 분위기에서 거행되어야" 할 것을 강조했고, 남조선 각 중요 지역에서 "상당한 정도의 언론, 출판 급及 집회의 자유라는 민주주의적 권리가 인정되어 있고 존중되고 있다"라고 평가했으나[162] 실제로는 그렇지 않았다.

경찰과 우익 청년 단체, 학생 단체들은 선거인 등록을 강요하면서 압력을 행사하는 등 선거권자로부터 '민주적인 권리'를 박탈했으며, 선거 분위기를 혼탁하게 만들어 나갔다. 우익 여성 단체도 여성들의 투표 참여를 독려하기 위한 선거 계몽운동을 펼쳐 나갔다. 독촉부인 회는《부인신보》를 통해 국회의원선거법이나 시행세칙 등을 상세히 소개했으며, 지방순회와 여성대표회의 등을 개최했다. 또한 선거에 임박해서는 투표 참여는 애국이고 기권은 매국이라는 슬로건을 내걸고 여성의 선거 참여를 강조했다.[163]

전국학련도 선거 계몽운동을 집중적으로 전개했다. 전국학련은 이승만과 김구를 정신적인 지도자로 받들어 모셨지만 김구가 단독선거 참여를 거부하고 남북협상에 나서자 이승만의 노선에 따라 행동을 통일했으며, 1948년의 대의원대회를 선거 뒤로 미루면서까지 선거 계몽운동에 전력을 다했다.[164] 또한 좌익 세력의 선거 방해 공작을 와해시키는 활동을 병행했으며,[165] 3월 30일부터 시작되는 선거인 등록에 많은 유권자가 등록하도록 독려하는 일에 집중했다. 선거인 등록률은 5·10 선거의 성공을 가름하는 사전 절차로서 매우 중요한 의미를 지닌 것이었으며, 선거인 등록 절차를 밟지 않을 경우 선거 참여가 불가능했다. 그래서 전국학련은 등록률을 높이기 위한 활동에 전력했다. 물론 이러한 활동에는 서북청년단을 비롯한 우익청년단이나 대한노총, 대한농총 등 거의 모든 우익 조직이 동원되었으며, 이들 조직은

등록 강요라는 강압적인 방식으로 선거인 등록률을 높이고자 했다.[166]

3월 30일부터 4월 9일까지 실시된 선거인 등록률은 91.7퍼센트라는 높은 수치를 기록했다. 4·3항쟁이 계속되고 있던 제주도에서만 64.9퍼센트의 실적을 보였을 뿐 전국적으로 높은 등록 실적을 거둔 것이다.[167] 그러나 이러한 등록률 수치는 정확도가 떨어지는 것으로, 이보다 훨씬 낮은 등록률을 보였을 것으로 추정된다.

선거인 등록에서 높은 성적을 거두면서 고무된 전국학련을 비롯한 우익 학생 단체, 우익 청년단은 이제 각 지역구로 내려가 5·10 선거에서 이승만·한민당 세력이 대거 제헌의원에 당선될 수 있도록 선거운동에 집중했다.[168] 전국학련은 5·10 선거가 끝나자 하계 봉사대의 명칭을 민중계몽대로 고치고, 7월 29일부터 약 1개월에 걸쳐 각 도를 순회하며 하계 계몽운동을 전개했다.[169]

# 5

# 정부 수립 후부터
  1950년대까지의
  문해교육

## 교육법 제정과 문해교육 정책

미군정기에 이어 정부 수립 이후에도 문맹 퇴치 문제는 교육정책에서 최대 현안이 되었다. 정부 수립과 함께 초대 문교부장관으로 임명된 안호상[170]이 1948년 10월 5일 시정방침에 대한 연설에서 "성인교육에 주력을 경주하여 문맹을 퇴치하는 한편 민족사상을 앙양시킬 방침"[171]이라고 밝힐 정도로 문해교육은 당시로서 시급히 해결해야 할 절박한 문제 가운데 하나였다.

당시의 신문 기사를 봐도 문맹 퇴치가 최대 현안이었다는 것을 알수 있다. 1948년 11월 19일 《동아일보》는 "신생국가의 국민으로서 한글을 모른다면 어찌 국민의 자격을 완전히 구비했다고 할 수 있을까"

라고 자문했다.[172] 같은 해 12월 21일《경향신문》은 "신생 대한민국 정부도 '유엔'의 승인하에 수립된 오늘날에 있어 가장 긴급히 요청되는" 것은 "문맹일소와 성인교육"이라고 강조했다.[173] 또한 1949년 1월 28일《동아일보》는 "국민의 문화 향상과 농촌의 개발"을 위해 문맹 퇴치가 필요하다고 언급했다.[174] 이러한 언론 기사를 볼 때, 당시 식자층은 엘리트 의식에 사로잡혀 문맹인을 "국민의 자격을 완

〈그림 2〉제1대 문교부장관 안호상(국가기록원 소장)

전히 구비"하지 않은 사람으로 취급했다. 그뿐만 아니라 국민의 자격을 갖추기 위해서는 한글을 깨우쳐야 한다는 것, 문맹 일소를 위해서는 성인교육이 중요하다는 것, 그리고 문화 향상이나 농촌 개발을 위해서 문맹 퇴치가 필요하다는 것을 공통으로 인식하고 있었다.

이와 함께 당대의 식자층은 문맹인을 문명국가와 문화 발전의 암적 존재이자 무지와 야만, 미신의 굴레로부터 구출해야 하는 존재로 본 측면이 있다. 1949년 6월 22일《경향신문》은 문맹을 "문명국가의 수치요 문화 발전에 암"으로 규정했으며,[175] 같은 해 12월 29일에는 "전 국민의 태반은 의연히 문맹과 무지 야만과 미신에 사로잡혀서 미개의 암흑 속에서 헤매게 될 것"이라고 기술했다.[176] 1950년 1월 9일《동아일보》도 문맹을 "우리나라로서 가장 수치스러운 것의 하나"라고 표현했다.[177]

한편, 정부 수립 후 문교부는 교육법 제정을 서둘렀다. 교육법 제정을 위한 준비 과정이 어느 시기에 이루어졌는지 정확히 알 수 없으나, 안호상 장관의 주도 아래 문교부는 1949년 5월 초에 교육기본법, 교육법 그리고 사회교육법이라는 세 개의 법안을 국회에 상정했다.[178] 국회는 상정된 문교부의 법률안을 검토한 후, 이를 문교사회분과위원회에서 심사할 것을 결의했다. 국회의 결의에 따라 문교사회분과위원회는 6월 23일 교육가 20명을 초청하여 국회에 상정한 문교부안을 논의했다. 이 과정에서 교육기본법, 교육법, 그리고 사회교육법이라는 세 개의 법안을 폐기하고 새롭게 하나의 법안을 기초하자는 쪽으로 의견이 모아졌다.[179] 이리하여 문교사회분과위원회는 새로운 법안을 작성하기 위해 현상윤, 백낙준, 오천석, 장이욱張利郁, 유진오 등 5명을 선임하고 문교사회분과위원회 전문위원을 포함시켜 20명으로 위원회를 구성했다. 새로 구성된 위원회는 여러 차례의 논의 과정을 거쳐 1949년 9월에 법률안을 완성했다. 문교사회분과위원회는 이렇게 완성된 법률안을 다시 검토했으며, 최종으로 11장 175조로 된 교육법안을 작성하여 국회에 상정했다.[180]

국회에 상정된 교육법안은 1949년 5월 초에 나온 교육기본법, 교육법, 사회교육법이 교육법이라는 하나의 법률로 결합·흡수된 것이었다. 교육법안에는 미군정기 성인교육을 담당했던 공민학교와 고등공민학교에 대한 규정도 포함되었다. 문교부에서 작성하고 1949년 5월 초에 국무회의를 거쳐 국회에 상정된 사회교육법의 내용을 개략적으로 살펴보면 다음과 같다. 제1조 대한민국 국민에게 사회적 교양을 향상시키기 위해 학교교육을 받지 못한 자에게 성인교육을 실시한다. 제6조 성인교육을 위해 공민학교와 고등공민학교의 2종류를 둔다. 제7조 시립과 도립 공민학교는 문교장관의 인가로, 기타 학교는 지방장관의 인가로 설치되며, 공민학교의 수업 연한은 2년, 고등공민학교의 연한은 3년이다.[181]

7월경에 완성된 성인교육을 위한 법안은 5월 초 국회에 상정된 것보다 다소 변화된 내용을 담고 있는데, 이를 살펴보면 다음과 같다. 성인교육의 목표로 ① 한글 보급으로 문맹 퇴치의 완전을 기하여 성인교육의 기초를 만들 것, ② 공민학교로 민주국가의 공민 자질을 향상케 할 것, ③ 고등공민학교로 실천적 중견 인물을 육성할 것 등으로 설정했다. 그리고 성인교육의 범위를 정했는데, 30세 이상 성인 남녀에게 국문을 보급시킬 국문 보급반을 두고, 18세 이하(소년과)와 19세 이상(성년과)의 미취학자를 교육시킬 공민학교와 고등공민학교를 두는 것 등으로 결정했다.[182]

위와 같은 내용을 담고 있는 사회교육법안은 교육법안에 흡수되었는데, 1949년 10월에 교육법이라는 제목으로 국회에 상정되어 28일부터 독회가 시작되었다.[183] 제11장 제175조로 된 교육법안 중에서 사회교육법에 해당하는 조문은 제6장 〈기술학교 및 고등기술학교〉, 제7장 〈공민학교 및 고등공민학교〉, 제8장 〈특수학교〉 등이다. 이 중에서 문해교육과 관련한 제7장 〈공민학교 및 고등공민학교〉는 아래와 같은 조문으로 구성되었다.

제135조 공민학교 및 고등공민학교는 초등교육을 받지 못하고 학령을 초
과한 자 또는 일반 성인에게 국민생활에 필요한 보통교육 및 공민적 사회
교육을 실시함을 목적으로 한다.

제136조 공민학교의 수업연한은 3년이며 초등교육을 받지 못하고 학령을
초과한 자가 입학한다.

제137조 초등교육을 전혀 받지 못한 성인에게 국문을 해득케 하기 위하여
공민학교에 성인반을 둔다.

제138조 단기 4243년 1월 1일 이후 출생한 학령 초과자로 국문을 해득하
지 못하는 자는 공민학교 성인반의 교육을 받을 의무가 있다.

전항의 의무가 있는 자의 친권자 후견인 또는 그를 사용하는 자도 또한 그
를 취학시킬 의무가 있다.

제139조 교사校舍 공회당 공장 사업장 기타 사용 가능한 건물은 공민학교
교사로 사용할 수 있다.

제140조 고등공민학교의 수업연한은 1년 이상 3년이며 국민학교 또는 공
민학교를 졸업한 자가 입학한다.[184]

위 법안은 독회 과정에서 이의 제기 없이 수정안을 내지 않은 채 그
대로 통과되었다.[185] 그리하여 1949년 12월 31일 제11장 제177조로
구성된 교육법이 공포되었다. 교육법 제10조에서는 "국가와 지방공

공단체는 초등교육을 받지 못하고 학령을 초과한 자 또는 일반국민에게 민주국가의 공민으로서 필요한 교양을 주기 위하여 적절한 교육시책을 강구 실시하여야 한다"라는 것을, 제81조에서는 "모든 국민으로 하여금 신앙, 성별, 사회적 신분, 경제적 지위 등에 의한 차별이 없이 그 능력에 따라 균등하게 교육을 받게 하기 위하여" 공민학교와 고등공민학교를 설치할 것을 규정했다. 그리고 제137조~제142조에 공민학교와 고등공민학교에 대한 규정을 명시했다.[186]

공민학교는 원래 1946년 5월 〈공민학교 설치 요령〉이 발표되면서 정식으로 설치되기 시작한 사회교육기관이었다. 이 학교는 학령을 초과한 미취학자를 교육하기 위한 목적으로 소년과少年科, 성년과成年科, 보수과補修科를 두었으며 지방 실정에 따라 필요한 과科만 설치되기도 했다.[187] 공민학교는 공장에도 설치되었는데, 미군정기에 이어 정부 수립 이후에도 노동자를 대상으로 교육을 실시했다. 대체로 대규모 공장에 세웠으며, 영등포 공업지대의 경우 고려방직, 제일방직, 경성방직, 조선피혁, 용산공작소 등 각 공장에 공민학교가 있었다. 이곳에서 노동자들은 매일 2시간의 교육을 받았다. 과목은 국어, 산수, 체조, 음악, 가사 등이었다.[188] 고등공민학교는 공민학교 보수과를 발전적으로 개편한 것으로, 1948년 1월 13일 미군정 문교부가 고등공민학교 규정을 제정하여 실시하면서 발족된 기관이다. 1949년 12월 교육법이 제정, 공포되면서 고등공민학교를 위한 법적 근거가 정식으로 마련되었다.[189]

정부 수립 이후 공민학교나 국문 보급반 등을 통해 문해교육은 계속되었다. 문교부는 1949년부터 6개년 계획으로 전국에 걸쳐 9월 1일부터 한글 강습소를 이용한 성인교육을 실시하고자 했으나[190] 예산 부족으로 구체적인 단계를 밟지 못한 것으로 보인다. 1949년 12월 말 《경향신문》이 "문맹의 퇴치를 아무리 역설하고 부르짖어 왔건만 의무교육은 아직도 그 실시가 요원하며 성인교육의 보급 또한 명목뿐인 현상"[191]이라고 비판한 것을 보면 성인교육은 구체적으로 실행되지 못하고 있었다.

교육법에 따라 그동안 성인교육을 담당했던 공민학교나 고등공민학교의 교육 내용에도 변화가 일어났다. 공민학교나 고등공민학교는 초등교육을 받지 못하고 학령을 초과한 자 또는 일반 성인이 의무로 입학하여 교육을 받는 교육기관으로 성격이 바뀌었다. 1910년 1월 1일 이후 출생한 학령 초과자는 의무로 공민학교 성인반에 들어가 200시간 이상의 교육을 받아야 했다. 고등공민학교는 국민학교나 공민학교를 졸업한 자가 입학하는 교육기관으로, 수업연한은 1년 이상 3년 이하였다.

교육법 시행령은 교육법이 공포된 지 2년 4개월여가 지난 1952년 4월 23일에 제정, 공포되었다. 시행령의 내용을 보면 공민학교 교과는 국민학교에 준하는 것으로, 고등공민학교 교과는 중학교에 준하는 것으로 규정했다. 공민학교 성인반의 수업일수는 70일 이하이며, 교과는 "국어, 사회생활, 산수, 과학을 내용으로 하되 문자 해득을 주로

한다"라고 명시했다.[192]

## 교육법 제정 이후 문해교육

교육법 제정에 따라 개설된 공민학교 성인반은 국문 강습소 기능을
흡수하여 문해교육을 전담하도록 만든 교육기관이다.[193] 문해교육을
주로 담당하는 공민학교 수는 1950년에 1만 3072개에 이를 정도로
확대되었으며 학생 수도 77만 7868명이나 되었다.[194] 그러나 이를 근
거로 문해교육이 활성화되었다고 판단하기에는 무리가 있다. 재정적
인 뒷받침을 얼마나 받았는지, 의무로 입학한 학생이 생계유지에 필
요한 노동 활동을 뒤로 하고 교육에 얼마나 열의를 보였는지와 같은
여러 가지 사항을 고려해 볼 필요가 있다. 축소된 수치라서 더 높게
올려 잡아야 하겠지만, 1950년의 문맹자가 500여만 명 정도로 추산
되는 실정에 비추어 보았을 때 문맹 퇴치 문제는 단기간에 해결할 수
없는 난제였다.

교육법 제142조에 따라 국민학교나 공민학교를 졸업한 자가 입학
하게 되는 고등공민학교의 경우도 1950년 법적인 뒷받침으로 학교
수 689개, 학생 수 8만 3066명이라는 최대치를 기록했다. 이후 한국
전쟁의 영향으로 학생 수가 급감했으나, 휴전협정이 체결되는 1953
년에 이르러 다시 증가하는 현상을 보였다.[195]

문교부는 1950년 5·30 총선을 앞두고 문맹 퇴치 5개년 사업을 추

진하기로 결정했다.[196] 남한 전역에 걸쳐 500만 명으로 추산되는 문맹자 중 약 340만 명 정도의 30세 이하 성인교육 대상자를 공민학교에 수용하여 문해교육을 실시하기로 한 것이다. 우선 1차 년도의 교육 대상은 65만 명 정도였다. 이를 위해 교육법 제140조에 규정된 취학 의무 적령자를 조사하여 명부를 작성하고, 성인반 교재《국민생활》을 발간하는 작업을 추진했다.

<그림 3> 제2대 문교부장관 백낙준(한국연구원 제공)

　문맹 퇴치 5개년 사업을 추진하는 과정에서 1950년 5월 초 안호상 문교부장관이 경질되고 백낙준이 제2대 문교부장관으로 임명되었다. 장관이 교체되었다고 해서 문교정책이 근본적으로 변화된 것은 아니었다.[197] 교육법 제정 과정에 참여한 백낙준은 안호상 문교부장관이 추진하던 문맹 퇴치 5개년 사업을 그대로 이어받은 것으로 보인다. 그러나 취임 직후 한국전쟁이 일어나 문교정책을 적극적으로 펼치지 못하고 전시 교육 체제에서 비상 교육행정의 수장으로 임무를 수행할 수밖에 없었다.

　전란으로 교육기관이 파괴되고 교사와 학생이 이산하여 행방조차 알지 못하는 상황에서 정상적인 교육행정은 불가능했다. 약 1만여 개의 교실이 소실되거나 파괴당해 초·중등학교 약 2만 3000여 개의 교실이 부족했으며, 이 조차 군軍에서 사용하여 교실 문제는 초미의 긴급 문제가 되었다.[198] 임시로 천막 교실이나 노천 교실을 만들어 부분적으로 교육이 재개되었을 뿐 문교부는 정규 학교교육에 대한 어떠한 대책도 내놓지 못했다. 이러한 상황에서 문해교육은 일시 중단될 수밖에 없었다. 정부예산 가운데 문교예산으로 책정된 비율이 1951년 2.6퍼센트, 1952년 2.0퍼센트, 1953년 2.6퍼센트였다는 점에서[199] 드러나듯이 재정적인 뒷받침이 이루어지지 않은 현실에서 문해교육은 뒷전으로 밀려날 수밖에 없었다.

전쟁으로 일시 중지된 문해교육은 1951년에 와서 문맹 장정을 대상으로 한 교육과 정신 계몽 사업의 일환으로 재개되었다. 주로 20세부터 30세까지의 장정층이 대상자였다. 장정에 대한 국문 보급 사업은 성인교육회비를 징수하여 충당했지만 교재조차 마련하지 못하는 형편에 이르러 난관에 봉착했다.[200] 그러다 1952년에 들어서 약간의 정부 예산이 계상된 덕분에 전국 국민학교에 공민학교 성인반을 설치할 수 있었다. 취학 대상은 만 17세부터 43세까지의 문맹 장정이었다.[201] 그러나 계상된 예산 역시 문맹 퇴치에 필요한 사무비나 인건비도 되지 않는 빈약한 액수여서 성인교육의 실효를 거두기 어려웠다.[202]

문교부는 재정 문제나 교사 충원 문제 등 문해교육 실시에서 여러 가지 어려운 상황이 발생하자 학생 동원으로 문제를 해결하고자 했다. 문교부는 1952년 5월경 대학, 사범학교, 고등학교에 재학하는 학생을 여름방학 기간에 동원하여 무학 장정에 대한 성인반 의무교육과 일반 국문 보급 사업, 후방 국민의 계몽 교화 사업을 전국적으로 실시하기로 결정하고, 특히 읍·면의 농촌에 치중하도록 계획했다. 또한 하계 학생 향토교반을 조직하고 읍면장과 구역 내 중학교장, 국민학교장이 지도하는 교육체계를 세워 운영하도록 했다. 취학 대상자는 국문 강습반 단기 강습에 60시간 정도 참여하도록 의무화했다.[203]

이리하여 국내 각 대학에서는 8월 1일부터 문맹 퇴치 운동을 위한 농촌 계몽반을 조직하고 각 농촌 지역에 학생을 파견했다. 농촌 계몽반은 방학 기간인 8월 말까지 일주일 동안 마을을 순회하면서 계몽 활동을 전개했다.[204] 문교부는 성인교육용 교재를 전국 각지에 배포했고, 전국 각 학교에 활동비를 지원했다.[205] 이러한 운동은 1953년에도 이어져 전국 고등학교 이상의 학생을 동원하여 여름방학과 겨울방학 동안 문맹 퇴치 활동을 전개하기도 했다.[206]

한편 성인반 학생이 소집이나 징집을 당할까 염려하여 출석을 기피하기도 했는데, 이는 문해교육을 어렵게 한 원인 중의 하나였다. 이러한 실상은 유네스코·운크라(UNESCO-UNKRA)[207] 교육계획사절단이 국제연합한국재건단장에게 보낸《한국의 교육상황 예비조사보고서》에서 단편적으로나마 확인할 수 있다. 보고서에 나타난 문해교육 기피 실태는 아래와 같다.

실제에 있어서는 이 공민학교와 고등공민학교는 매우 제한되고 불규칙적 기초 위에서 운영되고 있다. (…) 이러한 학교에서 정규적 교수敎授를 하게 하는 조직적 방법은 없는 것 같이 보인다. 여러 곳에서 본 바에 의하면 고등공민학교의 존재는 단지 지상紙上에서만 증명되었다는 것이 본 위원단의 의견이다. 어떤 곳에서는 공공연하게 성인반에 출석하면 소집이나 징집 받을 염려가 있기 때문에 출석을 주저한다는 말을 본 위원단은 들었다. (…)

공민학교는 두 가지 종류로 구분되어 있는바 그 하나는 보통과요 또 하나는 성인과이다. (…) 그러나 성인과에 등록한 학생들은 매우 출석 성적이 불량한바 그 이유는 그들이 야간에 학교에 출석했을 때 지게부대나 군대에 끌려가는 것을 두려워하기 때문이라고 한다.[208]

군에서도 1952년부터 문해교육을 실시했다. 한국전쟁으로 군에 동원된 장정 중에서는 문맹자가 다수를 차지하고 있었다. 문맹 장병 수의 증가는 병력 약화와 직결되는 문제였기 때문에 문맹 퇴치 사업이 시급하다고 판단했던 것이다. 논산훈련소에서는 교육 대상에 따라 문맹자반, 기초반(국민학교 1~4학년 수준), 국민반(국민학교 5~6학년 수준), 고등공민반(중등반)으로 나누어 6주간의 문해교육을 실시했다. 또한 기성부대에서는 군사령부를 비롯한 모든 부대에 정훈교육대를 설치하여 문맹반(국민학교 1~4학년 수준)과 국민반(국민학교 5~6학년 수준)으로 나누어 교육했다.[209]

휴전 이후에는 진지 구축과 월동 준비를 끝내고 나서 공민학교를 개교하여 한글교육을 실시했다. 교육 기간은 보통 4주 정도였으며, 이

기간 동안에는 군무가 면제되었다.[210] 비교적 문해교육에 관심이 있는 선임사병이 주로 교육을 담당했으며, 문교부에서 한글, 공민, 산수 등을 하나로 엮어 만든 약 100여 페이지 분량의 공민책을 교재로 사용했다.

그러나 군에서의 문해교육은 전문 교육을 받은 교사가 아니라 선임사병에 의해 이루어졌기 때문에 교육 효과를 발휘하는 데에 한계가 있었다. 또한 후방에서의 문해교육이 불철저하게 이루어져서 새로 들어온 신병 중에는 문맹자가 다수 포함될 수밖에 없었다. 이로 인해 군 내 문맹 퇴치 운동은 실효를 거두기 어려웠다.[211] 1954년 3월 10일 육군 당국은 지난 1년 동안에 군내에서 20만 8023명의 문맹사병을 퇴치하는 성과를 올렸다고 발표했으나 이는 과장된 수치다. 1960년 10월 국방당국에서 1955년부터 1960년 8월말까지 문해교육의 성과로써 문맹 9만 8800명을 퇴치했다고 발표한 것과 비교해 보면 1954년 3월의 발표가 얼마나 과장된 수치인지 파악할 수 있다.[212]

## 문맹 퇴치 5개년 사업

### 추진 과정

문교부는 한국전쟁으로 중단된 문맹 퇴치 5개년 사업을 1953년 휴전협정 이후 다시 새롭게 추진하고자 했다. 당시 문교부장관은 1952년 10월 30일에 백낙준의 후임으로 취임한 김법린金法麟이었다.[213] 신임

김법린 장관에게 주어진 임무는 한국전쟁으로 파괴된 교육 시설을 복구하고 교육의 기틀을 다시 세우는 것이었다. 교육법 8조 "모든 국민은 6년의 초등교육을 받을 권리가 있다"라는 규정에 따라 의무교육을 실시해야 했으며,[214] 문맹 퇴치 문제도 시급한 과제였다.

그러나 이러한 중요한 사안은 예산이 뒷받침되지 못해 추진을 보류할 수밖에 없었다. 다만 전쟁으로 파괴된 교육 시설을 복구하고 정비하는 데에 집중했다. 1954년 5·2 총선을 통해 구성된 제3대 국회에서 의무교육 6개년 계획에 필요한 재정 확보를 위해 12억을 증액하여 통과시켰지만 이마저도 정부의 적극적인 실천 의지가 결여되어 제대로 추진되지 못했다.[215]

한편 문교부는 1953년 10월 말 현재 문맹자 수가 240만 명에 달하는 것으로 추산하고, 12월부터 전국적으로 문맹 퇴치 사업을 실시하기로 결정했다.[216] 1953년 12월부터 1954년 4월까지 5개월에 걸쳐 문맹자를 대상으로 성인교육을 전국적으로 추진하기로 결정한 것이다. 이 계획에는 계몽교육을 담당할 주체로써 주로 학생을 동원하기로 했다.

문교부에서 작성한 〈문맹국민 완전 퇴치 계획〉에 따르면 문맹국민이 280여 만 명에 달하고 있고, "멸공통일의 민족적 염원을 달성하고 민주적 문화국가 건설을 지향하는 현 단계에 처하여 특히 명년도에 실시될 총선거에 있어서는 민족적 수치인 기호식 투표 방법을 시정"할 필요가 있어 〈문맹국민 완전 퇴치 계획〉을 중요 국책으로 결정

<表 2> <문맹국민 완전 퇴치 계획> 실시요강

| 실시 목적 | 문맹국민의 완전 일소 |
| --- | --- |
| | 1954년 총선거에서 기호식 투표 방법 시정 |
| 실시 지역 | 전국 일제히 실시 |
| 실시 기간 | 1953.11.16~1954.4.15(전기는 11월 16일 개학, 후기는 2월 10일 개학) |
| 교육 대상 | 만 17세 이상 문맹 남녀 전원 |
| 지도 기관 | 중앙 : 문교부, 내무부, 국방부 / 문교부 장관이 총괄 지도 |
| | 특별시 및 도 : 특별시장, 도지사 / 특별시장, 도지사가 계획 실시를 총괄 |
| | 군 : 교육감, 군수, 경찰서장 / 교육감이 관내의 계획 추진을 주관 |
| 실천 업무 분담 | 조사 계획과 재정 : 시교육위원회 교육감, 구청장, 읍면장 |
| | 수업 지도 : 국민학교장 |
| | 취학 독려 : 경찰관서(경찰서, 지서, 파출소)의 장長 |
| | 협조 단체 : 대한부인회, 대한여자청년단, 기타 사회단체 |
| 교육 공간 | 국민학교 교사校舍 사용. |
| | 각 동리洞里의 공동 집회소와 개인 사랑舍廊 등 활용 |
| 교사 동원 | 국민학교 교사 및 공민학교 고등공민학교 교사는 전원 동원하고 기타 유능한 자를 교육감이 위촉 |
| 수업 시간 | 90시간 기준. |
| | 주간 수업, 야간 수업, 1일당 수업 시간 수는 지방 실정에 따라 결정 |
| 한글교육반 설치 | 다수의 취학 대상자를 고용하고 있는 사업장에서는 가급적 직장별로 교육반 설치 |

출전 : 文教部,《國務會議 附議事項: 文盲國民完全退治計劃》, 1953.

했다. 그리고 실시요강에서는 실시 목적과 실시 지역, 실시 기간, 취학 대상자 범위 등을 제시했는데, 그 내용을 정리하면 <표 2>와 같다.

실시요강에 제시되어 있듯이 <문맹국민 완전 퇴치 계획>은 문맹국민을 일소하고, 1954년 총선거에서 기호식 투표 방법을 시정하는 것에 목적을 두었다. 이러한 목적을 달성하기 위하여 17세 이상 문맹 남녀 전원을 대상으로 1953년 11월 16일부터 1954년 4월 15일까지 5개월간 문해교육을 실시하는 것으로 계획을 세웠다.

그러나 11월 16일부터 실시한다던 계획은 12월 초순으로 미뤄졌고[217] 이마저도 예산 문제를 이유로 실시하지 않았다.[218] 실제로 교육이 행해진 시기는 1954년 5·20 총선거를 바로 앞둔 3월이었다. 이때 문맹자 수는 문교부 통계에 따르면, 약 250만 명에 이르렀으며, 이 중에서 19세 이상이 약 200만 명이었다. 문교부는 전국의 유권자 중에서 문맹자 200만 명에 대해 3월 18일부터 문맹 퇴치 교육을 실시했다.[219] 또한 문맹 퇴치에 관한 영화를 제작하고, 강연회를 조직하여 4월 15일부터 2주간 각 지방을 순회했다.[220] 1954년 제1차 문맹 퇴치 사업은 3월 18일부터 4월 26일까지 전개하기로 결정했는데, 실제로는 5월 15일까지로 연장하여 실시했다.[221]

제1차 문맹 퇴치 사업은 문교부장관이 공석인 상태에서 시작되었다. 1953년 12월 21일 문교부 편수국장이던 최현배가 사임했으며, 이어서 사업이 실시되기 전인 2월 9일에 김법린이 사임했기 때문이다.[222] 5·20 총선에 출마한다는 이유로 김법린이 사임했으나, 그 실상은 '한글 맞춤법 간소화 파동(한글파동)'과 관계가 깊다.[223] 이후 1954년 4월 21일에 전 국방부 정훈국장이며, 당시 단국대 학장, 자유당 훈련부장이던 이선근이 문교부장관으로 임명되었다.[224] 이선근 문교부장관은 전임 장관이 기획하고 추진하려던 제1차 문맹 퇴치 사업이 한창 진행 중인 시기에 취임하여 그 일을 이어받게 된 것이다.

제1차 문맹 퇴치 사업을 실시한 후 몇 개월이 지나서 다시 제2차 문맹 퇴치 교육을 계획했다. 참의원 선거에 대비해서 기호식 투표를 없애야 한다는 의견이 대두되면서 나온 계획이었다. 참의원 선거에서 기호식 투표를 실시할 경우, 여러 개의 작대기가 있는 투표용지가 출현하여 선거에 막대한 혼란을 초래할 우려가 있다는 명목에서 이루어진 것이다.[225] 이리하여 문교부는 성인교육 사업으로 제2차 문맹 퇴치 교육을 12월 1일부터 60일간 문교부·내무부·공보처 합동으로 실시하기로 결정했다.[226] 제2차 문맹 퇴치 교육을 실시하기 위한 구체적인 계획은 1954년 10월 문교부·내무부·공보처에서 작성한 〈제2차 문맹 퇴치 교육 실시요강〉을 통해 파악할 수 있는데, 이를 정리하면 〈표 3〉과 같다.

〈제2차 문맹 퇴치 교육 실시요강〉은 1953년에 작성된 〈문맹국민 완전 퇴치 계획〉과 대체로 유사하다. 다만 교육 대상 범위, 지도 기관, 수업 시간에서 변화를 보인다. 실시 기간은 1954년 12월 1일부터 1955년 1월 29일인데, 이는 아마도 제1차 문맹 퇴치 사업 때 나온 비판점을 수용하여 농한기에 실시하기로 결정한 것으로 보인다. 그러나 이러한 계획이 실제로 행해지지는 않았으며, 실시 기간은 1955년 3월로 변경되었다.

제2차 문맹 퇴치 사업은 1955년 3월 12일부터 4월 30일까지 50일

| 실시 기간 | 1954.12.1~1955.1.29(60일간) |
|---|---|
| 교육 대상 | 만 12세 이상의 문맹 남녀 전원(1941년 12월 31일 이전 출생자 전원) |
| 지도 기관 | 중앙 : 문교부, 내무부, 공보처 / 문교부 장관이 총괄 지도 |
| | 특별시 및 도 : 특별시장, 도지사 / 특별시장, 도지사가 계획 실시를 총괄 |
| | 군 : 교육감, 군수, 경찰서장 / 교육감이 관내의 계획 추진을 주관 |
| 실천 업무 분담 | 실천 사무 : 시교육위원회 교육감, 구청장, 읍면장 |
| | 협조 기관 : 학교 교원과 학생, 구역 내 각급 학교 교원과 학생 |
| | 협조 단체 : 사회단체, 대한성인교육회, 국민회, 대한부인회, 대한여자청년단, 기타 사회단체, 교육위원, 농촌지도요원, 기타 유지 |
| 교육 공간 | 각 학교 교사와 공동 집회소, 개인 사랑 등 활용 |
| 교사 동원 | 국민학교 교사 및 공민학교 고등공민학교 교사는 전원 동원하고 기타 유능한 자를 교육감 또는 구청장이 위촉 |
| 수업 시간 | 120시간 기준 |
| | 수업 시간 배정은 지방 실정에 적합하도록 결정 |

출전 : 문교부·내무부·공보처, 《제2차 문맹 퇴치 교육 실시요강》, 1954.10.

간 문교부·내무부·공보처 3부 합동으로 실시되었다. 이때의 취학 대상자는 12세 이상 남녀 120만 명의 문맹자였으며, 수업 시간은 150시간이었다.[227] 제2차 문맹 퇴치 사업의 주된 목적이 참의원 선거에 대비한 기호식 투표 시정이었지만, 참의원 선거는 이승만 정권기 내내 실시되지 않았다. 발췌개헌 당시 강제로 통과시킨 양원제는 이승만·자유당 정권이 붕괴된 후 1960년에 7월 29일 민의원 선거와 함께 참의원 선거가 실시되면서 실현되었던 것이다.

제1~2차 문맹 퇴치 사업은 시행 시기를 둘러싼 논란과 반대 여론이 비등했다. 이에 따라 1956년에 실시된 제3차 문맹 퇴치 사업에서는 시행 시기를 조정하여 1월 20일부터 3월 말일까지로 정했다.[228] 한편 제3차 문맹 퇴치 사업의 교육 대상자는 만 12세부터 만 45세까지로 정했으며,[229] 마을 단위로 약 20명 내지 30명으로 반을 조직하여 실시하도록 했다. 교육을 담당할 강사는 국민학교 교사, 공무원(면직원), 농사교도원, 공민학교 교원으로 충당했다. 한 가지 특기할만한 것은 제3차 문맹 퇴치 사업이 거의 끝나갈 무렵 중앙선거관리위원회의 결정 사항이 나왔다는 점이다. 3월 30일 중앙선거관리위원회에서 종전과 같이 작대기 기호투표로 5·15 정부통령 선거를 실시하기로 결정한 것이다.[230] 입후보자의 작대기 기호는 4월 9일 각 후보자의 대리인이 추첨하여 결정되었다.[231]

정부는 이후 문맹 퇴치 사업을 제4차(1957. 1. 20~4. 20), 제5차(1958. 1. 21.~3. 31)까지 실시했다.[232] 제1~5차에 이르기까지 5개년 사업을 수행한 문교부는 1959년부터 잔존 문맹자 퇴치를 목표로 재교육을 실시했다. 그런데 이때는 종전과 같이 문맹 퇴치 기간을 정하여 실시한 것이 아니라 문맹자와 불완전 해득자를 각 지방 국민학교에 병설되어 있는 공민학교와 고등공민학교 성인반에 편입시켰으며, 교육 기간은 1년이었다.[233] 잔존 문맹자를 위한 재교육 추진은 문맹 퇴치가 어느 정도 이루어졌다는 문교부의 판단에서 나온 것이라 할 수 있다.

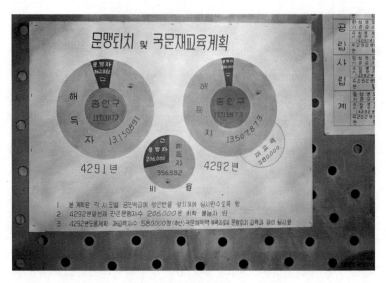

〈그림 4〉 1959년 문맹 퇴치 및 국문재교육계획(국가기록원 소장)


한편 군에서도 전국적으로 5년간 실시된 문맹 퇴치 사업과 연계하여 문해교육을 실시했다. 한국전쟁기에 실시된 문해교육을 문맹 퇴치 교육 5개년 사업 추진 기간에도 계속 진행한 것이라 할 수 있다. 문맹 퇴치 사업이 실시된 1954년 3월, 군에서는 각 부대에 설치된 공민학교를 이용하여 국민학교 과정의 기본교육을 전국적으로 실시할 것을 발표했다. 특히 각 훈련소에 입대한 신병 입대자 중에서 문맹자에게 교육을 실시하여 부대 배치 이전에 국문을 해득할 수 있도록 조치를 취했다.[234]

군의 문해교육 실시 방침에 따라 각 훈련소에서는 한글학교를 세위 문맹신병을 입소시켰다. 문맹신병은 입소 즉시 한글학교에 들어가 한글, 산수, 제식교련 등 기본교육을 받았다. 한글교육과정에서는 네 차례의 시험을 보도록 규정했는데, 100점 만점에 59점 이하를 받으면 전 과정을 재수강하도록 했다.[235]

1955년 8월 20일에는 국방부에서 교육각서 제24호를 지시했다. 교육각서 제24호 중에서 문해교육 관련 부분은 다음과 같다. ① 한글을 읽고 쓰지 못하는 장병에게 문맹교육을 실시하여 완전 퇴치시켜야 하며, 문맹 교육과정은 의무적으로 실시한다. ② 훈련소에서 배출되는 신병은 문맹자가 전무全無해야 한다. ③ 각 훈련소는 이 문맹교육을 위하여 한글학교를 필히 설치해야 한다. (…) ④ 훈련소를 제외한 기타 부대는 문맹자가 있을 시 또는 문맹교육을 받은 자 중 문맹자로 재분류된 자에 대해 전방부대는 각 사단에, 제2군 예하부대는 각 관구管區에, 기타 부대는 부대 자체에 따라 1개의 한글학교를 설치한다.[236]

교육각서 제24호에 따라 신병훈련소, 각 사단(전방부대), 관구(후방)에서는 한글학교(184개)를 설치하여 문맹 퇴치 교육을 실시했다.[237] 1960년 10월, 국방당국의 발표에 따르면, 1960년 8월 말 현재 9만 8800명의 문맹사병을 퇴치하는 성과를 거두었다.

제1차부터 제5차에 이르기까지 문맹 퇴치 교육 실시 상황과 문교부에서 발표한 국문 보급 상황은 〈표 4〉, 〈표 5〉와 같다. 〈표 4〉, 〈표 5〉와 같이 문교부는 1954년 3월 18일부터 1958년 3월 31일까지 문맹 퇴치 교육을 전국적으로 실시한 결과, 문맹률이 1953년에 26퍼센트

## 〈표 4〉 전국 문맹 퇴치 교육 실시 상황

| | 실시 기간 | 교육 대상 | 추진 기관 | 후원 기관 및 단체 |
|---|---|---|---|---|
| 제1차 | 1954.3.18~<br>5.31(75일) | 만 19세 이상의<br>문맹 남녀 | 문교부, 내무부,<br>국방부 합동 | 각급 학교 교원 및 학생,<br>대한부인회, 대한성인교육회,<br>국민회, 농업지도요원,<br>대한여자청년단, 기타<br>사회단체 및 유지 |
| 제2차 | 1955.3.12~<br>5.31(81일) | 만 12세 이상<br>문맹 남녀 전원 | 문교부, 내무부,<br>공보처[238] 합동 | 〃 |
| 제3차 | 1956.1.20~<br>3.31(71일) | 만 12세 이상<br>45세 이하의<br>문맹 남녀 전원 | 문교부<br>내무·농림·<br>보사부 협조 | 〃 |
| 제4차 | 1957.1.20~<br>4.20(90일) | 〃 | 문교부 | 〃 |
| 제5차 | 1958.1.21~<br>3.31(70일) | 만 12세 이상<br>문맹 남녀 전원 | 문교부, 내무부,<br>공보실 합동 | 〃 |

## 〈표 5〉 연도별 국문 보급 상황(1953~1958)

| 연도별 | 총인구수 | 국문해득자 수 | 문맹자 수 | 문맹률 |
|---|---|---|---|---|
| 1953 | 12,269,739 | 9,124,480 | 3,145,259 | 26% |
| 1954 | 12,269,739 | 10,560,719 | 1,709,020 | 14% |
| 1955 | 12,269,739 | 10,745,698 | 1,524,041 | 12% |
| 1956 | 12,911,978 | 12,492,773 | 1,419,205 | 10% |
| 1957 | 13,713,873 | 12,658,590 | 1,145,283 | 8.3% |
| 1958 | 13,713,873 | 13,150,891 | 562,892 | 4.1% |

출전 : 韓國敎育十年史刊行會 編,《韓國敎育十年史》, 豊文社, 1960, 194~195쪽; 문교부,《문교행정시정업적》, 1957, 269쪽.

에서 1958년에 4.1퍼센트로 급감했다고 발표했다. 그러나 이러한 수치가 얼마나 신빙성이 있는지 의문이다. 문교부가 발표한 문맹률에 대한 통계 수치와 여러 기관에서 내놓은 문맹률 수치를 교차 검토할 필요가 있다. 재건국민운동본부에서는 1962년 1월 말 현재 9.5퍼센트로, 중앙교육연구소에서는 1959년 12월 말 현재 22.1퍼센트로 보았으며, 1960년 국세조사에서는 27.9퍼센트로 제시하는 등 각 기관마다 차이가 있었다.[239] 김종서는 조사 기관에 따라 차이를 보이는 문맹률을 비판적으로 검토했을 때 문교부가 발표한 문맹률 4.1퍼센트는 너무 낮으며, 재건국민운동본부에서 발표한 1962년의 9.5퍼센트도 믿을만한 수치가 되지 못한다고 주장했다. 또한 중앙교육연구소에서 1959년 12월 말 현재로 발표한 22.1퍼센트와 1960년의 국세조사에서 나타난 27.9퍼센트가 논의의 대상이 되는 수치라고 할 수 있으며, 한국의 문맹률은 22~28퍼센트라는 결론을 내릴 수 있다고 주장했다.[240]

## 문맹 퇴치 5개년 사업의 추진 의도

1949년 12월 교육법 제정 이후, 문맹 퇴치 사업을 처음 실시하기로 결정한 시기는 1950년 5·30 총선을 앞둔 4월경이었다. 총선을 앞두고 문맹 퇴치 교육을 실시하려 한 이유는 무엇일까? 미군정기에 우익 정치 세력은 문해·계몽운동을 그들의 정치 기반을 넓히고 5·10총선거에서 승리하기 위해 활용했는데, 2년이 지난 시점에서 이승만 정권이 이러한 경험을 다시 살려 5·30 총선에 적용하려 한 것은 아닐까? 이승만 정권은 동원의 정치에서 더 나아가 국민들에게 반공 이데올로기를 내면화시키고 정치권력 기반을 다지는 수단으로 문해교육을 최대한 이용하려 한 것으로 보인다.

1954년부터 1958년까지 시행된 문맹 퇴치 사업은 실시 기간을 통해서도 이승만 정권이 무엇을 의도했는지 확인할 수가 있다. 제1차 사업은 1953년 11월에 실시하려 했는데 실제로 시행한 시기는 3월 18일부터 4월 26일이었다. 문맹자 대부분이 농촌에 거주했으므로 문해교육은 농사일이 바쁘지 않을 때 실시하는 것이 적절한데도 3~4월로 일정을 잡은 이유는 총선거에 문해교육을 이용하려는 정치적인 의도가 크게 작용한 것이었다고 해석할 수 있다. 더욱이 5·20 선거가 임박한 5월 15일까지 한 차례 더 연장하여 '작대기식 기호투표 일소'라는 구호 아래 문해교육을 실시했는데, 이는 집권 여당의 정치적인 의도를 노골적으로 드러낸 것이었다. 주지하듯이 1954년의 5·20 총선은 이승만과 자유당에게 상당히 중요한 의미를 지니고 있었다. 개헌을 성사시켜 중임제한 조항을 철폐하려면 자유당 후보를 대거 당선시켜야 했다. 따라서 집권 여당은 사활을 걸고 5·20 총선에 임했는데, 총선 승리를 위해 문해교육을 적극 활용했다고 볼 수 있다.

집권 여당이 문해교육을 정치적인 목적으로 활용했다는 사실은 몇 개의 자료를 통해서도 확인이 가능하다. 《조선일보》는 사설을 통해 "이것이 선거 직전에 처해 있으므로 혹, 개중에는 선거운동이 되는 경우도 전혀 예상 못할 바는 아니다. 순수한 교본에 의하여 가르친다 해도 철자 같은 것을 일러줄 때 혹은 인명 같은 것을 예로 잡는다면 이것은 분명히 선거운동과 통한다고 보아야 할 것이다"라고 하면서 문맹 퇴치 사업이 선거운동으로 활용되는 것을 우려했다.[241] 또한 민병대 총사령관이 4월 28일에 발표한 담화에서 "문맹 퇴치란 명목으로 암암리 선거운동을 하고 있다는데 이러한 행동은 단연 중지하여야 할 것"이라고 경고했다.[242] 이렇듯《조선일보》사설이나 민병대 총사령관의 담화를 통해 집권 세력이 문해교육을 선거운동에 활용했다는 사실을 확인할 수 있다.

제2차 사업도 농사일이 바쁜 시기인 3월 12일에서 5월 31일까지 실시했다. 당시 언론은 실시 기간을 놓고 비판을 가했는데,《동아일보》1955년 2월 26일 자 사설에서는 "참의원 선거가 임박했다고 해서 작년과 같은 실태를 또다시 연출하는 것은 섭섭한 일이다. (…) 문맹도 퇴치를 못하고, (…) 폐해만 초래할 것이라면 그러한 문맹 퇴치 노력은 차라리 않는 것만 같지 못한 것"이라고 언급했다. 또한 "문맹 퇴치란 작대기 선거를 하지 않기 위해서만 필요한 것이 아니라, 국민들의 지식수준을 올리고, 민도를 올리자는 데에 근본 목적이 있을 것이다. 선거 때가 아니라고 하더라도 시기만 적당하다면 언제라도 이에 용력用力할 수 있도록 꾸준한 준비를 아끼지 않아야 한다"라고 피력했다.[243]

결국 제2차 사업이 참의원 선거에 대비한 기호식 투표를 시정하자는 것이었지만, 참의원 선거가 이승만 정권기 내내 실시되지 않았다고 해서 정치 의도를 배제할 수는 없다. 당시 참의원 선거를 1955년 봄이나 여름에 실시하려 했으나 계속 미뤄졌다고 해서 애초에 제2차 사업을 계획하면서 목적했던 정치성이 사상捨象되는 것은 아니기 때문이다.

제3차부터 제5차까지의 사업 실시 기간은 1월에서 3월까지(제3차, 제5차), 혹은 1월에서 4월까지(제4차)로 조정되었다. 이는 제1차, 제2차 사업을 시행하는 과정에서 나온 비판을 그대로 묵살할 수 없었던 사정이 반영된 것으로 볼 수 있다. 그러나 3월이나 4월이라는 농사 준비에 바쁜 시기를 교육 실시 기간으로 포함시킨 것은 여전했다. 아마도 시행 시기에 대한 비판을 최소화하면서 선거철을 고려하여 시행 시기를 잡았기 때문일 것이다. 따라서 1956년의 5·15 정부통령 선거, 1958년의 5·2 총선에서도 문맹 퇴치 사업이 어느 정도 영향력을 미쳤을 것으로 보인다.

문교부는 제1차부터 제5차에 이르기까지 "각급 학교 교원 및 학생, 대한부인회, 대한성인교육회, 국민회, 농업지도요원, 대한여자청년단, 기타 사회단체"가 문맹 퇴치 사업을 후원했다고 발표했다. '후원'한 것으로 밝히고 있지만 실상은 국가권력 아래 동원된 것이었다. 문맹 퇴치 사업에 동원된 조직은 국민회, 대한부인회 등 사회단체와 학도호국단이었다. 또한 대한성인교육회가 동원되었으며,[244] 문맹인 다수가 농촌에 거주했으므로 농업지도요원을 참여시켰다. 문맹 퇴치 사업에 동원된 사회단체와 학도호국단은 반관반민의 관제 단체였으며, 이들 조직의 총재는 이승만이었다. 이승만은 사회단체와 학도호국단을 통해 국민들을 이중 삼중으로 묶어 그 위에 존재했던 것이다.[245]

1950년대 이승만 정권은 권력 유지와 강화를 위해 반관반민의 관제 단체를 적절히 활용했는데, 문맹 퇴치 사업에도 이들 조직을 대대적으로 동원했다. 사회단체와 학도호국단은 이승만과 집권 여당의 여망에 부응하여 문맹 퇴치 사업 과정에서 이승만의 통치 이념이기도 했던 반공주의를 주입시키고, 집권 여당이 선거에 승리할 수 있도록 적극적으로 활동을 전개했을 가능성이 크다. 따라서 1950년대 문맹 퇴치 사업은 이승만 정부가 정치 목적을 실현하기 위해 전개한 관제 운동의 성격이 강한 것이었다.

문해교육에서는 《국민독본》이나 《새살림 그림 독본》 등을 교재로 사용했다. 《국민독본》은 문맹 퇴치 5개년 사업 중 제1차 사업 때 사용된 교재이며, 《새살림 그림 독본》은 문교부가 발간한 성인교육용 보충교재였다.[246] 이러한 문해교육 교재에서 민주시민의 권리를 강조했다는 점을 들어 문맹 퇴치 사업이 민주국가 건설이라는 국정 과제 해결이나 국민들의 정치 수준을 제고하는 데 기여했다고 평가하기도 한다. 하지만 이에 대해서는 재고할 여지가 있다. 오혁진 · 허준은 "반공을 국시로 한 국가관 정립을 목적으로 하는 등 당대 남북 분단 상황에서 이데올로기적 통합 기제로서의 목적을 갖는 정책"이라고 인정하면서도 문맹 퇴치 교육이 "민주시민으로서 권리를 행사하기 위한 국민의 요구이자, 민주주의 체제를 유지 발전시키기 위한 국가의 요구를 반영한 사회교육정책"이라고 주장했다.[247]

그런데 교재에 단편적으로 민주시민의 권리를 다룬 내용이 포함되었다고 해서 이를 곧바로 문맹 퇴치 교육의 성과가 드러난 것이라고 설명하기는 어렵다. 단편적인 교재 내용보다는 직접 교육을 담당한 교사의 역할, 그리고 동원된 사회난체와 학도호국단의 성격과 역할을 명확히 짚을 필요가 있다. 자료의 한계로 인해 동원 조직의 역할과 활동의 실상을 구체적으로 밝히기는 어렵지만, 이들 조직이 반관반민의 관제 조직이었으므로 이승만·자유당 권력을 추종하여 권력의 의도에 부합하는 역할을 수행했으리라고 추정하는 것은 그리 어려운 일이 아니다. 따라서 문맹 퇴치 사업 과정에서 문맹국민이 민주시민의 권리를 획득하거나 정치 수준이 제고되었으리라고 판단하기에는 섣부른 점이 있다. 오히려 반관반민의 관제 단체를 동원하여 추진된 문맹 퇴치 사업은 민주시민으로서 권리를 억압한 역기능적인 역할을 했다고 보는 편이 합리적인 해석이라 할 수 있다.

문교부는 전국 문맹 퇴치 교육을 실시할 때마다 '작대기식 기호투표 일소'를 구호로 내걸었다. 물론 선거에서 작대기식 기호투표를 없앨 필요는 있었다. 작대기식 기호투표란 하나의 선거구에 입후보자가 다수일 경우, 투표용지에 입후보자의 순번에 따라 그에 상응하는 작대기를 그려 넣는 방식이다. 만일 10명의 후보자가 있다면 1장의 투표용지에 55개의 작대기가 그려지게 되고(1번 1개, 2번 2개, 3번 3개, … 9

번 9개, 10번 10개 = 총 55개), 11명의 후보자를 냈다면 66개의 작대기가 그려지는 것이다. 이러한 투표용지를 접하면서 다수의 선거권자는 적지 않은 혼란을 겪을 수밖에 없다. 또한 시각적인 효과면에서 후보자가 많을수록 1번 작대기나 마지막 순번의 작대기가 득표율을 높이는 데 유리하고, 중간 순번의 작대기는 불리했다. 투표지에 작대기 기호가 많을 경우, 상당수의 문맹인과 농어촌의 노인층은 중간에 끼어 있는 후보자를 고르기보다는 손쉽게 앞쪽이나 뒤쪽을 선택할 가능성이 높기 때문이다.[248]

따라서 보다 공정한 선거를 위해 작대기식 기호투표를 시정할 필요가 있었다. 그렇지만 더 시급했던 것은 선거 때마다 자행됐던 집권 여당의 부정선거를 척결하는 것이었다. 《경향신문》 1955년 2월 25일 자 〈여적餘滴〉이라는 가십란에는 "문맹은 선거를 위해서 뿐 아니라 빨리 없애야겠지만 '작대기'로 하거나 '한글'로 하거나 선거권자가 자유스럽게 투표할 수 있도록 하는 게 더 급무急務다. 마음대로 쓰지 못하게 한다면야 문맹을 백번 없앤들 무슨 소용이 있겠소. 아울러 차제에 자유분위기와 민주 공정선거란 것을 조금이라도 깨우쳐 주시구려"라고[249] 세태를 비판했다. 이는 1954년 총선에서 자행한 자유당의 부정선거를 비판한 것인데, 선거 분위기의 혼탁은 해를 더할수록 격심해져 결국에는 1960년 3·15 선거에서 극점을 찍었다.

2~3개월이라는 단기간의 문해교육으로 문맹 퇴치의 성과를 거둘 수는 없었다. '문맹국민 일소', '작대기식 기호투표 일소'라는 구호를

제창하면서 성급하게 문해교육을 실시한 것도 문제가 많았다. 문해교육은 작대기 선거를 없애기 위해서만 필요한 것이 아니다. 파울로 프레이리Paulo Freire가 주창했듯이 학습자가 실존적 상황에 대해 끊임없이 문제를 제기하고, 주체적 역할을 할 수 있도록 읽고 쓰기만을 위한 교육이 아닌 지식 습득 행위로 확장할 필요가 있었다.

그러나 5년에 걸쳐 전국적으로 시행된 문맹 퇴치 사업은 정치적인 의도 아래 오로지 작대기 선거 일소에 목적을 두고 실시되었다. 하지만 1954년 5·20 총선, 1956년 5·15 정부통령선거, 1958년 5·2 총선, 1960년 3·15 정부통령 선거에서 작대기식 기호투표는 사라지지는 않았다. 이후 1960년대에도 계속 시행되던 작대기식 기호투표는 1969년 1월 23일에 개정·공포된 국회의원선거법에 따라 자취를 감추었다. 동 법에 따라 시행된 선거에서는 작대기 대신에 아라비아숫자를 기호로 표시했다.[250]

# 산업화 시기 야학의 역사

2

# 민주당 정부의
## 향토학교 운동과
## 문해교육

향토학교는 "향토사회의 생활 개선을 위하여 직접 참여하고 주도적 역할을 하고, 이와 같은 과정을 통해 사회가 요구하는 젊은 세대를 교육해 내는 데 이바지하는 학교"를 일컫는다.[1] 이러한 학교를 건설하려는 향토학교 운동은 4월 혁명 이후 민주당 정부 아래에서 추진되었다. 민주당 정부는 1950년대부터 사용되었던 지역사회학교를 향토학교로 이름을 바꾸어 추진한 것이다.

이러한 명칭 변경에 대해《향토학교 10년(1958~1967)》에서는 두 가지로 풀이하고 있다. 그 하나는 자유당 정권에서 추진되었던 것을 민주당 정권에서 보다 의욕적으로 추진하기 위한 의도로 보는 것이다. 다른 하나는 'community school'을 일본에서는 '지역사회학교'로, 자유중국에서는 '사회중심학교'로 번역하여 사용했기에 이를 피해 새

롭게 향토학교라는 이름으로 바꾸었다고 보는 것이다.[2] 이영덕李榮德
은 이와 달리 "여위어 가고 버림받는 향토의 건설 개발을 강조한다는
정신적 의미를 강조하기 위하여"[3] 향토학교라는 새로운 말을 찾아 쓴
것이라고 해석했다.

민주당 정부에서 추진한 향토학교 운동은 "사회개조라는 학교교육
본래의 목적으로 돌아가자"는 것을 모토로 했으며, 그 목적은 향토의
현실을 도외시하면서 교과서 위주로 운영되는 교육 방식을 개혁하려
는 것이었다.[4] 1950년대 한기언韓基彦, 성내운成來運, 황종건黃宗建 등
과 함께 지역사회학교 이론을 주창했던 오천석이 장면 내각에서 문교
부장관으로 임명된 것은 지역사회학교 건설에 청신호가 되었다. 오천
석은 취임사를 통해 교육 방침을 발표하면서 "혁명의 과업을 완수하
는 첫 단계가 교육을 민주화하는 일"이라고 했다. 그리고 교육 민주화
를 위한 당면 문교정책으로 ① 학원의 민주화, ② 중앙집권적인 행정
체제로부터 권한의 지방 이양, ③ 교육의 질적인 향상 도모 등을 내세
웠다.[5] 이러한 교육정책은 그 실현 여부를 배제한 상태에서 평가한다
면 향토학교 운동에 긴요한 것이어서 민주당 정부의 교육에 대한 의
지를 엿볼 수 있는 대목이다.

문교부 장관이 취임사에서 밝힌 교육 방침을 실현하기 위한 일환
으로 향토학교 운동이 바로 추진되었다. 지역사회와 유리된 교육을
지양하고 학교를 각 지방의 교육 문화 활동의 중심으로 세우기 위한
목적으로 전개된 것이다. 이를 위해 우선 문교부는 향토학교에 맞는

교과과정을 개편하고 교과서를 다시 제작하기로 방침을 세워 나갔다. 9월 24일 오천석 문교부장관은 국민학교 교과과정을 대폭 개정하여 지역사회에 알맞은 교과서를 편찬할 것이라고 밝혔다.[6] 문교부장관의 이러한 발언은 지금까지 이용되던 도시교육에 치중한 교과서 외에 농어촌 아동을 위한 교과서를 만들겠다는 뜻이었다. 교과서가 농촌용과 도시용의 두 가지로 나뉘게 되는 것이다.

문교부는 향토학교를 적극적으로 지도 육성하는 정책을 구상했고, 1961년도 장학 방침 7개 항목 중의 하나로 향토학교 건설을 내세울 정도로 적극적이었다.[7] 그 결과 1961년에 들어서 14명의 교육학자와 협의 과정을 거쳐 《향토학교란?》이라는 소책자를 제작하여 〈바람직한 향토학교의 일반적 성격〉을 제시했다.[8]

소책자에서 제시한 〈바람직한 향토학교의 일반적 성격〉은 ① 인간 형성을 통한 사회의 향상 개량에 이바지하는 학교, ② 가장 가까운 사회를 활동의 터로 하되, 항상 보다 넓은 사회의 필요와 문제를 고려하여 전체적으로 관련이 긴밀한 활동을 하는 학교, ③ 장기의 성격을 띤 사회의 기본적 문제 혹은 중요 문제와 아울러 단기적인 긴급한 사회 문제도 함께 고려하는 학교, ④ 사회가 전달 갱신해 온 기본적인 문화재의 학습을 더욱 유효하게 하는 학교, ⑤ 사회(특히 향토사회)와 상호적인 관계를 맺는 학교, ⑥ 향토사회와 건설적인 관계를 조성 유지하는데 주도적인 역할을 하는 학교, ⑦ 활동의 전면에 민주주의적 과정을 강조하는 학교 등이었다. 이는 한국전쟁기부터 전개되었고, 특히

1950년대 후반에 활성화되었던 지역사회학교 논의를 수렴하여 집약시킨 것이라 할 수 있다.

그런데 이 시기에 건설하려는 향토학교는 '노작勞作학교'에 방점이 찍혀 있었다. 성내운은 문교부 수석장학관으로서 "과거의 교육은 효과 없는 투자"였으며, "영재 위주의 교육 체제를 보전하기에 애써"왔다고 비판하면서 교육 체제나 교육의 내용이 변혁되어야 한다고 역설했다. 그리고 교육 체제나 교육 내용의 변혁은 "실제적 교육과는 유리된" 교육을 지양하는 방향으로, 다시 말해 "문화적인 유산을 넘겨주는 데 불과한 과거 교육 체제를 탈피 지양하고 문화적 유산을 파헤치고 새로운 문화를 창건하는" 방향으로 나아가야 한다고 주장했다.[9] 그는 1961년 2월 11일 서울대학교 사범대학에서의 강연을 통해 "과거의 교육은 효과 없는 투자"였기에 현 교육은 "보다 나은 인간관계 습득에의 길을 트기 위한 교육 내용의 혁명"이 필요하며, 과거의 학교가 '서적학교'였다면 향토학교는 '노작학교'가 되어야 한다고 강조했다. 또한 "진정한 의미의 교육 개선과 현 교과 내용을 참되게 구현하려면 우리는 교실 밖으로 나와야" 하며, 이러한 학습에 의해 "사회나 국토의 변화를 이룩"할 수 있다고 밝혔다.[10]

노작학교 중시에 따라 향토학교 운동은 국토건설사업과 맞물려 전개될 가능성이 높았다. 민주당 정부가 사활을 걸고 추진하려했던 국토건설사업은 1961년 3월에 본격화될 예정이었다. 이 사업은 민주당 정부에서 4월 혁명기에 분출된 각계각층의 요구를 일정 정도 수렴할

〈그림 5〉 국토건설사업 추진요원 연합종강식에 참석한 윤보선 대통령과 장면 국무총리(1961, 국가기록원 소장)

〈그림 6〉 국토건설사업 현장(1961, 국가기록원 소장)

필요성에서 나온 것이었다. 민주당은 국민의 경제적 욕망을 반영하여 "경제지상經濟至上의 정당"임을 표방하고[11] "군·관·민·학생을 총망라한 전국민운동"[12]으로 국토건설사업을 전개했다. 국토건설사업은 국토의 보전과 개발을 위한 것으로, 유휴노동력과 군·관·민·학생 등을 유상 또는 무상으로 동원하고, 실업자와 절량농가에게 취업의 기회를 제공하기 위해 추진되었다.[13] 이러한 국토건설사업과 '노자'을 중시한 향토학교 운동은 자연히 결합될 수밖에 없는 요소를 담고 있었다.

국토건설사업과 향토학교 운동의 공간 영역이 중첩되고 시기적으로도 거의 동시에 진행되었다는 점에서, 그리고 당대의 현안을 국민동원으로 해결하고자 했던 정부 당국의 의지가 강했다는 점에서 두 개의 사업과 운동은 상호 밀접한 관계를 맺고 있었다. 민주당 정부의 입장에서 사활을 걸고 있던 국토건설사업을 범국민적으로 추진하여 성공적인 길로 이끌기 위해서는 향토학교 운동의 뒷받침이 필요하다고 인식했을 가능성도 크다. 어쨌든 향토학교 운동은 국토건설사업의 연장선상에서 불가분의 관계를 맺으며 추진되었다고 볼 수 있다. 하지만 상호 대등의 관계가 아니라 향토학교 운동이 국토건설사업에 종속되어 있었으므로 교육 개혁이라는 대목표가 상실될 위험성이 컸다.

국토건설사업의 본격적인 추진을 앞두고 2월 17일에 전국지방장관회의가 경기도청 회의실에서 개최되었다.[14] 이 자리에서 국토건설사업을 위한 소관 부서 업무를 지시했는데, 문교부 소관 업무는 ① 전국 각처에 향토학교 설치, ② 미신 타파와 문맹 퇴치였다. 국토건설사업이 피폐한 농촌을 구제하기 위한 목적으로 추진되었으므로, 이러한 운동을 정신적으로 뒷받침하기 위해서는 교육 운동이 필요했다. 그리고 향토학교 운동은 향토사회 개선, 향토의 센터 역할 등을 중시했으며, 지역적으로 제기되는 특수한 문제를 찾아내 해결하는 것에 목표를 두었으므로 향토학교 운동과 국토건설사업의 내용이 중첩될 수밖에 없었다. 이러한 이유로 민주당 정부는 국토건설사업의 일환으로 향토학교 운동을 추진하려 했다. 실제 향토학교 지도자 강습회의 주요내용도 국토건설사업이라는 대의에 맞춰 추진되도록 했다.[15]

문교부는 1961년 2월에 향토학교건설추진위원회를 구성했다. 위원장으로는 문교부 사무차관 서명원徐明源, 부위원장으로 수석장학관 성내운, 위원으로 문교부 과장 12명이 임명되었다.[16] 한편 향토학교 건설을 위한 지도자 양성에도 주의를 기울여 3월 24일부터 강습회를 실시했다. 문교부와 중앙교육연구소가 공동주최한 강습회의 참여 대상은 전국 각 시도에서 선발된 중·고등학교와 사범학교 교감과 교장, 문교부 지정 연구학교장, 각 시도 중등계 장학사 등 214명이었다.[17] 강습회의 주요 내용은 ① 지역사회와 동떨어진 교육을 지양하고, ② 향토사회와 직결된 문화적이고 경제적인 발전을 이룩하기 위한 향토학교를 건설하자는 것이었다. 강습회는 6일간의 일정으로 진행되었으며, 수료식은 3월 29일 서울대학교 문리대文理大 대강당에서 윤택중尹宅重 문교부 정무차관과 박희병朴熙秉 중앙교육연구소장이 참석한 가운데 거행되었다.[18] 강습회 수료자들은 향토학교로 돌아가 지역 사회 교육 지도자로서 다시 일반교원을 훈련하는 임무를 부여받았다.

이러한 사전 준비 작업을 거쳐 문교부는 1961년 4월 1일부터 향토 학교 운동을 본격화했다. 사업의 구체적인 내용을 보면, 국민학교 4학 년 이상 각급 학교 260만 명을 동원하고, 국민학교는 1주일 2시간(1/3 은 실습), 중·고등학교는 1주일에 4시간(1/2은 실습), 대학은 주말과 공 휴일에 유실有實 녹화 사업, 문맹 퇴치, 지역사회 개발 운동을 전개하 도록 했다. 활동 구역은 국민학교는 통학구, 중·고교는 면, 대학은 벽 촌과 도서로 정했다.[19]

민주당 정부에서 향토학교 운동으로 추진한 주요 사업은 녹화 사 업과 문맹 퇴치였다. 녹화 사업은 향토학교 운동과 국토건설사업이 동일한 맥락을 형성하면서 계획된 것 가운데 대표적인 활동이었다. 녹화 사업은 국민학교(4학년 이상), 중학교, 사범학교, 고등학교, 대학교 학생을 동원하여 한 사람이 다섯 그루의 나무를 식목하도록 계획되었 으며,[20] 1961년 4월부터 추진하기로 결정했다. 유실 녹화 사업으로 1 교校 1묘포 설치, 무실無實 녹화 사업으로 1인 5수 식재를 대대적으로 전개하기로 했다. 이러한 사업을 추진하기 위해 문교부는 전국에 향 토학교 6504개를 설치할 계획을 세워 나갔다.[21]

미군정기와 이승만 정권기에 지속적으로 이루어진 문맹 퇴치 사업 은 민주당 정부 아래에서도 전개되었다. 문교부는 1961년을 '문맹 퇴 치의 해'로 정하여 중앙에 문맹일소추진위원회를 두고 그 아래 시·군

·면 단위의 추진위원회를 설치했다.[22] 1961년 전국의 문맹률을 22퍼센트로 보고, 만 12세 이상의 문맹자 약 320만 명을 일소할 목적으로 향토학교 운동을 전개하고자 했다.[23] 문교부는 이를 위해《한글독본》320만부를 발행하려는 목표를 세우기도 했다.[24] 이승만 정권기 문해 교육 정책이나 문맹 퇴치 5개년 사업은 집권 세력의 권력 유지와 강화를 위해 국민회, 대한부인회 등 사회단체와 학도호국단 조직을 대대적으로 동원했다. 이와 마찬가지로 민주당 정권도 국토건설사업과 향토학교 운동을 연결시켜 관련조직을 적절히 동원, 활용하여 문맹 퇴치 사업을 추진했다.

민주당 정부가 실시한 녹화 사업 또한 향토학교 운동이라는 명목으로 학생이나 교사를 동원하기 위한 의도에서 나온 것이었다. 지역사회학교 본래의 이념과 달리 실천 과정에서 권력층에 의해 굴절된 형태로 전개되었다고 볼 수 있다. 향토학교가 "학생들의 근로동원"에 뜻을 두지 않았다고 강변하는 교육학자도 있지만,[25] 민주당 정부가 추진한 향토학교 운동이《향토학교란?》이라는 소책자에서 제시한 〈바람직한 향토학교의 일반적 성격〉을 실현시키기 위해 어떠한 노력을 기울였는지 자문해 볼 필요가 있다.

# 2

# 재건국민운동과
  야학

## 향토학교 운동의 계승과 변화

1961년 5월 16일 쿠데타를 통해 권력을 장악한 군부 세력은 쿠데타
가 발생한 지 보름이 지난 6월부터 민주당 정부의 향토학교 운동을
그대로 이어받아 다시 재개했다. 먼저 쿠데타로 인해 연기되었던 향
토학교 강습회를 6월 7일부터 10일까지 4일에 걸쳐 서울시 교육위원
회 주최로 개최했다. 강습회 참여 대상은 서울시 중·고등학교 교감과
향토학교 담당 교사 전원이었다. 이들은 각 구나 지역별로 4개 반으
로 편성되어 강습을 받았다.[26]

　이렇게 강습회가 개최되고 향토학교 운동이 추진되고 있을 즈음, 6
월 9일 최고회의에서 결의된 국가재건최고회의법에 따라 재건국민운

〈그림 7〉 향토학교 건설 지도자 양성 강습(1961, 국가기록원 소장)

동본부가 발족되었다.[27] 국가재건최고회의법 제16조에서 "국가재건 국민운동을 위하여 국가재건최고회의에 재건국민운동본부를 둔다"라고 명시했다. 9일에 열린 국가재건최고회의에서는 "국가 재건을 위한 범국민운동을 촉진하기 위한"〈재건국민운동에 관한 법률〉을 의결했고, 이를 10일에 발표했다.[28]

국가재건최고회의는 정치·경제·사회·문화·교육 등 전 분야에 걸쳐 전면적으로 개혁을 추진했는데, 이를 뒷받침하기 위해 재건국민운동본부를 발족시켰다.[29] 6월 10일에는 유진오를 재건국민운동본부 초대 본부장으로 임명했으며, 본부 차장에 현역 육군 준장 이지형

李贊衡을 기용했다고 발표했다. 초대 본부장으로 유진오를 임명한 것은 군부 세력의 '정책적인 고려'가 작용한 결과였다.[30] 허은에 따르면, 승공과 경제 발전을 통한 자유민주주의 확립을 중요한 화두로 삼았던 유진오는 민주주의 후진국인 남한에서 민주주의를 의식적으로 육성해야 하는 신념을 갖고 국민운동으로 이를 실천하기 위해 본부장직을 수락했다.[31]

〈재건국민운동에 관한 법률〉에 따르면, 재건국민운동본부는 "전 국민이 청신한 기풍을 배양하고 신생활체제를 견지하며 반공이념을 확고히 하기 위하여" ① 용공중립사상 배격, ② 내핍 생활 여행勵行, ③ 근면정신 고취, ④ 생산 및 건설 의욕 증진, ⑤ 국민도의 앙양, ⑥ 정서 관념 순화, ⑦ 국민체위 향상 등을 실천하는 범국민운동 조직체였다. 국가재건최고회의 직속기관으로서 재건국민운동본부는 재건국민운동에 관한 제반 정책의 지침과 방향을 정하고 이러한 사업을 통할·조정·지도·실천하기 위한 사무를 관장했다. 재건국민운동본부의 하부조직으로 서울특별시와 각 도에는 지부를, 구區·군郡(시市)·읍邑·면面·동洞(리里)·통반統班(방坊)에는 지구재건국민운동촉진회를 설치했다. 그리고 본부 부서로 총무과, 기획국, 계몽국, 운영국, 지도국을 설치했다.[32] 재건국민운동본부 요원은 공채로 선발되었는데, 이는 민주당 정부에서 국토건설단 기간요원을 선발했던 것과 동일한 방식이었다. 이렇게 조직을 완료한 후 7월 21일 자로 기관지인 《월간 재건생활》을 창간했으며, 7월 25일에는 전국 조직을 이끌어 나갈 요원훈련

소를 개설했다.[33]

　재건국민운동본부는 범국민운동을 "아래로부터의 국민의 자발적인 창의"에 따라 실천할 것을 호소했고,[34] 유진오 본부장은 "재건국민운동이 정치 운동으로 되어서는 안 된다"라고 강조했다.[35] 그러나 각 지부가 지방행정 책임자의 통솔 아래에 있었으므로 강제 동원을 피할 수 없었으며, 하향적 관제 운동의 틀을 벗어나기도 어려웠다. 유진오가 뒷날 술회한 내용을 통해 이러한 실상을 파악할 수 있다. "국민적 자각이 민주주의의 최후의 보장이라는 긴박의식緊迫意識과 군인과 정치인 사이의 교량적橋梁的 역할을 해 보겠다는 사명감에서 본부장직을 맡았던 것인데, 취임하고 보니 국민운동의 계획과 구상은 모두 군인들이 미리 짜 놓은 것이었고, 실지의 움직임도 국민의 자각에 기대하는 것이 아니라 위로부터 국민을 동원하고 명령하는 속효를 바라고 있었다."[36] 본부 차장이었던 이지형도 국가재건기획위원회로부터 국민운동의 지침 팸플릿을 하달받았으며, 그 내용도 신생활운동, 사회 기풍 쇄신 등을 골자로 하는 구체적인 실천 지침 없이 일제 때의 국민총력연맹 구호 같은 것이 포함되어 있었다고 밝힐 정도였다.[37] 이처럼 군부 세력은 재건국민운동본부를 명령하달에 따라 국민을 동원하는 기구로 인식하고 있었다.

　재건국민운동이 실천 방침으로 내걸었던 것은 ① 국민정신 함양, ② 동포애 발양, ③ 국제 친선, ④ 향토 개발, ⑤ 생활 개선, ⑥ 사회 기풍 진작, ⑦ 향토교육, ⑧ 청소년 및 부녀의 지도·육성 등이었다.[38] 여기서 향토개발과 향토교육은 1950년대 후반부터 민주당 정부로 이어져 온 지역사회학교의 향토학교 운동과 중첩되는 것으로, 향토학교 운동을 재건국민운동에 흡수시키고자 했던 의도가 개재되어 있었다. 재건국민운동이 그동안 전개된 사회운동을 체제 내로 흡수하는 기능을 했는데, 그 실천 방침을 통해서 향토학교 운동을 재건국민운동에 편입시키고자 했던 것이다.

군정기 교육정책 구상은 초기에 국가기획위원회 산하 사회문화분과위원회에서 이루어지다가 이후 중앙정보부가 설립되면서 정책연구실로 옮겨졌다. 중앙정보부 정책연구실이 모든 정책 구상의 핵심부서가 되면서 교육정책은 정범모鄭範謨·윤태림尹泰林·유형진柳炯鎭·왕학수王學洙 등의 교육학자와 최고회의 전문위원 성내운, 중앙교육연구소 백현기白賢基, 문교부 편수국 홍순철洪淳徹 장학관 등이 중심이 되어 추진되었다. 민주당 정부에서 향토학교 운동을 추진한 인사들이 군정에 참여하기도 했는데, 대표적으로 문교부 장학실장을 지내다가 오천석 문교부장관과 갈등을 빚어 자리에서 물러나 있던 성내운, 문교부 장학관이었던 홍순철을 들 수 있다.[39] 이들은 군정에서 추진한 향토학교 건설과 운영에 주도적으로 참여했다.[40]

한편 중앙교육연구소는 군정의 교육정책 입안과 집행에 중요한 역할을 했다.[41] 중앙교육연구소는 1953년 3월 9일에 임시수도 부산에서 설립되었다. 중앙교육연구소의 결정적인 설립 계기는 교육계와 교육학자들의 내적 열망에 의해 이루어진 것이었지만, 유네스코·운크라 교육계획사절단의 건의도 크게 작용했다.[42] 5·16 이후 새롭게 중앙교육연구소장으로 임명된 백현기는 〈혁명과업 수행을 위한 지도자 강습회〉, 〈향토학교 건설 지도자 양성 강습회〉 등을 주관했다.

문교부장관 문희석文熙奭은 6월 22일 서울시교육연구소에서 각 시도 재교육 담당 장학사, 각 사범학교 재교육 담당자, 국립사범대학 재교육 담당자 등 40여 명이 참석한 가운데 열린 전국재교육담당자연구협의회에서 훈시서명원 차관 대독代讀를 했다. 그 주요 내용은 ① 반공교육을 강화하고 국방사상을 앙양하여 간접 침략을 분쇄할 것, ② 교육자의 인간성을 순화하고 교육이념을 혁신하여 새로운 교사형을 만들 것, ③ 교육자는 사회개조의 지도적 역군임을 인식하고 사회개조에 적극 기여토록 할 것, ④ 자연과학과 생산기술교육에 중점을 두어 향토 개발에 기여할 것, ⑤ 근로정신과 협동심을 함양하고 동포애를 발휘할 것 등 5개 항목이었다.[43] 문희석 장관의 이러한 훈시는 반공교육 강화, 사회개조라는 목표 아래 생산기술교육에 중점을 둔 것으로 향토학교 운동의 향배에 커다란 영향을 미쳤다.

7월 7일에는 군부 쿠데타 이후 〈각 시도 문교행정담당국장회의〉가 처음으로 열렸는데, 이 자리에서 문희석은 문교정책을 구현, 실천하기 위한 16개 항목에 달하는 시책을 발표했다. 그 내용은 ① 잡부금의 강력한 단속, ② 전국 중·고등학교 교원 인사 쇄신, ③ 국공립 간 교원 인사교류, ④ 실업고교 교사 조직 정비 강화, ⑤ 학생 하계 향토 계몽, ⑥ 향토 문화 운동 실천 등이었다.[44] 이와 함께 향토학교 건설을 교육목표의 하나로 정해서 추진했다. 문희석 문교부장관에 따르면, 향토학교는 "향토 자원을 활용하는 동시에 향토의 문화교육 향상의 센터가 되고 향토는 학교에 대한 협조자인 동시에 수혜자가 되어 학교와 향토가 혼연일체로 살기 좋은 진정한 민주주의적 생활 터전으로 육성"하는 학교를 의미했다.[45] 이러한 문교부 장관의 향토학교에 대한 개념 정립은 그동안 논의되어 왔던 지역사회학교 이론과 향토학교 운동의 내용과 대동소이하다.

그러나 이후 향토학교 운동 전개는 지역사회학교 이론이나 교육학자들이 주창한 것과는 다른 내용으로 변질되어 갔다. 추진 방식에서도 강압적인 수위가 높아져 갔다. 문교부는 7월 15일 향토학교 건설을 위한 방안으로써 "지원 학교를 도별로 제한함으로써 향토교육을 촉진"한다는 내용의 1962년 중학교 입시요강을 발표했다.[46] 요강에서 밝힌 중학교 입학 전형은 다음과 같다. ① 교육평가 전문가들로 구성된 국가고사위원회에서 국가 공동출제를 함으로써 국민학교교육을 정상화한다. ② 체능검사를 실시하고 12월 중에 고사를 완료하는 등의 조치로써 어린이의 건강을 증진시킨다. ③ 지원학교를 도별로 제한함으로써 향토교육을 촉진시킨다.

이어 1961년 8월 4일 문교부장관은 국민학교 6학년이나 중학교 3학년 학생이 다른 도에 있는 상급학교에 진학하는 것을 경고하면서 문교시책에 반하는 것으로 못을 박았다.[47] 향토학교 건설 촉진, 지방학교 육성이라는 명목으로 거주지를 벗어나 다른 도道로 진학하는 것을 제한한 것이다. 다른 도시로 전학하는 것을 제한하는 조치는 8월 12일에 제정·공포된 〈중학교·고등학교 및 대학의 입학에 관한 임시 조치법〉에서 "중학교와 고등학교의 입학 지원자가 지원할 수 있는 학교는 그의 주소지를 관할하는 서울특별시 또는 도의 관내 중학교 또는 고등학교에 한한다"라는 규정으로 명문화되었다.[48] 이러한 문교부의 강압적인 조치는 자주와 창의, 그리고 민주주의에 기반해야 할 향토학교가 어떠한 방향으로 나아가게 될지를 가늠해 볼 수 있는 지점이 된다.

무엇보다도 향토학교 운동이 군부 세력에 의해 왜곡·굴절되어 가고 있었음을 명료하게 보여 주는 것이 교육법 개정 내용이었다. 1961년 9월 1일 〈교육에 관한 임시특례법〉을 법률 제708호로 제정·공포하여 교육자치제를 폐지했다. 〈교육에 관한 임시특례법〉 제7조는 "교육감은 문교부장관의 제청으로 내각수반이 임면"하고, "교육감의 임기에 관한 규정은 그 효력을 정지한다"라고 명시했다. 제8조는 "교육감은 당해 교육구교육위원회 또는 시(서울특별시 포함)교육위원회가 조직될 때까지 그 교육위원회의 의결을 요하는 사항을 감독청의 승인을 얻어 처리한다"라고 밝혔다.[49] 교육자치제 폐지는 군부 세력이 향토학교 본래의 취지에 맞는 건설 운동을 마음에 두지 않고 자신들의 구미에 맞게 교육을 통제·동원하겠다는 의도를 강하게 담고 있는 것이었다.

## 재건국민운동과 결합된 동원의 교육 정치

국가재건최고회의는 9월 7일 유진오 본부장의 사표를 수리하고[50] 그 후임에 서울대학교 농과대학 교수 유달영柳達永을 임명했다.[51] 유진오는 1961년 9월 7일 사임하면서 다음과 같은 담화를 발표했다.

본인이 재건국민운동본부장에 취임한 것은 5·16 군사혁명의 목적에 공명하고 그 혁명을 성공으로 이끌어가는 것만이 우리 민족 재생을 위한 유일한 길임을 확신하고 그렇게 하기 위해서는 군사혁명 과업완수에 전 국민을 자진 참가케 함으로써 군사혁명을 국민혁명으로 전환시킴이 필요하다고 인식했기 때문이다. (…) 운동을 위한 국민조직은 대체로 완료되었고 운동 요원의 훈련도 진행 중이며 생활혁명·정신 혁명을 위한 제諸계획도 실행전개의 단계에 있어서 말하자면 운동의 기초공작은 대체로 끝을 맺은 셈이다. 그러므로 이 기회에 국민운동은 더욱 전심하여 일할 수 있는 분에게 맡길 것을 기대하면서 나는 학원으로 돌아가려는 것이다.

유진오가 본부장을 맡은 지 3개월 만에 사임한 이유는 무엇일까? 국가재건최고회의 박정희朴正熙 의장은 8월 28일 지방장관회의에서 "재건국민운동의 기본 방향과 실천 요령에 재검토를 요要할 점이 있다"라고 했고, "혁명 과업을 효과적으로 수행하는데 이 운동이 가장 큰 비중을 차지하고 있으나 유감스럽게도 지금까지의 효과는 대단히 불만족한 상태이며 지지부진하다"라고 지적했다.[52] 이러한 지적이 있은 지 10일 만에 사표가 수리된 것으로 보아 재건국민운동의 기본 방향이나 실천 내용을 놓고 군부 세력과 유진오 본부장 사이에 이견이 있었으며, 이에 따른 갈등이 원인이 되어 유진오가 사임한 것으로 보인다.

〈그림 8〉 박정희 국가재건최고회의 의장이 유달영 재건국민운동본부장에게 임명장을 수여하고 있다. (국가기록원 소장)

9월 11일에 제2대 본부장에 취임한 유달영도 유진오와 마찬가지로 승공과 경제 발전을 통한 자유민주주의 확립을 중시했다.[53] 일제시기에 농촌 계몽운동에 참여하기도 했던 유달영은 1950년대 이래 논의되어 온 지역사회학교 건설에 공감하고 노작교육을 강조한 대표적인 인물이었다. 그는 "일하기 위해서 산다는 것을 확신시키는 교육으로 나가야 할 것", "역사의 전진을 가장 강력히 방해하는 큰 부레키(브레이크)는 자아의식의 결여와 근로에 의한 억척스러운 진취성의 부족인 것을 의심할 수가 없다"라며[54] 학교교육에서 노작이 중요하다는 것을 역설했다.

유달영은 취임사에서 "2년 후에 정권을 민간에게 넘겨줄 것을 온 국민과 세계에 공약한 것을 우리는 다 같이 이것을 굳게 믿어야 할 것이다. 국민 전체가 민족존망을 결정짓는 시점에 놓여 있다는 사실을 투철하게 자각하고, 이 자각 아래서 민족적 도의심에 의한 자기혁명을 이루어가야 한다. 우리의 마지막 목표는 자주자립이며 그 방법은 민주정신에 의한 협동이라고 믿는다. 군정은 아무리 잘한다 할지라도 결코 명예스러운 일이 아니다. 더구나 군정의 장기화는 문화민족에 있어서는 있을 수 없는 일이다. 그러므로 군정에 종지부를 속히 찍을 수 있도록 국민 자신들이 스스로 물심양면의 생활에 새로운 출발을 해야 할 것이다"라고 밝혔다. 그리고 "앞으로 국민운동을 조속한 시일 내에 순수한 민간 운동으로 전환시키겠다"라고 강조했으며,[55] 10월에는 재건국민운동법 개정 법률에 따라 기구를 개편했다.[56]

9월 30일에 개정·공포된 〈재건국민운동에 관한 법률〉은 재건국민운동본부에 총무부·조직부·운영부·지도부·부녀부를 두도록 했으며, 지부장은 본부장의 제청으로 국가재건최고회의 의장이 임면하며 그 관할구역 내에서 사무를 분장하는 것으로 규정하는 등[57] 부서나 지부장 임면 등에 대한 규정을 개정했다. 1과 4국(총무과, 기획국, 계몽국, 운영국, 지도국) 체제에서 5부(총무부, 조직부, 운영부, 지도부, 부녀부) 체제로 변경했으며, 지부장은 서울특별시장과 각 도지사가 겸직하던 것에서 국가재건최고회의 의장이 임면하는 것으로 바뀌었다.

여기서 주목할 점은 본부장의 권한 변화다. 발족 당시의 법률에서 지부장은 "재건국민운동 본부장의 명을 받아" 업무를 수행하도록 규정했는데, 개정 법률에서는 이를 삭제했다. 이와 관련하여 재건운동본부의 임무도 축소되었다는 점이 주목된다. 애초에는 "재건국민운동에 관한 제반 정책의 지침과 방향을 정하고 그 사업의 통할, 조정, 지도 및 실천에 관한 사무를 관장"하는 것으로 되어 있었으나, 개정된 법률에서는 "재건국민운동에 관한 제반 정책의 지침 및 방향의 수립과 그 사업의 촉진 지도에 관한 사무를 관장"하도록 되어 있었다.[58] 이는 본부장으로부터 "사업의 통할, 조정"이라는 권한을 회수한 것이라 할 수 있다.

재건국민운동이 유달영 체제 아래서 전개되는 시기에 문교부는 생산교육과 '일인일기一人一技' 교육을 내걸고 중등학교의 비율을 인문 3, 실업 7로 하여 실시할 것을 천명했다. 이와 함께 같은 지역에 교육 목적이 다른 여러 학교를 설치하여 운영하는 것을 경제적 낭비로 인식하고 이를 시정하기 위한 방안으로 종합고등학교를 육성하고자 했다. 종합고등학교는 전후 복구가 끝난 후 지역사회개발을 한창 부르짖었던 1950년대 후반기에 이승만 정부에서 발상한 것이었다. 종합고등학교는 지역사회학교 건설과 밀접하게 관련되어 있으며, 인문교육에 치중되어 있는 교육행정을 시정하고 과학기술교육과 실업교육을 조장하기 위한 학교였다.

당시 문교부 장학관은 1957년 9월부터 한 달 동안 자유중국과 필리핀 지역사회학교교육을 시찰하고 난 후 종합학교를 설치하여 과학기술교육에 치중할 것을 강조했다. 이러한 의견을 받아들인 문교부는 시범 케이스로 경기도 평택에 종합고등학교를 설치했으며, 구체적으로 전국적인 설치 계획을 구상하기 시작했다.[59] 자유당 정권기와 민주당 정권기에 종합고등학교에 대해 어떠한 정책을 실시했는지 자세히 알 수 없지만, 군정기에는 문교부에서 종합고등학교 육성을 위한 정책을 추진한 것이다.

또한 1961년 10월에는 '1인 1양토養兎' 계획을 세워 초등학교 4학년 이상의 아동과 중고등학생, 농과대학 축산과 학생 전원을 대상으로 토끼 사육을 강제했다. 1962년부터 5개년 계획으로 실시되는 이 계획은 향토학교 건설 사업의 일환으로 전개되었다. 그리고 '1일 1양토' 계획을 실천하기 곤란한 도시 학생에게는 실정을 참작하여 신축성 있는 방안을 만들어 중앙에 보고하도록 조치를 취했다.[60]

1961년 11월에 재건국민운동본부가 1962년도 운동 계획안으로 내세운 것은 '선거 계몽운동'과 '문맹 퇴치 교육'으로, 앞으로 있을 총선거를 겨냥한 것이었다. 이 시기에 왜 이러한 운동 계획이 나왔는지 주목해 볼 필요가 있다. 박정희 최고회의 의장은 1961년 8월 12일에 성명을 통해(8·12 성명) 민정 이양 등 중대 정책을 발표했다. 중요 내용은 1963년 3월 이전에 신헌법을 제정·공포하고 5월에 총선을 실시하며 1963년 여름에 정권을 이양한다는 것이었다.[61] 이 성명 발표 후 11월에 박정희는 미국을 방문했으며, 케네디John F. Kennedy와의 정상회담을 통해 8·12 성명을 재확인했다.

이러한 상황 아래서 향토학교 운동은 재건국민운동에 흡수되거나 위축될 수밖에 없는 처지로 내몰렸다. 물론 향토학교 운동의 일환으로 문교부에서 추진하고자 했던 '1인 1양토' 계획이나 유실 녹화 운동은 지속되었고, 11월에는 《혁명 과업 완수를 위한 향토학교 교과과정 임시 운영 요강》을 발표해[62] 향토학교 건설을 지속시키려 했지만 선거 계몽운동과 문맹 퇴치 교육이라는 사업보다는 부차적으로 진행될 수밖에 없었다.

이 시기에 이르러 여러 가지 사업을 추가시켜 전개했음에도 향토학교 운동은 한계를 가질 수밖에 없었다. 교육자치제를 폐지한 상태에서 향토학교 운동을 전개했기 때문이다. 바람직한 향토학교 건설을 위해서는 교육자치제가 전제되어야 했다. 성내운은 교육자치제가 폐지됨으로써 교육계는 '만신창이'가 되어 버렸다고 신랄한 비판을 가했다. 또한 "교육자체제는 폐기되고 30대의 아들뻘 군수의 호령 앞에 아버지뻘 노교장이 차렷 자세를 갖추고도 혁명 과업의 완수라기에 어쩔 수가 없었던 것이었다. 그런데 이때 군인장관의 문교시책 중에는 향토학교의 건설이 들어 있었고, 도지사와 군수는 이 지시를 받아 일선학교를 마구 동원하는 사태가 벌어지게 된 것"이라고 강도 높게 비판했다.[63]

교육자치제가 폐지되면서 교육 운영은 자주성이나 정치적 중립성을 보장받지 못했고, 내무행정에 예속됨으로써 향토학교 운동 본래의 기능이나 지역사회 발전을 위한 순기능을 할 수 없을 뿐더러 권력 집단에 이용당할 여지가 농후한 운동으로 전락할 가능성이 컸다. 더욱이 재건국민운동본부가 선거 계몽운동과 문맹 퇴치 교육을 중점적으로 전개해 나가고, 교사와 학생들이 대대적으로 동원되는 상황에서 바람직한 향토학교 운동을 기대할 수 없었다. 게다가 이 운동이 재건 국민운동에 흡수되면서 무엇이 재건국민운동인지 향토학교 운동인 지 분간하기 어려운 상태로 내몰렸다.

선거 계몽이나 문맹 퇴치 운동은 재건국민운동 기구 쪽에서 보면 범국민운동이고, 지역사회 내 학교 쪽에서 보면 향토학교 운동으로 내세울 수 있는 것이었다. 하지만 이는 어디까지나 재건국민운동 기 구의 통제 아래에서 전개되었다는 점에 주목해야 한다. 유달영이 본 부장으로 취임한 후 재건국민운동본부에서는 모든 활동을 민간 운동 으로 전환하기 위해 조직개편을 추진, 다음해 4월까지 관제 기구의 성격을 탈피하는 방향으로 운영하려 했다. 또한 일제하 전시 말단 통 제 기구와 유사했던 재건국민반을 해체하고, 그 대신 각 마을에 재건 청년회와 재건부녀회를 조직했다.[64]

그럼에도 불구하고 주체적이고도 자율적인 민간 운동을 기대하기 는 어려웠다. 재건국민운동 기구 내에는 쿠데타 세력과 민간 운동 주 창자 사이의 갈등이 항존했고, 어느 한때라도 민간 운동 주창자들이 세를 과시하며 운동을 주도하지는 못했다. 사실상 최고회의가 재건국 민운동의 실천 방향을 정하고, 그 집행을 본부가 하는 실정이었다. 기 구 내에서는 쿠데타 세력의 영향력이 항시 발휘되었다. 쿠데타 세력 은 선거 계몽이나 문맹 퇴치 운동을 재건국민운동이나 혹은 향토학교 운동이라는 명목으로 교사나 학생, 더 나아가 지역사회의 인적자원을 동원할 수 있는 막대한 영향력을 갖고 있었다.

선거 계몽이나 문맹 퇴치 운동이 군부 세력의 집권을 다지기 위한 목적에서 전개된 만큼 이러한 운동을 위한 국민 동원에 재건국민운동 본부와 문교부가 공조했으며 공보부와 농림부도 가세했다. 계획안에 따르면 재건국민운동본부와 문교부가 협조하여 문맹 퇴치 운동을 대대적으로 전개하고, 한 사람이 한 사람의 문맹자를 맡아 교육할 수 있도록 교본(52페이지) 100만 부를 만들어 전국 2만 7703개 동·리에 배부하며, 집단문맹 퇴치 교육을 실시하기 위해 각 도지부에 이동수里洞數에 비례하는 보조금을 지불하는 것으로 되어 있다. 이어 11월 29일에는 문맹 퇴치 교육에 대한 구체적인 계획서를 발표했다. 그 내용을 보면, 1961년 12월 1일부터 1962년 4월 30일까지 5개월 동안을 '문맹자 교육 기간'으로 설정하고 문맹 퇴치를 위한 대대적인 교육을 전국적으로 실시하기로 결정했다. 동·리의 재건청년회와 재건부인회가 주관하고 공보·농림·문교부 후원으로 19세 이상의 남녀 문맹자 전원을 그 대상으로 했다. 그리고 실시 요령으로 "한 사람이 한 집안을 또 한 집안이 한 마을을 각각 맡아 교육"하고, 동계학생봉사단이 협력하도록 했다.[65]

유달영 본부장은 1961년 12월 겨울방학을 앞두고 전국 남녀 학생에게 고하는 담화를 발표했다. 다가오는 겨울방학에 다 같이 농어촌으로 돌아가 어려운 생활 때문에 아직도 우리글을 깨우치지 못하는 형제자매들을 가르쳐 주고, 학원에서 배운 의학이나 약학이나 농학

〈그림 9, 10〉 대학생 농촌 계몽 활동(1962, 국가기록원 소장)

등의 지식으로 농어촌의 동포들을 도와드리자고 호소하는 내용이었다.[66] 이에 부응하여 문교부에서도 선거 계몽이나 문맹 퇴치 교육에 대학생을 동원했으며, 전국 각 대학의 계몽 대원들은 학교별로 대상지를 선정하여 선거 계몽과 문맹 퇴치 교육 활동을 전개했다. 이외에도 생활 개선, 환자 치료, 부업 장려, 실태 조사 등 여러 활동을 했다.[67] 이러한 활동은 1962년 여름에도 이어졌다.

문교부는 이러한 대학생들의 활동을 자발성에 기초한 것이라고 강조했지만, 실상은 지시에 따른 하향적인 성격이 두드러진 활동이었다. 대학생들의 농촌 활동은 엄혹한 군부정권의 통제 아래에서 문교부의 동원 지시에 따라 재건국민운동과 향토학교 운동에 부합하는 방향으로 전개되었기 때문에 자발성에 기초한 것으로 간주할 수 없다. 한편 문교부는 대학생뿐만 아니라 전국의 중·고등학생, 국민학교 학생까지도 동원했다. 각급 학교의 교직원과 학생들이 방학을 이용하여 근로 활동과 공공봉사에 나서도록 지시했고, 이러한 운동에는 지방행정관청의 지도를 받도록 했다.[68] 문교부는 이러한 방학을 "실용성 있는 학문"을 위한 "재건의 방학"으로 명명했다.[69]

1962년 여름에도 문교부는 대대적으로 중고등학생과 대학생을 동원하면서 "이 귀중한 기회를 잘 활용해서 적극적으로 자기 수양의 계기로 만들기를 바란다"라고 밝혔다.[70] 각급 학교는 교직원과 학생들이 운동에 참가하되 각각 그 지방 행정관청의 협조와 지도를 받도록 했다. 문교부 지시로 동원된 학생들은 향토학교 건설, 개척 활동, 봉사활동, 교양 강좌, 계몽 강연, 부녀자 지도, 생활 현황 조사 등 다양한 활동을 했다. 문교부 지시로 동원된 인원은 28개 대학의 대학생 7000여 명에 이르렀다.[71] 이들의 활동 범위는 전국적이었고 활동 내용 또한 다양했으며 주된 목표는 향토학교 건설, 재건국민운동과 맥을 같이하는 것이었다.

이러한 과정에서 향토학교 운동은 그 본래의 모습으로부터 멀어져 갔다. 대부분의 학교가 향토학교로서 바람직한 철학적 기초를 마련하지 못했으며, 향토학교를 노작 중심의 교육이나 사회봉사만을 강조하는 곳으로 오인했다.[72] 바람직한 향토학교는 향토사회가 어떠한 문제에 당면했는지 조사하고, 문제 해결을 위한 집단 차원의 계획과 연구가 있어야 한다. 또한 학교나 사회 기관, 개인의 협조 아래에서 일을 추진해야 한다. 이러한 과정을 통해 향토사회가 학생들의 학습장이 되고, 학교는 향토 사회의 문화 중심지가 되는 것이다.[73] 무엇보다도 향토학교는 민주주의를 실현하기 위한 교육에 중점을 두어야 한다. 그러나 각 일선학교의 교사나 학생들은 상부의 지시에 따라 재건국민운동본부에서 추진하고 있는 선거 계몽운동이나 문맹 퇴치 교육에 획일적으로 동원되었다.

여기에 더하여 교육의 자주성이나 교사들의 창의적이고 자발적인 교육 활동을 보장받지 못한 채 향토학교 운동에서 강조하는 생산교육에 동원되었다. 군부 세력은 경제개발 사업을 뒷받침하기 위한 목적으로 향토학교 운동에서 생산교육이나 봉사활동에 중점을 두도록 했다. 교사와 학생들은 이에 순응하여 소채 재배, 양계·양돈·양토 등 사육 재배 활동이나 유실 녹화 사업 등에 동원되었다. 1961년 말 문교부에서 발행한 《향토학교 사례집》을 보면 향토 녹화, 소채 재배, 버섯 재배, 토끼 사육, 양계·양돈 등의 생산교육이나 향토 개선을 위한 봉사활동이 향토학교 운동 사례의 대부분을 차지하고 있다.

## 자매결연 운동과 야학

### 자매결연 운동

재건국민운동으로 추진되고 있던 중요 사업으로 자매결연 운동을 들 수 있다. 이 운동은 "동포애 발양으로 농어촌의 진흥을 촉진하기 위한 것으로 도시의 집단과 농어촌 간에 지역적으로 자매의 인연을 맺어 상부상조하는 협동 정신을 발휘케"함에 목적을 두고 있다.[74] 이 운동은 제2대 본부장으로 임명된 유달영이 '4H구락부운동'에서 힌트를 얻어 국민운동의 일환으로 추진했다는[75] 견해가 있다.

이 운동은 공보부에서도 착수하여 한동안 경쟁적으로 전개되어 왔으나, 최고회의 문사위文社委의 지시에 따라 7월 31일에 재건국민운동본부 소관으로 일원화되었다. 본부가 작성한 〈자매부락 결연 운동 지도육성 요강〉에 따르면 이 운동은 8개 방침에 따라 진행되며, 운동에 관한 기본 계획이나 업무 조정, 업적 평가 등은 본부가 종합적으로 결정한다고 되어 있다.[76]

〈그림 11, 12〉 자매결연 과정에서 보급품을 받는 농촌 사람들의 모습(1961, 국가기록원 소장)

〈그림 13〉 자매부락 결연식에서 돼지를 나눠받은 농촌 학생들의 모습(1962, 국가기록원 소장)

　도시와 농촌이 악수를 나누면서 시작한 이 운동에 신문지상의 사회면은 거의 매일 자매결연의 낭보를 실었다. 이른바 자매결연의 붐을 이룬 것이다. 자매결연 운동은 1961년 말까지 재건국민운동본부의 목표 수인 3994개 마을 중 약 70퍼센트에 해당하는 2710개 마을이 결연을 완료하는 실적을 보였다. 1962년 8월 3일 자《경향신문》에 실린 〈자매결연 운동 성과와 시정점〉에 소개된 1962년 4월 말까지의 전국적인 지원 실적과 현황을 보면 〈표 6〉, 〈표 7〉과 같다.

　이러한 자매부락 결연으로 도시의 부를 극히 일부나마 농촌으로 흐르게 하는 길이 트였으며, 도시와 농촌의 유대관계가 깊어졌다고

〈표 6〉지원 실적

| | |
|---|---|
| **기계보조** | 탈곡기 90개, 제승기 227개, 양수기 9개, 호미·낫·삽 등 5,428개, 리어카 45개, 그 밖의 농업용구 1,943개 등 |
| **가축지원** | 황소 240마리, 돼지 2,664마리, 토끼 2,466마리, 병아리 3,384마리, 기타 가축 903마리 등 |
| **의료봉사** | 약품 17,457상자, 순회치료 520차례(4,599명의 환자와 215두의 가축을 치료) |
| **마을 위생** | 우물 소독, 변소 소독, 부락 청소 등을 실시 |
| **문화시설 보조** | 도서 7만여 권, 신문·잡지 18,000여 부, 라디오 289대, 스피커 138대 등 |
| **기타** | 식료품, 학용품 등과 100여 만 원의 현금 지원 |

〈표 7〉자매결연 지원 현황(1962.4.30. 현재)

| | 경기 | 충북 | 충남 | 전북 | 전남 | 경북 | 경남 | 강원 | 제주 | 합계 |
|---|---|---|---|---|---|---|---|---|---|---|
| **결연 수** | 1,101 | 272 | 451 | 562 | 360 | 190 | 309 | 284 | 47 | 3,576 |
| **결연 목표 수** | 800 | 330 | 400 | 500 | 700 | 800 | 1000 | 400 | 70 | 5,000 |
| **목표(%)** | 138 | 82 | 106 | 102 | 39 | 24 | 26 | 71 | 61 | 71.5 |

※ 전국 목표 달성도를 68%로 기재했는데, 이는 잘못 계산된 수치여서 다시 계산하여 71.5%로 정정했다.
출전 : 《경향신문》 1962년 8월 3일, 〈자매결연운동 성과와 시정점〉

볼 수 있다.

그러나 자매부락이 얼마나 강한 유대를 지니고 있었는지 되짚어 볼 필요가 있다. 《경향신문》 사설에서는 다음과 같이 비판했다. "근자에 모범부락이라고 하여 요인要人들이 자주 시찰하고 매스콤에 많이 선전되는 수가 있는데 그것을 가지고 그 부락이 과연 성공한 것이라고 보는 것도 조평早評이다", "소나 몇 마리 보내고 광목이나 몇 필疋

보냈다고 하여 그것이 자매결연이 되는 것은 아니다. 정신적인 유대가 없는 물질적인 혜택은 자칫하면 받는 사람에게 의타심을 조장하고 주는 사람에게 우월감을 조장할 염려도 없지 않다. (…) 농촌과 도시가 결연했다고 하면 거기에 화기和氣에 넘치는 협동 관계가 성립하여야만 할 것"이다.[77]

자매결연은 재건국민운동본부가 추진하는 범국민운동의 흐름에 좋지 못한 영향을 주기도 했다. 이를 의식한 유달영 본부장은 3월 9일 "현재의 자매결연 방법을 지양하고 새로운 방향으로 전개하겠다"라고 밝혔으나,[78] 뚜렷한 방향타를 잡지 못하고 표류하고 있었다.

따라서 이에 대한 비판이 속출했다. 1962년 5월 28일 자《경향신문》가십란에는 "자매결연을 맺으면 약속이나 한 듯 서울서 황우黃牛가 내려가거나 재봉틀, 가마니틀, 돼지 새끼, 심지어는 백미까지도 수송된다. 서울 시민의 눈으로 보면 자매결연이란 가난한 농민들 '구제救濟'사업이요, 시골 사람에게는 돈 많은 서울 사람의 '덕'을 보는 것 같은 인상을 준다. 돈 있는 사람이 돈 없는 농민의 생활을 도와주는 것이 그 자체 나쁠 것은 없다. 그러나 자매결연 사업이 이런 일에만 그치면 서울 사람은 '잘난 양반', 시골 농민은 '못난 사람'이라는 인상을 줄까도 걱정이다", "또 아무리 결연을 한 대도 시골의 모든 마을과 결연을 할 수는 없다. 결연을 하는 마을은 의뢰심이 늘고 하지 못한 마을은 질투심을 가지게 될지도 알 수 없다"라고 비판했다.[79]

자매결연 운동 과정에서 나타난 문제점을 구체적인 사례를 들어 살펴보면 다음과 같다.

## 서울시내 H공사와 자매결연을 한 경기도 부천군 내 D리의 경우

농가 80호 비농가 18호로 구성된 이 마을은 작년 11월 결연을 하기까지 라디오는커녕 전기도 들어오지 않는 어두운 두메였다. 매妹 부락이 된 뒤 이 마을에는 각종 서적 317권, 제승기 1대, 입직기 2대, 그리고 티 올 97매, 비누 97개 등 물건이 쏟아져 들어왔다.

낯선 의사 2명이 나타나 온 마을사람 건강을 진료하고 돌아갔고 소규모 발동시설 공사를 위한 측량사도 다녀갔다. 그리고 자매기관의 물자 지원과 이곳 사람들의 노력 제공으로 마을에 공회당도 세워졌다.

그러나 좋은 현상만 일어난 것은 아니다. 워낙 가난한 바탕이라 아쉬운 것은 한이 없다. 혹시나 또 무슨 물자를… 하는 기대 즉 의타근성이 고개를 쳐들었다.

이 현상은 그 이웃마을에는 더 나쁘게 번졌다. 제돈 들이지 않고 희한한 물자들이 D리에만 쏟아져 들어가는 것을 본 이웃 X리와 Y리 사람들은 "서울사람들은 왜 우리들은 도와주지 않는가?" 하는 의심과 부러움을 품었다.

D리 사람들이 전통적으로 게을러서 가난했다고 믿고 있는 이들에겐 "우리도 차라리 게을리 일해서 더 가난해져 버리면 도와주겠지…" 하는 자포자기가 경쟁의식에 앞섰다. "우리도 서울과 자매결연을 하게 해 달라"고 이 마을 대표들은 요즘 재건본부로 빗발치듯 편지를 보내고 있다.

## 경기도 광주군 내 S리가 서울의 M사와 결연한 경우(1961.12)

이 마을에도 라디오와 고무신과 수건 등 얼마간의 물자가 보내졌지만 자
姉 기관은 지원의 중점을 유축농업 장려를 통한 영농다각화에 두어 양과
토끼를 많이 보냈다. 그리고 이 마을의 청년들을 동사 노무원으로 우선 채
용하여 가장 큰 가난의 원인이던 의제실업인구를 줄였다.

그러나 마을 사람들의 취직이 서울 사람들의 자비에 기대어 이루어짐을
느끼기 시작했을 때 마을에는 도시에 대한 열등의식이 퍼졌다. 많이 기르
기 시작한 가축의 판로도 자 기관의 도움 없이 도저히 확보하기 힘들어져
서 의타심도 감출 수 없게 커갔다.

## 서울의 어떤 사회사업 단체와 결연을 한 강원도 정선군 내 J리의 경우
### (1961.12)

결연식이 거창하게 거행된 당시에는 타올, 비누, 고무신, 의료약품 등 얼마
간의 물자가 자 기관에서 보내왔다.

그러나 그 뒤로는 통 감감소식. 도시의 화려한 소비수준의 일부에 젖게 했
을 뿐 마을의 재건을 어떻게 하라는 도움은 하나도 주지 않았다.

위 세 개의 사례는 자매결연 운동이 매妹 부락에 미친 본보기이다.
D리, S리, J리의 의타심, 열등의식, 도시의 화려한 소비수준에 대한 부
질없는 동경 등은 수많은 매 부락에서 나타나는 공통된 현상이었다.
또한 혜택을 받지 못해 자포자기하는 마을도 상당히 많았을 것으로

짐작된다. 자매결연 운동이 지나치게 물질 원조에 의존했기 때문에 발생한 문제였다. 도시가 농촌에 대하여 일방적으로 물질적인 원조를 함으로써 맺어지는 자매 관계는 지속성을 담보할 수가 없다.

이러한 문제 발생에는 자매결연 운동을 시작하기 전에 철저하게 계획을 세워야 했음에도 이를 생략하고 즉흥적으로 성과를 내기 위해 서둘러 진개한 탓도 크다. 운동 과정에서 나타나게 될 문제점을 최소화하기 위해서는 농촌 빈곤의 구조적 원인을 잡아내고, 이를 해결할 방안을 철저하게 세우는 일이 선행되어야 했다. 그런데도 운동을 급조하여 성급히 전개했던 것이다. 군정의 정당성을 확보하기 위해 단기간에 성과를 도출하려는 군부 세력의 조급성이 계통적으로 직속기관이라는 위치에 있던 재건국민운동본부에 영향을 미쳤을 가능성이 크다. 따라서 이러한 문제는 재건국민운동본부가 최고회의로부터 자율성을 확보하지 못한 채 성과에 급급한 최고회의의 지시에 따라 운동을 전개했기 때문에 빚어진 것이라고 볼 수 있다.

그러나 자매결연 운동에서 상당한 정도의 문제점이 드러났음에도 최고회의에서는 1962년 6월, 군부 쿠데타 이후의 1년을 정리하고 자평하면서 농어촌 자매결연 운동을 세간과 다르게 평가했다. 최고회의는 "하나의 형식에 그치는 결연 지역도 없지 않았기 때문에 도리어 일부 농어촌민들은 반발하는 경향도 있어 자매단체로서의 지원 능력이 없거나 실적이 없는 결연은 해연解緣 조정調整하지 않으면 안 될 점이 적지 않았다"라고 하면서, "전체적으로는 도시와 농어촌 간에

〈그림 14〉 재건국민운동을 풍자한 만평(《동아일보》 1962년 5월 23일)

격리된 공간을 단축하는 데는 그 성과가 적지 않았고 (…) 앞으로의 목표인 2390개 농어촌 결연 사업의 촉진과 이미 결연된 자매부락에 대한 계속적인 지원이 촉구되고 있다"라고 자평했다.

이러한 평가가 나온 후 재건국민운동본부는 최고회의 직속 기관이라는 위치에서 실적이 저조한 자매마을을 조정해서라도 지속적으로 자매결연 운동을 추진해야 했다. 이리하여 재건국민운동본부는 9월에 전국의 자매결연 4162건 중 약 10퍼센트에 해당하는 405건을 결연 실적이 좋지 않다는 이유로 해연정리解緣整理했다.[80] 또한 재건국민운동본부 서울지부에서도 서울 시내 중요기관과 각 동리 농어촌의 부락과 맺은 자매결연의 실태를 조사하고, 결연이 유명무실에 그친 경우 관계를 적극적으로 해소하는 계획을 세워 나갔다.[81] 유명무실의 결연 관계가 계속됨으로써 해악이 많은 운동이라는 비난이 쏟아지게 될 것을 우려했던 것이다.

자매결연 운동으로 1963년 6월 현재 자매가 된 부락은 4990곳이었다. 그러나 이 사업은 애초에 목적했던 성과를 거두지 못했으며, 1963년 하반기에 이르러 점차 퇴조했다. 그 이유를 교육자 조석기趙碩基는 "제도 자체가 우격다짐 격"이어서 잘 될 수 없었으며, "외부의 힘에 의해 돕기 시작한 측은 그 열이 곧 식고 만다"면서 이 운동은 관제성을 띠고 하향적으로 전개되었기에 실패할 수밖에 없었다고 비판했다. 서울법대 김기선 교수도 "외부의 권유에 의해 목적의식 없이 해나가면 실패한다"라고 주장했다.[82]

## 자매결연을 통한 야학 운영

자매결연 운동은 도시와 농촌이 "오누이와 같이" 상부상조하자는 취지에서 나온 것이다. 물질적 지원에 치우친 폐해가 있어 비판의 목소리가 높긴 했으나, 한편으로는 교육의 혜택을 받지 못한 부락에서 자매결연 운동의 일환으로 야학이 운영되기도 했다.

재건국민운동본부가 1961년 9월부터 집중적으로 전개한 자매결연 운동은 문맹 퇴치 교육에 기여한 측면도 있다. 그 사례를 들어보자.

제5868부대 장병들은 자매결연한 강원도 김화군 근남면 매월동에 백매공민학교라는 문해교실을 만들었다. 부대 사병들은 매일 밤 교대로 교사가 되어《한글독본》,《자유의 벗》등의 교재로 약 30여 명의 학생들을 가르쳤다.[83]

충남 당진군 당진면 시곡리柿谷里에서 농촌 계몽운동을 했던 안심촌安心村이《동아일보》본사에 자매결연을 할 단체를 찾아달라고 호소한 것을 보아도 자매결연 운동의 일환으로 야학이 운영되었음을 알 수 있다. 안심촌은 1961년 여름부터 문명의 망각 지대인 시곡리 제빗골에서 계몽운동에 착수하여 가난에 쫓겨 국민학교에도 다닐 형편이 되지 못하는 어린이를 모아 야학을 운영하고 있었다. 야학생은 그동안 늘어나 30여 명이 되었고, '성균成均싹'이라는 이름도 갖게 되었다.[84] 안심촌의 지원 요청이 야학 교사를 구하기 위한 것은 아니라고 하더라도 자매결연 운동과 야학의 관계를 엿볼 수는 있다. 안심촌의 지원 요청에 응한 서울시내 대학생 친목 단체에서 노트와 연필을《동아일보》본사에 기탁하고, 자매결연에도 응하여 적극 돕겠다는 의사를 표시한 것도[85] 야학에 참여하겠다는 뜻이 포함되었다고 볼 수 있다.

무엇보다도 대학생들은 자매결연 운동에 적극 참여했고, 운동의 일환으로 계몽 활동과 더불어 야학을 운영했다. 대학생들은 건설대를 조직하여 문해교육에 나섰다. 서울사범학교 건설대원은 1961년 6월 29일부터 성동구 관내에 국민학교 교실을 만들어 부녀자와 식모, 구두닭이, 신문 배달원을 대상으로 한글교육을 실시했다.[86] 한글을 비롯하여 생활교육까지 진행한 배움터로 부녀자들이 어린애를 업은 채 달려오는가 하면 설거지를 하다 말고 뛰쳐나오는 식모도 있었다. 15세 이하 어린이도 적지 않게 있었다. 대학생들은 교육에 앞서 성동구 관내에서 지역조사를 했는데, 그 결과 성동구 관내에서만 문맹자가 3만 명이 있고, 이 중에서 15세 이하의 미취학 아동이 700명이나 되었다.

중앙대는 방학을 맞이하여 하기 방학 사업 계획을 세우고 농촌으로 향했다. 기독교학생회는 경기도 포천군과 자매촌 결연을 한 바 있는데, 이들은 이 지역에서 농촌 계몽과 봉사를 할 계획을 세웠다. 교내 학생 자치 서클인 향토미화대는 200명을 동원하여 경기도 여주와 가평 일대의 농촌에서 문맹 퇴치와 의료 사업을 계획했다. 또한 한국지역사회개발단도 1개월간 문맹 퇴치와 농촌 계몽 사업을 전개하기로 결정했다. 경희대는 전국 각 도에서 계몽운동을 전개하기로 계획을 세웠다. 경기도 양주군 진접면 내각리를 자매촌으로 택하여 문맹 퇴치 활동에 중점을 두기로 했으며, 충북 중원군 산천면 명서리에서는 농촌문고 설치, 향토학교 설립, 강연회 등을 실시하기로 계획했다.[87] 이외에도 서울대, 고려대, 연세대, 단국대 등에서 계몽반을 편성하여 농어촌 계몽 활동을 전개했다.[88]

대학생의 이러한 활동은 겨울방학에도 계속 이어졌다. 서울대학교를 비롯한 전국 각 대학의 계몽대원들이 각 학교별로 대상지를 선정하여 산간벽지의 농어촌 마을을 찾아갔다.[89] 이들은 각 지역의 농어

〈그림 15〉 문맹교육봉사단 결단대회(1962, 국가기록원 소장)

〈그림 16〉 한글교실의 부녀자들 (《경향신문》 1962년 4월 23일)

촌과 자매결연을 하고 문맹 퇴치, 생활 개선, 부업 장려 등 다양한 활동을 전개했다.

문해교육은 다른 어느 때보다도 1962년에 들어서 활발했다고 볼 수 있다. 앞서 밝혔듯이 1961년 11월, 재건국민운동본부가 총선거를 겨냥하여 1962년도 운동 계획안으로 선거 계몽운동과 문맹 퇴치 교육을 강조했기 때문이다. 이에 재건국민운동본부 서울지부는 1962년 1월 13일 문맹교육봉사단 결단대회를 열고, 서울시내에서 문맹을 일소할 것을 다짐했다.

대회에는 대한기독청소년계몽대 문맹 퇴치반 500명, 서울사범학교 국문 해득 운동원 200명, 시내 각급 공민학교와 성인학교 교직원 300명 등이 참여했다.[90] 재건국민운동 경북지부도 1962년 1월부터 국민학교 2년 정도의 실력 양성을 목표로 문해교육을 실시했다. 서울사범학교 졸업반 학생들도 1962년 4월 2일부터 150여 명이 참여하여 한글 교실을 운영했다. 이들은 성동구 일대에서 글을 모르는 800여 명을 대상으로 매일 7시부터 2시간 동안 한글교육을 실시했다.[91]

## 근로자 합숙소와 재건근로대 야학

근로자 합숙소에도 야학이 생겨났다. 서울시 각 경찰서에서 잡아들인 우범소년들을 수용한 근로자 합숙소에서 야학을 운영했던 것이다. 이러한 야학은 대개 경찰이 주도하여 세운 것으로, 적십자봉사회에서

〈그림 17〉 시립동대문근로자 합숙소와 개관식 전경(1961, 국가기록원 소장)

나온 대학생들이 교사로 참여했다. 동대문구 창신동에서도 근로자 합숙소가 마련되었고, 동대문경찰서 여경반 경사, 근로자 합숙소 소장과 직원이 합세하여 야학을 세웠다. 합숙소 방 세 개를 야학방으로 사용했으며, 적십자봉사회에서 나온 대학생 25명이 고등반, 중등반, 초등반 등 세 개로 나누어 9월 3일부터 강의를 시작했다. 야학생에게는 근로자 합숙소가 잠자리이면서 글방이 되었던 셈이다.[92]

또한 서울시 경찰국은 1380명의 넝마주이를 집단 수용하기로 결정했다. 경찰 통계에 따르면, 서울에 1218명을 비롯하여 부산에 1180명, 대구에 600명, 대전에 500명 등 전국 주요도시에 약 3490명의 넝마주이가 있었다. 넝마주이 세계에는 왕초(조말이)가 있어 대체로 5명에서 30명 정도의 부하(넝마주이)를 거느렸다. 왕초는 부하들이 수입해오는 폐품을 사들여 중간착취하면서 중류 이상의 생활을 했다.[93] 이러한 실태를 시정하기 위해 서울시 경찰국은 넝마주이를 집단 수용하기로 결정했는데, 서울시 경찰국에서 밝힌 집단 수용의 동기는 다음과 같다. "넝마주이를 자치회에 맡겨 그들의 생활이 향상될 수 없으며 조말 밑에서 빚어지는 사회적 암흑이 가시지 않고 중간착취가 여전하여 자영自營이 어려울 뿐 아니라 방범 감시나 정보망의 이용이 안 되기 때문에 강력한 당국의 감시와 원조 등이 필요하다."

넝마주이를 집단적으로 수용한 목적은 다음과 같다. ① 합숙소에 집단 수용하여 왕초를 제거하며, ② 수입을 늘리고 자취自炊와 복장 통일, 호적 정리와 건강진단, 야학을 실시하며, ③ 직장이나 합동결혼식, 공영주택을 알선한다는 것이었다.[94] 이러한 목적 아래 서울시 경찰국에서는 서울시와 결합하여 넝마주이를 집단 수용했다. 서울시는 우범분자로 몰려 범죄자 취급을 받는 넝마주이를 5월 2일부터 근로재건대로 편성했으며, 14일에는 근로재건대 발족대회를 거행했다.[95] 결단식에서 윤태일尹泰日 서울시장은 "자립하여 건전한 사회인이 되라"는 대회사를 했고, 유달영 재건국민운동 본부장은 "그동안 쓰레기

〈그림 18〉 재건근로대원의 서약(《동아일보》1962년
5월 14일)

〈그림 19〉 집단 수용소에 입소한 넝마주이가 면도
를 하는 모습(《동아일보》1962년 5월 22일)

〈그림 20〉 재건근로대 발대식(《경향신문》 1962년 5월 14일)

같은 대접을 받았으나 오늘을 계기로 재생의 길을 밟으라"는 내용의
격려사를 했다.[96] 이리하여 각 경찰서별로 11개소에 집단 수용소를
마련하여 넝마주이에게 작업복을 갈아입히고 모자를 쓰고 명패를 달
게 했다. 경찰은 집단 수용소의 넝마주이들에게 야학을 통해 공민교
육과 직업을 알선해 주는 역할을 했다.

　그런데 경찰이 야학에서 그들에게 무엇을 교육하려 했는지 되짚어
볼 필요가 있다. 경찰은 넝마주이를 "천대를 받으며 제멋대로" 살아
왔던 '폐품'으로 등치시켰다. 이는 근로재건단 발단의 슬로건이 '폐품

재생'이었다는 사실에서 드러난다. 따라서 재건근로대 야학은 '폐품 재생'이라는 구호 아래 그동안의 '폐품' 생활을 청산하여 '산업전사'의 일원으로 거듭날 것을 주입시키는 공민교육 중심으로 운영되었을 것이다.

## 재건학교

재건국민운동본부는 1964년 7월 20일에 사단법인 재건국민운동(가칭)으로 발기선언했다. 발기선언문에서는 "이 운동은 정치적 주장을 달리하는 어느 일당일파를 지지하거나 반대하는 입장을 배격한다"라고 밝혔으며, "순수한 민간 운동으로서 민족단합의 광장을 마련할 것"이라고 강조했다.[97] 발기준비위원회 추진위원은 고재욱高在旭, 김활란, 김팔봉金八峯, 유봉영劉鳳榮, 유진오, 유달영, 이관구李寬求 등이었다. 이들은 8월 4일에 발기인총회를 열어 재건국민운동중앙회 회장에 유달영, 부회장에 고재욱, 이관구, 김활란을 선출했으며, 8월 5일에 발회식을 거행했다.[98] 이로써 재건국민운동은 민간 운동의 영역으로 변화했다.

재건국민운동중앙회(재건중앙회)는 경제적인 이유로 상급학교(중학교 또는 고등학교)에 진학하지 못하는 전국의 많은 불우한 청소년들에게 배움의 기회를 부여하고 자주적인 생활 능력과 민주시민으로서의 소양과 자질을 갖추어 지역사회와 국가 발전에 역군이 되도록 마을금고

운동과 함께 '재건학교운동'을 2대 주요사업으로 채택했다.[99]

그런데 새 출발한 재건중앙회는 어떠한 방향으로 국민운동을 전개할 것인지에 대하여 방향타를 잡지 못하고 있었다. 이러한 상황을 극복하기 위해 1964년 10월 30일에 각계 인사 30명이 참석하여 국민운동에 대한 세미나를 개최했다. 이 자리에서 유달영은 정당정파에 초연한 국민운동이 되어야 한다고 강조했다. 반면 주석균朱碩均은 "민간운동으로 성공하려면 정부가 시키는 대로 하기보다 정부의 잘못은 반항하고 옳은 것은 따라 과거 모양 국민운동이 정부의 대행기관 같은 인상을 우선 없애는 것이 긴요하다"라고 주장했다. 이러한 주장에 백철白鐵도 동조하면서 "권력을 비판하는 방향을 잡아야 국민의 지지를 받을 수 있다"라는 의견을 피력했다.[100]

재건중앙회는 정관 4조에 따라 1965년 3월 1일 재건학교 규정을 제정했다. 각 지역의 학교마다 학교운영위원회를 구성하고, 사회교육에 뜻이 있는 유력인사가 참여하도록 유도하여 자체 운영하도록 했다.[101] 또한 교육위원회를 설치하여 전국의 재건학교를 지도, 감독, 후원하도록 했으며, 4월 13일에는 전국 재건학교를 통괄하는 재건학교를 설립했다. 재건학교는 장이욱, 박종홍朴鍾鴻, 백낙준, 유진오, 김기석金基錫 등 지도위원 5인과 오기형吳基亨, 이영덕 등 교육위원 11인으로 구성했으며, 교장으로 김활란을 추대했다.[102]

재건학교는 국민학교를 졸업하고 여러 가지 사정으로 상급학교에 진학할 수 없었던 학생들에게 배움의 욕구를 충족시키는 기능을 했다. 또 다른 측면에서는 당시 사회문제였던 미진학 청소년의 비행을 단속하거나 통제하는 역할을 했다.[103] 재건학교는 재건중앙회의 핵심 사업이었다고 할 수 있는데, '배우면서 일하고, 일하면서 배우자'라는 슬로건 아래 재건학교가 발족하면서 배움의 길을 잃은 청소년에게 길을 열어 주는 운동이 확산되어 갔다. 재건학교가 발족한 지 3개월 만에 전국 2만 6000여 명에게 배움의 길을 열어 주는 실적을 보일 정도로 초기에는 이러한 운동이 활발히 전개되었다.

재건학교 학생들은 1주일 동안 각 가정에서 자원지도자의 순회지도를 받고, 일요일마다 한 번씩 정해진 장소에 모여 집단지도를 받았다. 처음에는 정규학교(중학교와 고등학교)에서 사용하던 교재를 구입해서 사용했다. 그러나 이러한 방식은 학습 과정이나 이해도 면에서 비효율적이라고 인식하고 교재를 독자적으로 편찬하기로 결정했다. 이에 교육위원들이 교재 집필에 나서 '중학과정 1-①~⑩, 2-①~⑩' 합 20권을 편찬했으며, 2년 과정(4개월은 방학)으로 1개월에 1권씩의 교재를 공부하도록 이수 과정을 편성했다.

교재는 재건학교 학생들이 자급자족한다는 취지에서 직접 재배한 피마자를 가을에 수확하여 '(주)서울식품'에 판매하기로 계약하면서 우선 지원받은 자금으로 발간, 배부했다. 이런 이유로 한때 재건학교를 '피마자학교'라고 부르기도 했다. 그러나 위와 같은 교재 배부 방법은 그해 이상기온으로 피마자 수확에 실패하여 다음해부터는 유상으로 배부되었다.[104]

재건중앙회 운영비의 일부는 피마자를 재배하고 판매하여 얻은 돈으로 충당했다. 1965년의 목표액은 피마자 2000석이었으며, 판매대금 1200만 원으로 1966년도에 15만 명의 학생을 모으고 1967년에는 고등학교 과정까지 마련하여 모두 27만 5000명의 농어촌 출신 청소년들을 무료로 가르칠 계획을 세웠다.[105]

그런데 이러한 재건학교는 집권 정당에게 정치적으로도 활용되었다. 1966년 9월 12일 국회 본회의 대정부 질문에서 민중당의 이충환 李忠煥 의원은 "3·15 부정선거를 무색케 하는 예비 행위가 전국 각처에서 벌어지고 있다"라고 주장하면서, "지방에서 활동하고 있는 청년 봉사대와 재건학교의 정체를 밝히라"고 요구했다. 이어 야당 의원은 재건학교와 청년 봉사대가 지방에서 공화당원을 양성하고 있는 유사단체로 기능하고 있다고 비난하면서 이를 폐쇄하라고 촉구했다.[106] 이를 통해 순수한 민간 운동으로 출발한 재건운동중앙회가 점차 변질되어 정치적으로 이용되고 있다는 사실을 확인할 수 있다.

·1965년 4월 개교된 재건학교는 재건중앙회의 체계적인 지원에 힘입어 초년도에 246개교에서 다음 해 1966년에는 411개교로, 1967년에는 952개교로 증가되었다. 그러나 1960년대 후반에 중학교 평준화가 시작되면서 감소되기 시작하여 1975년에는 250개교로 크게 줄어들었다. 따라서 수료생 수도 1967년에 1만 3818명이던 것이 1968년에는 1만 1215명으로 줄었고, 1969년에는 8361명으로 감소되는 등 연속해서 감소 추세를 보였다. 이후 1975년 12월에는 재건중앙회가

해체됨에 따라 재건학교에 대한 지도감독이 마을금고연합회로 승계되었으며, 1976년 1월에는 '재건학교'라는 명칭이 '새마을청소년학교'로 바뀌게 되었다.[107]

# 3

# 빈민촌의
## 민간야학

한국전쟁의 포화로 온 나라는 폐허가 되었다. 1953년 휴전협정이 체결된 이후 전후 복구에 매달려야만 했다. 이 과정에서 전쟁 당시 60만 명 정도까지 감소했던 서울인구가 점차 늘어나기 시작하여 서울의 인구 집중 현상이 두드러졌다. 서울의 인구 집중은 전쟁으로 피폐해진 농촌 지역의 농민들이 보릿고개의 지옥으로부터 탈출하기 위한 방편으로 서울로 몰려들면서 일어난 현상이다.[108]

도시로 몰려든 이들에게는 무엇보다도 주택 문제가 시급했다. 국가에서 난민용 구호주택을 건설했지만 주택난을 해소하기에는 턱없이 부족했다. 이 때문에 도시 주변이나 산기슭, 하천변 등 국공유지에 무허가 판잣집이 무질서하게 들어서 빈민가를 형성했다. 새로 형성된 무허가 주택은 일제강점기의 토막에서 그 재료만 바꾸어 양철, 베니

어판, 함석, 아스팔트 루핑 등으로 지어진 것이었고, 이러한 집들은 상 잣집, 판잣집 등으로 불렸다.[109]

4월 혁명으로 자유당이 무너지고 새로 탄생한 민주당 정권은 1960 년 인구주택 국세조사를 실시했는데, 이때의 조사에 따르면 당시의 주거 환경은 상당히 열악했다.[110] 그런데도 1960년대 이후 경제개발 과정에서 인구의 도시집중화는 가속화되었다.

이러한 도시빈민촌에서 빈민야학이 생겨나기 시작하면서 야학운 동은 상당히 확대되었다. 야학생들은 대체로 신문팔이, 구두닦이, 껌 팔이, 고아, 넝마주이 등 다양했다. 야학 교사들은 대체로 무보수로 봉 사활동을 했으며, 야학 운영에 필요한 경비는 자신의 사재로 충당하 거나 구두닦이, 노점, 행상 등을 통해 마련했다.

교사校舍는 대부분 천막을 치고 바닥에 가마니를 깔아서 마련했으 므로 천막학교라고 불렸다. 천막학교는 한국전쟁 중 학교 시설이 파 괴되어 천막으로 임시 교실을 짓고 교육을 계속했던 것을 떠올릴 수 있는데, 천막 교실의 역사는 1960년대 빈민촌의 야학으로 이어져 1970년대까지 지속되었다.

열악한 환경에서도 배우려는 일념을 포기하지 않던 야학생에게 온 정을 쏟고 후원이 이어지기도 했는데, 외국인들도 여기에 한 몫을 했 다. 1961년 1월에는 국립중앙의료원의 외국인들이 구두닦이와 신문 팔이 소년소녀 150여 명이 모여 야학 생활을 하고 있던 경기직업소년 학교를 방문하여 천막 교실에서 추위에 떠는 야학생들에게 연료대로

〈그림 21〉 수색공민학교(서울사진아카이브 제공)

보태 쓰라고 2만 환을 희사하기도 했다.[111]

　도심의 거리에 산재한 판잣집 주민들을 위해 독지가들도 나서서 천막학교를 세우고 아이들을 교육했으며, 공무원들도 야학운영비를 지원했다. 1961년 5·16 군부 쿠데타 직후 철거민들은 서대문구 수색에 터를 잡아 새로운 생활을 시작했는데, 이러한 철거민 마을에서도 야학이 출현했다. '수색공민학교'라는 급조된 간판을 내건 이 야학은 300여 명의 어린이들에게 글을 가르치기 시작했다. 학교 운영은 서대문구청 직원들이 봉급을 떼어 내 모은 것으로 충당했고, 정교사 자격을 갖춘 4명의 교사가 무보수로 교육을 담당했다.[112] 이 학교는 얼마 후 문을 닫은 것으로 보인다. 하지만 오랫동안 방치해 폐허가 된 교육시설에 다시 건축 사용 허가를 받고, 교사 모습을 갖추어 1972년 6월에 개교할 수 있었다.[113]

재건국민운동이 한창 전개되던 시기의 민간야학은 '재건학교'라는 간판을 달고 학생들을 가르쳤다. 그러나 정부로부터 지원을 받지 않은 채 민간이 자발적으로 운영했기 때문에 야학을 유지하는 데에 어려움을 겪었다. 교사를 수용할 땅도 없어 공터에 천막을 치고 배움에 주린 가난한 어린이들을 가르치는 경우도 많았다. 농협창고를 빌려 '재건학교'라는 이름으로 학생을 가르치다 농협에서 창고를 다시 쓰게 되어 교실을 잃어버리고 배움의 장소를 다시 찾아나서야 하는 경우도 있었으며,[114] 이와 유사한 경우도 많이 존재했다.

1960년 4월 이태원에서 직업소년과 극빈소년을 위해 광운중학교 교장 이상운과 대학생들이 공원 용지에 천막학교를 지어 운영했으나 1964년 2월 무허가 건물이라는 이유로 헐리기도 했다.[115] 1960년 3월에는 대학생 5명이 중심이 되어 서울 성북구 하월곡동에 약 660제곱미터(200여 평)의 땅을 빌려 신문팔이, 구두닦이 등 어린이 60여 명을 모아 노천수업으로 야학을 운영했으나 1962년 봄에 이르러 쫓겨나게 되는 형편에 처해서 다른 곳으로 옮겨 수업을 계속하는 경우도 있었다.[116] 이러한 학교들 중 일부는 딱한 사정이 알려지게 되어 대통령이나 지역 유지의 도움을 받기도 했으나, 많은 경우 불가피하게 학교 운영을 그만둘 수밖에 없었다.

서울 마포구 서교동에도 갑자공민원이라는 빈민야학이 있었다. 이 야학은 대학을 갓 나온 회사원 허준구를 중심으로 대학생 10여 명이 힘을 합쳐 운영을 하고 있었는데, 시설이라고는 낡은 천막 1장, 흑판 1개, 앉은뱅이책상 5개밖에 없었다. 전등이 없어 촛불을 이용할 정도로 열악한 곳이었다. 이 학교는 1959년 9월 초에 현석동 대원군 별상 마룻방에서 30여 명을 모아 아이들을 가르친 것이 시초였다. 1962년에 이르러 대원군 별장이 매각되면서 신석동으로 옮겼고, 이후 또다시 서교동으로 옮겨 야학운동을 계속하는 등 셋방을 전전해야 했다.[117]

이러한 야학의 대부분은 검정고시야학이었다. 그러나 검정고시 합격률이나 상급학교 진학률은 극히 저조했다. 1960년 3월부터 1964년 3월까지 200여 명의 졸업생을 배출한 하월곡동의 야학은 20여 명 정도가 검정고시에 합격하거나 상급학교에 진학하는 실적을 거두었을 뿐이다. 이러한 경우는 그래도 양호한 사례라 할 수 있는데, 야학을 통해 상급학교를 진학하거나 검정고시를 합격하는 비율은 극히 낮았다고 볼 수 있다. 대학생들의 모임인 여명클럽 회원 8명이 사재를 털어 서울 답십리 1동 산비탈에 천막학교로 세운 보원중학의 경우, 1960년 4월 개교한 이래 5년 동안 배출한 졸업생 중에서 검정고시를 거쳐 정규 고등학교에 진학한 학생은 6명 정도에 그쳤다.[118] 이처럼 야학생에게는 상급학교 진학이나 검정고시 합격은 아득한 꿈이었다는 것을 알 수 있다.

〈그림 22〉 갑자공민원(《동아일보》 1965년 12월 23일)

〈그림 23〉 보원중학교(《경향신문》 1964년 10월 2일)

상급학교에 진학하는 비율이 저조한 것은 학생들의 열악한 처지에서 비롯되었다. 천막학교는 한여름 따가운 뙤약볕과 장마, 한겨울 칼바람 등 모든 면에서 교육여건이 취약할 수밖에 없었다. 비가 오면 천막이 새기도 하고, 폭풍에 천막이 산산이 찢겨지는 경우도 허다했다. 책상도 의자도 없이 땅바닥에 가마니를 깔고 공부하는 곳도 많았다. 게다가 먹고 사는 문제 때문에 배움터를 마음 놓고 찾아오는 것도 쉽지 않았다. 야학에 다니는 학생들 대부분은 생계조차도 제대로 이어나갈 방도가 없었다. 보원중학의 예에서 볼 수 있듯이 끼니를 잇지 못하거나 몸에 걸칠 옷이 없어 결석하기도 했으며, 심지어는 영양실조로 시력이 나빠져 학교에 나가지 못하는 경우도 있었다.[119]

철거민 자녀들이 장거리 통학이 어려워 취학을 포기할 수밖에 없는 딱한 사정이 생기자 이들에게 배움을 주기 위한 천막학교가 열리기도 했다. 서울시 영등포구 사당동에는 철거민 490가구로 이루어진 천막촌이 형성되어 있었는데, 이곳의 철거민 자녀들은 약 3킬로미터나 되는 동작동 버스 종점까지 걸어가서 다시 버스를 타고 시내 각 국민학교로 등교해야만 했다. 통학길이 불편하여 취학을 포기하는 아동도 늘어났다. 이러한 딱한 처지를 알게 된 6명의 교사가 천막을 마련하여 아동을 보수 없이 가르치게 된 것이다.[120]

신림동에서도 불편한 통학길 때문에 철거민 자녀 400여 명이 학업을 중단하는 사태에 이르자, 이들에게 배움의 길을 열어 주기 위해 15명의 학부모가 힘을 모아 '청강 배움의 집'을 세우기도 했다.[121] 하지만 이 학교는 겨우 20여 명을 수용할 수 있는 움막집에서 100여 명의 어린이가 마당에까지 들어앉아 합반수업을 할 정도로 열악했다.[122] 어린이헌장 제3장에는 "어린이에게는 마음껏 놀고 공부할 수 있는 시설과 환경을 마련해 주어야 한다"라고 되어 있었지만, 서울 여러 곳에 산재했던 철거민 자녀들은 제대로 된 교육 시설을 이용조차 하지 못하는 형편이었다는 것, 그리고 이들을 위해 야학을 운영했지만 열악한 상태를 벗어나지 못했다는 것을 신림동 철거민 마을에서 확인할 수 있다.

한편 빈민야학이 고등공민학교로 승격되기도 했다. 그 실례로 서울시 서빙고동에서 천막을 치고 6년간 아동 교육을 담당한 청영靑永학원을 들 수 있다. 빈민야학을 담당하던 청영학원은 1966년 6월 4일자로 청영고등공민학교로 정식인가를 받았다.[123] 또 하나의 사례는 의정부경찰서 보안계 김양수 경사가 교장이 되어 운영한 천막학교를 들 수 있다. 보안계 소년반 담당인 김 경사는 경찰서 앞 빈터에 천막을 치고, 서울시 의정부 주둔 미군부대 주변의 전재고아나 직업소년을 모아 교육했다.[124] 이렇게 천막학교로 운영한 빈민야학은 의정부고등공민학교로 인가를 받아 주간에는 정규학생을 대상으로, 밤에는 야간학생을 대상으로 교육을 실시했다.

제대군인이 경기도 동두천 기지촌에서 야학을 연 경우도 있다. 1961년 군에서 제대한 김성은이 동두천읍 생연리에 천막을 마련하여 기지촌을 무대로 방황하는 고아와 넝마주이 등 100여 명을 모아 중등

과목과 기술(이발, 양재, 미용)을 무료로 교육했다.[125]

어렵게 시작한 야학이 지역사회의 원조 중단으로 폐쇄될 위기에 처한 경우도 많았다. 그 하나의 예를 경상북도 문경군 희망학원에서 찾아볼 수 있다. 문경군 내 희망학원은 신문팔이, 구두닦이 등 300여 명의 극빈아동들이 이용하던 배움터였다. 이 학교는 1962년 3월 5일부터 문경경찰서 연무장에 터를 잡았으며, 국민학교 졸업 후 상급학교에 진학하지 못한 문경군 내 300여 명을 모아 주간반, 야간반으로 나누어 '월사금 없는 학교'를 시작했다. 연무관을 오래 빌려 쓸 형편이 되지 못해 이곳 각 기관장과 유지들의 모임인 토요회에서 성금을 모아 돕기로 했는데, 문경군 촉진회장이 원조 중단을 주장하는 바람에 폐쇄될 위기에 처했던 것이다.[126] 그러자 학교 학생 4명이 위기에 맞서기 위해 "불우한 우리에게 배움의 길을 열어주시오"라는 혈서를 썼고, 이에 감동한 교사가 "백절불굴"이라고 혈서를 써 국민의 관심을 모으기도 했다.[127]

대학생의 무보수 봉사로 야학이 처한 어려움을 극복해 가는 경우도 많았다. 서울시 미아리 밖 삼양동에서 대학생 20여 명이 신생숙新生塾이라는 깃발을 올리고, 가난으로 진학 못하는 어린이들에게 교과서와 공책을 대주면서 중학 3년의 과정을 무보수로 가르쳤다. 신생숙은 삼양동 산골짜기에 지은 토막집으로 교실 네 개를 갖추고 있었다. 메추리 사육장으로 쓰던 것을 구입하여 교실로 대용했고, 서너 평 넓이의 교실 밑바닥에는 가마니를 깔았다. 학생들이 직접 만든 판자 위에 먹칠한 것을 칠판으로 사용했으며, 전기가 들어오지 않아 석유등불 밑에서 수업을 진행했다. 1961년 4월 5일 첫발을 내디딘 이 학교는 1964년 4월 제1회 졸업생 14명을 배출했는데, 제1회 졸업생을 배출하기까지 외부 지원을 받지 못했으며, 교과서만 적십자사의 기증을 받아서 운영했다.[128]

한편 마을 주민들이 야학을 반대하는 경우도 있었다. "먹기도 힘든데 배워서 뭘 하느냐"며 책을 불살라 버린 부모도 있고, 밤늦게 돌아다닌다고 딸의 외출을 금지하는 어머니도 있었다.[129] 대학생들은 주로 민간야학에 참여했는데, 이들은 중학교가 없는 가난한 마을에 야학을 세워 운영했다. 경기도 양주군 노해면 상계리에도 중학교가 없는 사정을 알고 대학생들이 모여 동산성인학교를 세웠다. 이 학교는 1962년 4월에 세워진 것으로, 처음에는 서울에서 온 대학생들이 벌판에 천막 네 개를 치고 수업을 시작했다. 그러나 천막을 두 번이나 도둑맞게 되어 천막 교실을 버리고 국민학교 교실을 빌려 야학을 운영했다. 이 학교는 8명의 교사가 네 개 반으로 나누어 13세부터 25세까지의 학생 150여 명을 가르쳤다. 학생들은 오후 6시 30분부터 10시 40분까지 하루 5시간씩 중학교 1학년 과정의 수업을 받았다.[130]

# 4

# 새마을운동으로
## 확산되고
## 뒤틀린 야학

## 새마을운동과 학생 동원

### 새마을운동의 범국민적인 확산

1970년부터 시작된 농촌 새마을운동은 정치·경제·사회적인 상황 변화에 따라 도시와 직장(공장)과 학교로 파급, 확산되었다. 박정희 정권은 농촌 새마을운동에서 농민 동원과 통제의 효과가 가시적으로 드러나자 도시민, 노동자, 학생으로 점차 그 대상을 넓혀 전국민운동으로 확대시켜 나갔다.

공장 새마을운동은 1972년부터 전개되었으며, 1973년 말 유류파동에 따른 불황을 타개하고 고도성장을 지속시키기 위한 일환에서 적극적으로 추진되었다. 물자 절약, 생산성 향상, 경영 합리화, 직업윤

리, 기업윤리 등을 강조하면서 전개된 공장 새마을운동은 1979년 말까지 지속적으로 이어졌다.[131]

1970년대 (농촌)새마을운동에 대한 연구는 그간 많이 축적되었는데, 이들 연구들은 다양한 입장 편차를 보인다. 먼저 정부 차원의 관변 연구에서는 성공적인 근대화 전략이었다고 긍정적으로 평가했다. 이에 반해 임경택은 새마을운동을 유신 체제 아래 국민 전체를 총동원하는 대표적인 운동이라고 보았다.[132] 그는 새마을운동을 통해 유신 권위주의 체제가 국민을 어떻게 동원하고 통제했는지를 밝히면서 정치·경제·사회적 상황에 따른 동원과 통제의 양상이 변화하는 측면을 살펴보았다.

박진도·한도현은 새마을운동을 국가 최고지도자(박정희 대통령)가 자신의 정치적 목적 혹은 이념을 달성하기 위해 전체 행정조직을 이용하여 전 국민을 동원한 운동으로 평가했다.[133] 또한 새마을운동의 가시적 성과에도 불구하고 농촌의 구조적 문제는 해결되지 않았고 오히려 심화되었다고 비판했다. 그는 새마을운동이 안고 있는 커다란 문제점은 농촌의 구조적 문제를 국민운동으로 해결하고자 한 데 있다고 보았다. 유병용·최봉대·오유석은 '도시 근교마을'의 새마을운동 사례 분석을 통하여 기존 연구에서 주장하고 있는 근대화 전략으로서 농촌 새마을운동의 성공 신화가 부분적으로 확대해석되고 과대 포장된 측면이 있다고 지적했다.[134]

2000년대 중반에는 새마을운동을 국가 동원 체제로 보고 그람시의 '역사블럭' 관점에 기초하여 자발적 동원으로 이해, 분석한 연구가 나왔다.[135] 그뿐만 아니라 그람시의 헤게모니적 권력 전략의 관점에서 국가가 일상 속에 특정한 생활규범을 침투시키고자 한 '농민생활의 근대적 규율화' 운동으로 평가한 연구가 나오기도 했다.[136] 그 이후 역사학계에서는 최근에야 김영미에 의해서 좀 더 구체적인 연구 성과가 나올 수 있었다.[137] 김영미는 새마을운동기 모범마을과 새마을기수 이재영李在榮에 대한 사례 분석을 통해서 새마을운동이 식민지기의 역사와 연속성을 가지고 전개되었다는 점, 그리고 자발적으로 농촌 운동을 추진해 온 '농촌 운동가'들이 '새마을운동'이라는 국가사업에 동원되는 과정을 밝히고 있다.

농촌 새마을운동은 1970년 4월 22일 한해 대책 지방장관회의에서 박정희 대통령의 유시에 따른 '새마을 가꾸기 운동'에서 비롯되었다.[138] 박정희 대통령은 새마을운동 초기에는 경제 건설과 병행하여 정신 계발이 촉진되어야 한다고 인식하고 정신 계발이라는 측면을 부각시켰다. 그는 1971년 7월 30일 지방장관회의에서 "나는 이 사업의 목표를 경제적인 측면보다도 주민들의 정신 계발이라는 측면에 두고 이를 더 중요시하고 있습니다"라고 발언했다.[139] 이어서 9월 17~18일에 개최된 전국 시장·군수 '비교행정'회의 유시에서도 정신 계발은 국가 발전의 기본개념이며, "3차 5개년 계획을 추진해 나가는 데 있어 가장 중요한 관건"이라고 강조했다.[140] 1971년 하반기에 박 대통령이 새마을운동에서 계발해야 할 정신으로 내세운 것은 자조·자립·협동·단결·근면 등이었다.

새마을운동은 초기에 정신 계발, 근면·자조·협동을 강조하던 것에서 1971년 12월 6일 국가비상사태를 선언한 이후에는 '국가안보체제 확립을 위한 정신'을 '건전한 사회 기풍과 올바른 국민윤리를 생활화하는 정신'과 결합시킨 새마을운동의 정신을 언급했다. 더 나아가서 새마을운동은 '5·16 혁명 이념을 계승·발전시킨 것'이며, '국민총화國民總和를 이루는 원동력'이라고 강조했다. 그리하여 1972년 5월 16일 '5·16 혁명 제11주년 및 제7회 5·16 민족상 시상식'에서는 새마을운동이 "5·16 혁명 이념을 계승·발전"한 것이며 "조국 근대화를 위한 일사분란의 국민총화를 이룩하는 원동력"이라고 피력했다.[141]

1972년 12월 27일 제8대 대통령 취임사와 1973년 1월 12일의 연두 기자회견에서는 "10월 유신은 곧 새마을운동"이며, 새마을운동은 "새로운 정신 혁명의 원동력"이라고 말했다. 12월 22일 전국 새마을 지도자 대회 유시에서는 "한국적 민주주의의 실천도장", "참다운 애국심을 기르기 위한 실천도장", "10월 유신을 실천하는 생활철학이요, 또 그 실천도장"이라고 밝혔다.[142] 이러한 변화된 새마을운동의 이념은 1970년대 말까지 지속되어 유신 체제를 뒷받침하는 이데올로기로 작용했다.

박 대통령은 새마을운동에서 가시적으로 성과가 드러나자 새마을운동을 유신 정치체제를 지탱하는 관료적 대중 동원의 핵심 운동으로 전화시키고자 했다.[143] 새마을운동을 농촌에만 국한시키지 않고 도시와 공장으로 파급시켜 범국민적인 운동으로 확산시키고자 한 것이다. 1972년 2월 26일 서울대학교 졸업식 치사에서 새마을운동을 범국민적으로 전개해야 한다고 언명했으며, 이후 3월 7일 지방장관 회의에서도 "도시라고 해서 이 범국민적인 운동에 방관자가 되거나 외면을 해서는 안"된다고 강조했다.[144]

## 학생 동원

이러한 범국민적인 운동에 대학생을 비롯한 중·고교에 재학 중인 청년학생들이 동원되었다. 학생들은 주로 방학 기간을 이용해서 농어촌 봉사활동이나 계몽 활동을 전개했다. 이러한 활동을 언론이 적극적으로 홍보함으로써 대학생들의 참여 의욕을 북돋았다. 대학생들을 "젊은 지성의 대학생", "농촌을 깨우치는 빛" 등으로 표현했으며, 대학생들의 봉사활동에 대해서는 "어쭙잖은 허세를 부리는 것이 아니라 바로 그 겸허한 자세로 한때 민폐를 끼치는 놀이에 불과하다고 비판받던 봉사활동을 설욕한지도 오래"되었다고 강조했다.[145] 그리고 이러한 활동이 새마을운동과 호흡을 함께 하는 방식으로 더욱 확대되어야 한다고 주장했다.

대학생들의 활동 내용은 주로 아동반, 부녀반, 청년반, 보건위생반 등으로 나눠 여러 가지 형태의 봉사를 하는 것이었다. 어린이들에게는 방학 과제를 지도하거나 음악·미술·체육·글짓기·편지 쓰기 등을 가르치고 어른들에게는 '비상사태 선언의 올바른 이해' 등 시사교

육과 반공교육을 실시했으며, 부녀자들에게는 가계부 작성법과 아우
강(편물) 강습을, 청소년들에게는 영농 방법을 교육했다. 그리고 보건
위생반은 준비해 간 구충약 등을 무료로 투약하거나 나눠 주는 활동
을 전개했다.[146] 또한 이러한 활동에서 빼놓을 수 없는 것이 바로 농어
촌의 부녀자와 아동들을 대상으로 한 문해교육이었다.

1971년 12월 6일 정부는 '국가비상사태'를 선언하고, 그 법적인 뒷
받침으로써 27일 국회에서 국가보위에 관한 특별조치법을 통과시켰
다. 이로써 박정희 대통령은 외교, 국방, 경제, 언론 등에 대한 비상대
권을 행사할 권한을 거머쥐었다. 1972년 3월 17일, 문교부는 전국 97
개 대학 총학장회의를 열어 '72학년도 대학생 지도지침'을 시달했다.
문교부는 이 지침을 통해 대학생들을 새마을운동에 적극 참여시키겠
다는 의지를 보였다. 그리고 대학생들의 안보 가치관 확립을 위해 자
발적인 '군장비 헌납 운동'을 추진하고, 다가오는 여름방학 동안 대학
생 시국 강연회를 개최하며 대학에 북한문제연구소 6개를 연내에 설
치하겠다고 밝혔다.[147]

이러한 문교부의 방침에 부응하여 새마을운동은 대학가로 확산되
기 시작했다. 각 대학은 대학생의 자세 확립, 지성인으로서의 가치관
과 생활관 형성 등을 주창했다. 대학생들은 학교 주변 정화 운동, 퇴
폐 사조 추방, 사치 배격, 무궁화 심기 운동에 동원되었으며, 대학 총
장과 교수, 그리고 총학생회가 선두에 나서서 이러한 운동을 적극 주
도했다. 무궁화 심기 운동 발단식을 거행했고, 머리 깎기 운동, 녹화

운동, 학풍 정화 운동, 새마을 주말 농촌 봉사단 등을 계획하거나 시행했다. 그리고 새마을정신과 농촌 근대화, 승공과 우리의 자세 등을 주제로 한 순회강연 계획도 세워 나갔다.[148]

한편, 1972년 5월 5일 정부는 새마을운동과 관련하여 전국의 농업계 대학생에게 의무적으로 독농가篤農家 현장실습을 실시하고, 영농 정착 희망자를 선발하여 재학 중 수입료 면세, 졸업 후 정착금 지원 등의 특전을 부여하겠다는 방침을 밝혔다.[149] 또한 문교부는 대학생들의 새마을운동을 촉진·강화하기 위해 방학 기간의 농어촌 봉사활동을 필수 또는 선택의 정규과목으로 제도화하여 학점에 반영하도록 각 대학에 지시했다.[150] 1972년 5월 19일에 문교부가 밝힌 봉사활동의 정규과목화 방안에 따르면, ① 사범대학은 〈학교와 지역사회〉라는 과목을 필수과목으로 신설하고, ② 교육대학은 1~2주 동안의 농촌학교 실습을 의무화 하며, ③ 일반 대학생은 선택과목으로 봉사활동을 하는 것으로 되어 있다. 그리고 봉사활동 과목의 학점은 한 학기 2학점으로 정하고 이를 위한 교육과정과 교원자격검정령 시행세칙 등 관계 법령을 개정할 방침을 세웠다. 농촌 봉사활동과 더불어 어촌 봉사활동을 대학의 정규과목으로 삼으려 한 것은 교육사상 처음 있는 일이었다.

이러한 문교부 결정에 언론은 사설을 통해 "농촌 활동을 의무적으로 더욱 일반화시켜 젊은 지식인들로 하여금 농어촌 현실에 대한 관심을 한층 드높여 그들에게 다소라도 더 산지식을 체득케 하자는 데"

목적이 있는 것으로[151] 평가했다. 그렇지만 그동안 방학을 이용하여 전개하던 계몽운동을 새마을운동과 결합시켜 젊은 대학생과 지식인을 순치시키려는 의도가 강하게 내재된 것이었다. 유신 체제에 저항적인 학생운동을 새마을운동이라는 체제내적인 운동으로 흡수하여 국가권력기구에 순응하고 봉사하는 국민을 육성하려는 의도였다.

문교부의 이러한 일방적 지시에 따라 대학은 순응의 길을 걸었다. 문교부가 지시한 ① 새마을 정신 개발, ② 지역사회 조사 연구, ③ 각종 봉사활동을 효과적으로 전개하기 위한 방안 마련에 분주했다. 그리고 전국 81개 대학에서 1972년의 여름방학 동안 1만 3000여 명의 대학생들을 농어촌에 파견한다는 계획을 세워 나갔으며,[152] 6월 24일에는 고려대에서 문교부장관을 비롯한 서울의 각 대학 총·학장과 내빈이 참석한 가운데 전국 대학생 연합 봉사단 결단식도 거행했다.[153] 연합 봉사단 단장은 고려대학교 총장 김상협金相浹이었다. 이리하여 7월 초부터 여름방학에 들어간 대학가는 본격적으로 하계 봉사활동을 시작했으며, 이러한 활동에 81개 대학 1만 3000여 명의 학생들이 참가했다.[154]

문교부는 1973년 여름방학에도 대학생을 새마을운동에 대대적으로 동원하고자 했다. 6월 7일에 전국 대학생 하계 봉사활동 계획을 확정하고 7월 1일부터 8월 31일까지 97개 대학과 70개 전문학교, 그리고 5개 단체를 대상으로 2만여 명을 동원하기로 했다.[155] 1972년에 비해 규모를 확대하고 전문학교까지 포함시킨 것이다. 이러한 활동을 위해 국고 2500만 원을 지원하기로 했고, 대학생들은 내무부, 농수산부, 보사부, 문공부 등 관계부처의 행정 지원을 받으며 봉사활동에 나섰다.[156]

정부 방침에 부응하여 대학생들은 하계 봉사활동을 전개했다. 1974년 2월에는 하계 봉사활동의 전초 계획으로 봉사단을 구성하여 농어촌 시범 봉사활동을 벌였나. 이들은 마을 안길 확상, 지붕 개량, 농로 보수, 축대 보수, 하천 정비, 퇴비장 조성 등 근로 봉사활동과 주민들에 대한 계몽교육, 의료 활동을 전개했다.[157] 이어서 여름방학에는 2만여 명의 대학생이 전국 812개 지역에서 농촌 봉사활동에 나섰다.[158] 이러한 운동은 이후에도 지속되었다. 1975년 8월에는 전국 168개 대학과 전문학교에서 2만 3000여 명의 학생이 전국 797개 농어촌 지역에서 봉사활동을 했다.[159]

언론에서는 국가 동원에 의한 대학생들의 이러한 활동에 대해 "민족의 중흥을 위한 농촌 근대화 운동의 하나"라고 추켜세웠다. 그리고 새마을운동은 "행동과 실천을 통한 잘 살기 운동", "오랜 인습을 타파하고, 과학적인 생활을 진작함으로써 합리적이고 생산적인 생활 기풍을 이룩해 나가는 운동"이며, 농촌은 이를 실천하는 도장道場이기 때문에 학생들은 "치밀한 계획과 지역 특성에 관한 예비지식, 전문적인 영농 지식이 선행되어야 한다"라고 강조했다.[160]

정부 당국은 대학생을 대대적으로 새마을운동에 동원하고 농촌 봉사활동을 독려했으며, 강압 일변도로 운동을 추진하도록 지시했다.

이에 따라 여러 가지 문제점이 발생했고, 대학생들의 참여 기피 현상이 나타나기도 했다. 그 결과 대학생들은 점차 억압적인 분위기 속에서 체제 순응의 길을 택했으며, 이에 따라 학생운동은 침체기를 맞게 되었다.

고려대학교 이념서클의 하나였던 청년문제연구회가 재건학교 운영으로 방향을 전환한 것이 그 대표적인 사례다. 청년문제연구회는 상계동 일대 불우학생들에게 중학과정의 야간교육을 실시한다는 목적으로 천막 교실을 마련하여 1974년 4월에 청호재건학교를 열었다.[161] 고려대 총장을 위시한 학교 측의 지원을 받아 개교했으며, 당시 문교부장관인 민관식閔寬植이 이 학교를 방문하여 야학교 확장을 위한 지원금을 약속할 정도로 학교 측과 정부 당국으로부터 촉망을 받았다. 이러한 야학의 사례는 학생운동의 변화상을 대표적으로 드러내는 것이었다.

**학생 동원의 강화**

학도호국단은 긴급조치 9호가 선포되고 1975년 5월 20일 〈학도호국단 설치령〉이 국무회의를 통과[162]함으로써 부활했다. 학도호국단 설치령은 전문 21조와 부칙으로 구성되었다. 설치령 제1조에는 "학풍을 쇄신하고 정신력을 배양하며 배우면서 지키는 호국학도의 사명을 완수하게 하기" 위한 것이라고 설치목적을 밝히고 있다.

처음 학도호국단이 조직된 것은 1949년의 일이다. 문교장관 안호상은 '일민주의' 제창과 함께 중등학교 이상의 모든 학교에 학도호국단을 조직하도록 했다. 조직의 목적은 "좌익 계열의 책동을 분쇄하고 애국적 단결심을 함양하기 위한 것"이었다. 이렇게 결성되었던 학도호국단 조직은 4월 혁명 직후인 1960년 5월에 국무회의 결의에 따라 해체되었다가, 1975년 5월 20일 '학도호국단 설치령'이 국무회의를 통과함으로써 15년 만에 부활하게 되었다.

문교당국은 학도호국단을 부활시키면서 "과거의 호국단은 '학생 단체로서의 성격'을 못 벗어났지만, 이번에는 '난국에 처한 학원學園 전체의 대비 체제'를 갖추는 데 역점이 있으므로 그 근본적 성격이 다르다"라고 설명했다. 즉 난국에 대비해 학생들의 단결과 안보 의식을 가다듬어 자주국방 태세를 갖추는 목적을 지닌 조직이라는 것이다.[163]

새로 조직된 학도호국단은 고등학교 이상 각급 학교의 남녀 학생 전원을 대상으로 했으며, 교원도 지도위원으로서 조직에 참여하게 되었다. 조직대상 학교는 고등학교, 전문학교, 초급대학, 교육대학, 4년제 대학 등이었으며, 학교 학도호국단에 소속되지 않은 학생들이 단체를 조직하고자 할 때에는 학교장을 거쳐 문교부장관(고등학교의 경우는 관할 시·도 교육위원회의 교육감)의 승인을 얻어야 했다. 이렇게 학교 단위로 조직하되 유사시 동원하기 쉽도록 군사훈련 편제와 같이 편성했고, 평상시에는 군사교육, 각종 단체 활동, 새마을운동과 봉사활동 등을 했다. 전시·사변 또는 이에 준하는 국가비상사태가 벌어질 시에는 사회질서의 유지·구호·복구, 지역방위를 위한 협조, 대민 구호 사업

등의 기능을 떠맡기로 되어 있었다.

학도호국단 창설의 주된 목적은 "대학생의 전력화戰力化"를 통한 "국가총동원 태세"를 확립하는 것이었는데,[164] 이러한 국가총동원 태세라는 용어는 생소하지가 않다. 학도호국단이 창설된 후 처음 맞는 여름방학에서 대학생들은 대학 연합 봉사단을 꾸리고 예전과 다름없이 하계 봉사활동을 했다. 활동에 참여한 인원과 범위, 기간을 보면, 전국 168개 대학과 전문학교에서 모두 2만 3000여 명이 참가했으며, 전국 797개 농어촌 지역에서 1~2주일 동안 활동했다.[165]

1976년 1월 27일 유기춘劉基春 문교장관이 새해 업무계획을 보고하는 자리에서도 '교육 유신 심화'의 해로 정하여 "국적 있는 교육", "새마을 교육"을 강화하겠다고 밝혔다. 또한 학도호국단이 설치되어 있는 각급 학교에 정기검열제를 실시하고 1460개 학교에서 교련 실기대회를 계획하고 있음을 밝혔다. 특히 학생들이 학도호국단 활동에 적극 호응하도록 새마을 특별훈련 행군 대회, 조국 순례 대회, 산업 시찰 등 특별활동을 지원할 것이라고 언급했다.[166]

문교부는 1976년부터 새마을운동의 일환으로 전개한 농어촌 봉사활동을 도시 중심으로 전환시켜 학교 새마을운동을 추진하도록 추동했다.[167] 학도호국단을 적극 활용하여 도시 새마을운동 확산에 대학생을 동원하고자 했던 것이다. 도시 중심의 학교 새마을운동을 실시함에 따라 대학생들에게 부과된 동원의 강도, 압박의 강도가 훨씬 강화되었다. 이러한 상황에서 관제어용의 길을 걷는 지식인들은 정부 정

책에 가세하여 대학에 있는 청년들이 적극적으로 새마을운동에 참여
하라고 독려했다. 새마을운동에 참여하여 발생되는 경비는 보통 정부
에서 국고로 보조하고, 절반에 근접하는 경비는 학교와 참가 학생이
부담했다. 1976년 여름의 경우, 문교부의 특별지원비는 1인당 2000
원이었다.[168]

학노호국난은 국가 정책에 부응하여 학원 정화 운동, 장발 단속, 교
내 카드놀이 추방, 버스정류장 정화 등 활동을 전개했으며, 근로봉사
나 새마을운동을 새로운 학생운동의 방향으로 전화시키고자 했다.[169]
이리하여 1976년 여름방학 때에도 대학생이 농촌 지역에 나가 봉사
활동을 계속했다. 학도호국단 내에는 새마을부도 편성되었는데, 이러
한 부서가 중심이 되어 새마을운동을 전개했다. 이러한 대학생의 운
동을 독려하고 추동한 것은 대학 총장을 비롯한 지식인들이었다. 그
단적인 예가 1976년 7월 홍익대 총장 이항녕李恒寧이 "새마을운동은
민족중흥을 위한 정신 혁명이며 일종의 유토피아 운동"이며, "지성의
전당인 대학에 있는 청년들이 적극적으로 이 운동에 참여"해야 한다
고 강조한 것에서 볼 수 있다.[170]

새마을운동에 대학생을 동원하는 양상은 시기에 따라 점차 강화되
었고, 학도호국단의 통솔 아래 대학생의 농촌 봉사활동 참가율도 증
가했다. 1977년에는 전국 196개 전문학교 이상 초급대학, 교육대학,
대학교 등에서 2만 4900여 명의 학생과 909명의 지도교수가 참가하
여 전국 719개 지역에서 봉사활동을 했다. 봉사활동에 소요되는 경비

는 모두 2억 1124만 원이었는데, 이 중에서 42퍼센트인 8800여 만 원은 참가 학생이 부담하고 나머지는 소속 학교와 국고에서 보조했다.[171]

1978년 겨울방학에도 전국 70개 대학에서 6000여 명의 대학생들이 동원되어 10~14일간 전국 산간오지·도서지방에서 새마을운동과 지역사회 개발에 참여하기로 했다.[172] 1979년 여름방학에는 전국 205개 대학과 교육대학, 전문대학에서 3만 1990명의 학생과 1147명의 지도교수들이 하계 농촌 봉사활동에 들어갔다.[173] 이들은 "농촌은 바로 새마을운동의 학습장이자 근대화 운동의 도장"이므로 "겸손한 마음으로 직접 농촌에 뛰어들어 그들과 생활하면서 피부로 직감直感을 통해 많은 것을 배우고 와야" 한다고 주장했다.[174]

## 새마을학교와 판자촌야학

### 정부에서 운영한 새마을학교

재건학교라는 이름의 야학은 상급학교로 진학하지 못한 청소년들의 교육 욕구를 충족시키고 검정고시 합격으로 진학의 꿈을 성취할 수 있게 한다는 교육목표 아래에서 운영되었다. 한편으로 경제개발에 필요한 노동력 공급이라는 기대효과를 갖고 추진되었다.

1970년대 새마을운동이 시작되면서 각 학교마다 '새마을재건학교', '새마을공민학교' 등 새마을이라는 이름이 붙여지기 시작했다. 새마을운동이 전개되면서 국민학교를 졸업하고 상급학교에 진학하지 못한 학생들을 모아 중학과정을 교육했던 민간야학들은 이제 새마을학교라는 명칭을 달고 운영되었다. 새로 생긴 야학이나 사회단체에서 운영하던 야학에도 새마을학교라는 이름이 붙었다. 그렇지만 1960년대부터 운영되고 있던 재건학교에서는 이 시기에도 간판 이름을 바꾸지 않고 그대로 사용하기도 했다.

새마을학교는 정부가 운영한 것과 민간에서 운영한 것으로 구분할 수 있다. 먼저 정부에서 운영한 것을 살펴보자. 강원도에서는 1972년 1월 31일, 박 대통령에게 신년 업무계획을 보고하는 자리에서 새마을학교를 설치하여 교양교육을 하고, 농어촌에 직업훈련소를 설치하겠다고 밝혔다.[175] 3월 7일 박 대통령 주재로 열린 지방장관 회의에서 내무부에 지시한 사항은 "새마을운동의 범국민적인 전개, 마을지도자의 육성과 새마을학교 운영, 특수지역 개발"이었다.[176] 새마을학교 건설은 새마을운동의 지도자 육성을 위한 목적에서 나온 것이었다. 이에 따라 내무부는 도마다 새마을학교를 설치하기로 계획했다.[177] 문교부에서는 6월에 설치를 희망하는 전국 초·중·고등학교를 학구 단위로 선정하되 동일지구에는 1교만을 허용하기로 했으며, 새마을운동 추진에 필요한 정신 계발과 영농기술교육을 실시하기로 계획했다.[178] 이리하여 8월 7일 문교부가 주관하는 새마을학교가 전국 1616개 초·중·고교에서 일제히 개교했다.[179] 여름에 이어 겨울에도 전국 2208개 초·중·고교에서 새마을학교를 설치하여 운영했다.

새마을학교는 "새마을운동을 범국민적으로 영속화시킬 목적"으로 운영되었다. 새마을학교 운영을 위해 교원, 일반직 공무원, 독농가 등 지도교관을 교육시켰으며, 이들 지도교관이 각 시, 도 단위의 지도교 관을 교육하도록 했다.[180] 교육 내용은 주로 새마을운동의 기본 방향, 10월 유신의 의의, 농촌의 의식구조 개선, 농어민 소득 증대 특별 사 업, 유신헌법 해설 등이었다.[181] 여름과 겨울을 이용한 새마을학교는 이후 지속적으로 운영되었다.

이어 서울시에서는 새마을 어머니 교실을 설치, 운영했다. 이 교실 은 "주부들이 사치와 낭비를 멀리하고 학교교육과 가정교육을 연결하 여 건전한 아동교육을 실시함과 동시에 배우고 일하는 어머니상을 구 현"한다는 취지로 운영되었으며,[182] 이러한 교육은 계속 확대되었다.

새마을학교는 1975년에 이르러 상설화되었다. 1975년 2월 7일, 유기춘 문교부장관은 문교정책으로 ① 교육유신 체제 확립, ② 국민 정신교육 강화, ③ 교육의 내실화와 사회화, ④ 장기적 체육 진흥 정 책 수립 등에 중점을 두겠다고 밝혔다. 또한 교육의 내실화와 사회화 를 위해 ① 시·군 단위로 농고와 실업고에 1개교씩 158개의 상설 새 마을학교를 설치, 운영하고, ② 초중등학교 당 1개씩 모두 9339개의 상설 새마을교실을 설치하여 새마을정신교육을 강화하겠다고 밝혔 다.[183] 정부가 새마을학교를 상설화한 의도는 중졸 이상의 18세 이상 35세 미만의 남자 3만여 명에게 소득 증대 방법과 새마을정신교육을 실시하기 위한 것이었다.[184]

1976년에 들어서 새마을학교의 교육 내용은 더욱 강화되었다. 지금까지 획일적으로 운영되었던 새마을교실을 지역실정에 맞게 소득 증대 교육 중점으로 바꾸고, 실질적으로 새마을교육을 강화하기로 한 것이다. 문교부가 마련한 상설 새마을교육 운영 계획에 따르면, 전국 시·군 단위로 학교에 부설된 상설 새마을학교의 교육 내용을 지역별 특성에 따라 소득 증대 60퍼센트, 정신교육 30퍼센트, 기타 10퍼센트로 재구성하는 것이 목표였다.[185]

## 새마을 간판을 내건 민간야학

민간에서 자발적으로 운영한 새마을학교는 대부분 소규모였으며, 젊은 청년들이 운영했다. 대전 농업전문학교와 서울 동도공업고등학교를 졸업한 22세 박찬복朴贊復과 26세 윤봉균尹奉均은 새마을사업 열풍이 부는 것을 계기로 집안이 가난해 진학을 포기한 농촌의 청소년을 가르치기로 결심하고 새마을중학교를 세웠다. 박 씨의 집에서 전기불을 끌어들이고, 비닐로 만든 교실 안에 가마니를 깔아 의자를 대신했다. 교재는 인근 중학교를 돌며 구해 온 헌책을 이용했으며, 시험지 등 용지대와 백묵 대금은 개인의 사재로 충당했다. 두 명으로 시작한 새마을중학교의 선생님은 곧 7명으로 늘어났고, 이들은 비닐 교사 대신 새 교실을 짓기 위해 행상을 하기도 했다.[186]

마을회관에 새마을선도교라는 이름의 간판을 내걸고 야학을 운영한 사람도 있었다. 진해고교를 졸업한 후 마산의 한국철강 직원으로 있던 23세 이덕명李德明은 방위 소집으로 향토예비군 기간요원으로

〈그림 24〉 거제도에 지은 새마을선도교 아이들의 모습(1973, 국가기록원 소장)

근무하던 중에 학비가 없어 진학을 못하고 있는 어린이들을 사랑방에 모아 놓고 국어, 역사, 수학, 영어 등을 가르쳤다. 이것이 계기가 되어 마을사람들의 허락 하에 마을회관을 교실로 이용하다가, 장목초등학교 교사와 그의 부인이 유호리 새마을선도교를 세워 학생들을 교육했다.[187]

새마을운동에 따른 새마을학교와 마을문고 설치 증가는 문맹자를 없애고 새로운 지식을 보급하는 데에 일정한 역할을 했다.[188] 기술교육을 통해 새마을정신을 고취하겠다는 목적으로 야학을 운영한 사례로는 빈민촌인 서대문구 수색동 산마루에 세워진 서울 새마을국민고등학교를 들 수 있다. 이 고등학교는 빈민촌 자녀들이 상급학교에 진학하지 못하는 것을 보고 수색국민학교 교사 김만석金萬石이 1972년 6월에 세운 것이다. 학교 터는 원래 1961년에 수색의 천막촌을 방문한 육영수陸英修 여사가 상급학교에 진학을 못하는 청소년들을 위한 교육기관을 세우라며 내놓은 성금으로 지은 학교가 있던 곳이었다. 폐허가 된 터를 발견한 김만석 교사는 건물 사용 허가를 받은 후, 교사 모습을 갖추어 1972년 6월에 학교를 열었다. 이 학교는 기술·기능교육에 집중하여 주산 1급자를 배출하기도 했다.[189]

현직 경찰이 가출청소년과 생활이 어려워 중학교 진학을 못하고 있던 청소년을 모아 야학을 운영한 사례도 있었다. 1973년 6월 전남 여수경찰서에 부임한 38세 백철우白喆宇 경위는 일과가 끝난 후 시내 충무동 희망의 집에 수용된 무단가출 어린이, 고아 등 25명과 중학교 진학을 못한 청소년 150명을 모아 중학과정의 야학을 운영했다. 이웃에 있는 동국민학교를 빌려 교사로 사용했다. 그는 자신의 봉급으로 학습 자료를 마련하여 매일 저녁 7시부터 10시까지 3시간 동안 영어, 수학, 반공, 주산 등 중학교 1, 2학년 교과과정을 지도했다. 여수경찰서로 부임하기 전에도 야학을 운영해 본 적이 있었던 그는 전남 고흥에 새마을학교를 세워 1972년 8월부터 1973년 5월까지 청소년 150명에게 중학과정을 가르쳤다고 한다.[190]

새마을학교라고 이름을 내건 중학과정의 야학은 학교 건물을 확보하는 데 어려움이 있어 그린벨트로 묶여 있는 터에 천막 교실을 만들어 야학을 운영하기도 했다. 보통 이러한 교사는 불법 건물로 내몰려 철거당할 위험이 있었다. 서울 강남구 하일동에서도 그린벨트 안에 13평짜리 천막 교실을 만들어 지체부자유아, 정신박약아, 고아 등 150여 명을 교육했으나, 당국으로부터 불법 건물이라는 이유로 1978년 7월 말까지 철거하라는 통고를 받은 경우가 하나의 사례라 할 수 있다.

1974년 5월, 수재민, 화재민, 철거민들이 모여 살던 강남구 하일동에서 구천국민학교 교사 정용성丁鏞聲이 11통장 조용도의 집 마당을 빌려 비닐 교사를 짓고 어린이들을 모아 가르치면서 시작한 야학도 있었다. 철거 통보 이후 교실은 김서빈의 창고를 이용했고, 1975년에는 마을 유지가 희사한 땅 13평에 천막 교실을 지어 운영했다. 새마을 야간학교라고 부른 13평의 천막 교실에서 오전 8시부터 12시까지 유치부와 초등과정의 교육을 했고, 밤에는 중등과정을 가르쳤다. 그런데 1977년 11월, 건설부에서 추진한 그린벨트 내 불법 건물 일제 조사에 걸려 수차례 철거를 종용받고 폐교의 위기로 내몰려야 했다.[191]

1960년대 초중반에 운영된 빈민야학이 1970년대 새마을청소년학교로 교명을 바꾼 경우도 있었다. 예를 들면 1962년에 강원도 관동대 학생들이 중심이 되어 국민학교를 졸업하고 가정형편이 어려워 중학교에 진학하지 못한 학생들을 위해 야학을 운영했는데, 이를 강릉 새마을청소년학교로 이름을 바꾸어 검정고시야학으로 운영했다. 이 학교는 1979년 11월에 화재로 교사가 불타는 바람에 수업이 잠시 중단되기도 했다. 이 소식을 들은 박 대통령이 교사 신축비로 금일봉을 하사하고 관계기관에서 이들을 적극적으로 돌봐 주도록 당부하기도 했다.[192]

1970년 중반에 정부는 청소년 범죄가 급증하는 데에 경각심을 갖고 이러한 사회문제를 새마을운동을 통해 해결하고자 했다. 경찰 당국의 집계에 따르면, 1970년 3만 8896건에 달했던 청소년 범죄가 1975년에는 5만 9046건에 이르러 5년 동안 66퍼센트나 증가했다.[193] 이 중에서 무직자가 43.5퍼센트, 학생이 13.9퍼센트를 차지하고 있었다. 이에 내무부는 새마을운동과 연결하여 범국민운동을 전개하기 위해 청소년 선도 대책을 마련하여 각 시도에 지시했다.[194] 이와 더불어 정부는 1976년에 청년들을 대상으로 한 야학을 새마을청소년학교로 재편했으며, 이를 후원했다.

## 판자촌야학

판자촌이나 영세민이 모여 사는 빈민촌에서도 야학을 운영했다. 서울의 무허가 판잣집은 지방민의 무작정 상경과 밀접한 함수관계를 갖고 있다. 전국의 인구 증가율은 2.8퍼센트이지만 1966년부터 1970년까지 5년간 서울의 연평균 증가율은 7.2퍼센트로 약 155만 명이 늘어났다. 서울 인구의 자연증가율이 1.7퍼센트 정도이므로 연평균 5.5퍼센트의 인구가 다른 지방에서 몰려온 셈이며, 155만 명 가운데 지방에서 온 전입자가 117만 명이나 된다는 계산이 나온다.

상경 이유는 '잘 살아 보려고(61퍼센트)' 또는 '일자리를 얻기 위해서(18퍼센트)'가 대부분이었지만, 취업현황은 단순노동에 종사하는 39.8퍼센트를 제외한 30.2퍼센트는 일자리를 얻지 못하고 있는 실정이었다. 무작정 상경한 사람들은 대부분 시내 곳곳에 판잣집을 지어 슬럼(slum)을 형성했다. 1970년대 서울시 집계에 따르면 1971년 5월 말 서울의 무허가 판잣집은 17만 4000여 채였다.

연세대학교 도시문제연구소에서 시내 30개 동 3000가구의 판자촌 주민을 무작위로 추출, 조사한 결과 대부분이 무작정 상경자임을 밝혀냈다. 또한 이입移入 전보다 이입 후의 취업률이 높기 때문에 앞으로 계속 서울로의 전입 가능성이 높다고 지적했다.

대부분 가족 중 일부가 먼저 서울로 올라와 생활터전을 잡은 후 나머지 가족이 한꺼번에 유입되는 경우가 많았다. 친지나 동리 사람들과 집단으로 올라오는 경우도 13.5퍼센트나 되었으며, 단독으로 상경

〈그림 25〉 1973년 7월 서울 시내 판잣집 전경(서울사진아카이브 제공)

한 사람은 3.7퍼센트 정도였다. 서울로 오기 전 농업에 종사했던 대부
분의 사람들은 전입 후 단순노동과 판매직, 기능공 등으로 생활을 영
위했다.

당국은 무허가 판자촌에 대한 대책을 세워 나갔고, 시민아파트 건
설과 광주대단지 이전 등을 계획하기도 했다. 조사 책임자인 노정현盧
貞鉉 박사는 서울의 인구 증가 요인은 경제, 산업, 사회, 문화의 발전에

따라 흡수된 '흡인인구'가 아니라 다른 도시 또는 농촌의 경제, 산업, 사회, 문화, 교육, 기타 생활 조건 등의 불비로 발생한 '압출壓出인구'의 전입이라는 점에서 1개 시 단위의 미봉책으로는 증가일로增加一路에 있는 서울로의 인구 대이동을 막을 수 없을 것이라고 지적했다.[195]

서울의 무허가 판잣집 문제는 서울시정이 당면한 가장 긴요한 과제 중의 하나였다. 과다한 인구 집중과 주택 공급 부족에서 빚어진 부산물이었지만 이것을 자연스러운 추세로 여기면서 방치할 수 없었기 때문이다. 이리하여 서울시는 연차적으로 무허가 판자촌 철거 계획을 수립, 실시했다. 그런데 무허가 건물 철거로 여러 가지 문제가 발생했다. 서울시가 한강 수질의 보존과 제방 파괴 방지를 명목으로 동대문구 중랑천변 제방 위에 있던 무허가 건물 1400동을 11월 5일까지 철거하려 하자, 주민들이 철거 연기를 집단으로 진정했던 것이다. 시에서는 철거민 대책으로 ① 철거-이주 보조금 15만원을 받거나 주택공사 건립 임대아파트 입주권을 받는 방법 중에서 양자택일토록 하고, ② 세입자에게 1일 1인당 250g의 밀가루를 20일 동안 지급하며, ③ 시에서 주관하는 취로사업에 취업시키겠다는 계획을 내세웠다. 하지만 철거민들은 임대아파트에 입주할 형편이 못되었기 때문에 겨울철을 앞둔 상황에서 갈 곳이 막연했다. 이러한 사정을 헤아리지 못한 시 당국이 판자촌 시민들에게 2주일 동안 자진 철거토록 함으로써 갈등이 더욱 깊어졌다.[196]

이러한 상황에서 YWCA는 YWCA새마을학교를 운영하면서 국민학교를 졸업하고 중학교에 진학 못한 청소년들에게 남녀 대학생 13명이 학과목을 분담하여 중학과정을 가르쳤다. 봉천동 YWCA새마을학교의 경우, 동내에 거주하는 대학생들이 1974년 10월에 학우회를 만들어 YWCA 봉천지부와 교섭하여 30평의 회관을 빌려 운영했다. 대학생들은 봉천동 판자촌을 돌며 부모들을 설득하고 영세 공장주들을 방문하여 공장 직원들을 야간학교에 보내줄 것을 부탁했다. 부모들은 "대학생들이 어디서 돈이 나서 무료로 가르치느냐", "어중간하게 공부시켜 봤자 무슨 도움이 되겠느냐" 하며 반대했지만, 대학생들은 2개월 동안 준비를 끝내고 1975년 1월 8일 70명의 학생들을 모아 첫 수업을 시작했다. 밤 8시부터 10시까지 2시간 수업으로 1, 2학년 과정을 1년에 끝내고, 3학년은 취직-기술반과 진학반으로 나누어 1년 코스로 진행했다. 이 학교에는 2남매의 어머니인 32살 학생도 있었고, 낮에 공장에서 일하는 학생이 30여 명이나 되었다. 책상과 의자가 50개뿐이어서 나머지 20명은 뒷자리에서 수업을 받아야 하는 실정이었고, 흑판도 가로, 세로 1미터짜리 작은 것이어서 글씨를 작게 쓰면 "잘 안 보인다"라는 불평이 터져 나오기 일쑤일 정도로[197] 열악했다.

## 공장 새마을운동과 야간학교

### 공장 새마을운동

1970년부터 시작된 농촌 새마을운동은 정치·경제·사회적인 상황 변화에 따라 도시와 직장(공장)과 학교로 파급되고, 확산되었다. 박정희 정권은 농촌 새마을운동에서 농민 동원과 통제의 효과가 가시적으로 드러나자 도시민, 노동자, 학생으로 점차 그 대상을 넓혀 갔다. 새마을운동을 농촌에만 국한시키지 않고 도시와 공장으로 파급시켜 범국민적인 운동으로 확산시키려 한 것이다. 박 대통령은 새마을운동을 유신 정치체제를 지탱하는 관료적 대중 동원의 핵심 운동으로 전화시키고자 했다.[198] 그는 1972년 2월 26일 서울대학교 졸업식 치사에서 새마을운동을 범국민적으로 전개해야 한다고 강조했으며, 이후 3월 7일 지방장관 회의에서도 "도시라고 해서 이 범국민적인 운동에 방관자가 되거나 외면을 해서는 안"된다고 천명했다.[199]

이러한 범국민적인 운동 촉구에 따라 한국노동조합총연맹(한국노총)에서는 1972년 5월에 새마을운동 추진 위원회를 각급 조직에 구성했다. 자료상으로 볼 때 공장 새마을운동은 1972년 5월에 한국노총에서 먼저 시작한 것으로 보인다. 그해 8·3 조치를 단행 한 이후 시점부터는 기업인들도 참여했다. 박 대통령은 8월 12일 기업인들에게 "새마을운동을 전개하는 데 있어서 농민과 도시민의 구별이 있을 수 없으며, 특히 기업인들은 8·3 조치를 계기로 보다 새롭고 겸허한 마음가짐으로 기업과 생활을 통해 새마을운동에 적극 참여해야 한다"라고 언명했다.[200]

8월 12일은 8·3 조치 이후 처음으로 정부에서 경제계 대표들과 공식 접촉을 갖고 물가 안정과 기업 풍토 개선을 위한 기본 대책을 협의한 날이기도 하다. 이 회의에서 정부 측이 제기한 경영 개선 요구에 대해 경제계 대표들은 그동안 협의, 결정한 사항을 요약 보고했다. 그들은 이때 근본적인 기업 체질 개선을 위해 낭비성 경영을 지양하고 납세 풍토를 개선하며 검약을 통한 기업 저축을 확대해서 생산성 향상에 주력할 것을 공약했다.[201] 이러한 사실에서 8·3 조치 이후 경제계 대표가 정부 측에 약속했던 경영 개선과 생산성 향상이 박 대통령의 새마을운동 촉구와 결합하여 공장 새마을운동이 전개되었음을 확인할 수 있다.[202]

공장 새마을운동은 1972년부터 전개되었으며, 1973년 말 유류파동에 따른 불황을 타개하고 고도성장을 지속시키기 위해 적극적으로 추진되었다. 물자 절약, 생산성 향상, 경영합리화, 직업윤리, 기업윤리 등을 강조하면서 전개된 공장 새마을운동은 1979년 말까지 이어졌다.

공장 새마을운동에 대한 연구는 농촌 새마을운동에 대한 연구에 비해 많지 않다. 최장집崔章集은 《한국의 노동운동과 국가》라는 저서에서 공장 새마을운동을 노사협조의 이데올로기를 주입시키고 생산성 향상을 위해 고안된 것으로 평가했다.[203] 임경택은 동원과 통제의 대상과 양상이 변화하는 과정을 분석하면서 공장 새마을운동을 살펴보았다. 그는 10월 유신을 합리화하기 위해 보다 강력한 경제적 동원과 통제가 요구된 시점에서 표출된 것이 공장 새마을운동이었다고 주장했다.

한편 공장 새마을운동이 경영합리화 전략에서 나온 것으로 평가하는 연구도 있다. 신원철은 국가에 의해서 위로부터 추진되었지만, 기업 수준의 '경영혁신', '합리화' 운동으로서의 성격을 갖고 있다고 규정하면서 공장 새마을운동이 작업조직 및 고용 관계에 미친 영향을 파악했다.[204] 그는 대한조선공사를 사례로 들어 이 운동이 '제안 활동', 'QC 분임조 활동' 등 다양한 소집단 활동과 결합했으며, 애국적 공동체 논리와 새마을성과급 등 설득과 유인에 더하여 작업장 규율을 강화하기 위한 목적으로 전개되었다고 평가했다. 장상철은 관제 운동으로 시작된 공장 새마을운동이 작업장 내에서 어떠한 영향력이 있었는지에 대해 살펴보았다.[205] 그는 공장 새마을운동이 출발 당시에는 경제 위기를 극복하기 위한 경영혁신 전략으로서 성격을 갖고 있었으나, 1970년대 중후반으로 가면서 하나의 총체적인 근대화 운동으로 변화되었다고 주장했다.

## 산업체 특별학급과 산업체 부설 특별학교

대체로 산업체 부설 특별학교는 대규모의 공장에 다니는 노동자가 다녔으며, 산업체 특별학급은 중·소규모의 공장이나 영세업체에서 일하는 노동자가 다녔다고 볼 수 있다. 산업체 특별학급과 부설학교는 야간에 수업하는 학교였지만 정규학교와 동등한 자격을 갖기 때문에 엄밀하게 말한다면 야학이라 할 수 없다.[206] 그렇지만 산업체 특별학급과 산업체 부설학교가 어떠한 배경으로 세워지게 되었는지, 그 운영의 목적이 무엇인지를 살펴볼 필요가 있다.

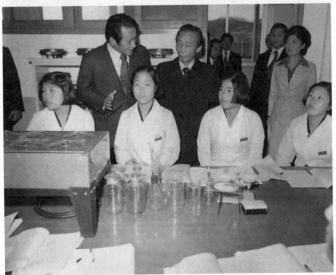

〈그림 26, 27〉 박정희 대통령의 마산 한일여자실업학교 시찰(1977, 국가기록원 소장)

산업체 특별학급과 산업체 부설 특별학교는 공장 새마을운동의 일환으로 세워졌다. 상공부는 1973년 11월, 공장 새마을운동 추진회를 설립하고, 내무부와 농수산부 등 관계부처와 전경련, 대한상의 등 경제 단체의 협조 하에 기업별로 공장 새마을운동을 추진하기로 했다. 이때 단계별 실천 과제를 제시했는데, 2단계 선택 과제로 계몽 활동, 야간학교 설립을 제시했다.[207] 그러나 야간학교 설립은 지연되었고, 1976년 7월에 이르러서야 구체화되었다.

정부가 야간학교 설립을 계획하고 있던 시기를 전후하여 한일합섬에서는 기능공 확보를 위해 한효翰曉학원이라는 학교법인을 설립했다. 그리고 1974년부터 여자실업학교를 세워 종업원 양성소로 사용할 계획을 진행시키고 있었다.[208] 한일합섬은 5억 원을 투입하여 마산 공장 바로 뒤 2만 평의 대지 위에 교사와 실내체육관, 도서관, 기숙사 등 각종 부속시설을 갖추고, 교사진을 확보하여 1974년 3월에 한일여자실업학교를 개교했다.[209] 이 학교는 매월 3000원씩 수업료를 받았고, 입학금과 육성회비는 없었으며, 교과서와 학용품, 교복 등을 무상으로 지급했다. 입학 자격은 한일합섬 여공들로 중학교 졸업자이며, 입학시험을 거쳐야 했다. 교과목은 정규과목 외에 양재와 편물, 수예 등 가정과 계통의 과목이 추가되었다.[210]

박 대통령은 1976년 7월 23일 청와대에서 열린 정부 여당 연석회의를 통해 연소근로자를 위한 야간중학교 설립 방안을 검토하도록 지시했다. 그는 "공단의 기존 학교 시설을 빌어서(빌려서) 쓰고 교사 인

〈그림 28〉 산업체 특별학급 입학식(1977, 국가기록원 소장)

건비는 기업에서 부담토록 하고 정규중학의 학과목보다 다소 줄이는
한이 있더라도 기존 과목을 가르치며 기술은 낮에 실무를 통해 익혀
나간다면"학력이 정규 중학생에 비해 결코 떨어지지 않을 것이라며
조속한 시일 안에 연구하여 실시하라고 지시했다.[211]

　그리고 9월 7일에는 경제기획원장관실에서 열린 월례 경제동향 보
고 회의에서 한일여자실업학교를 세운 한일합섬 사장을 극찬했다. 또
한 상공부와 문공부가 상의하여 한일합섬의 공장 새마을운동 상황을
20분짜리 영화로 만들어 다른 업체에게 보여 주어 모범 사례로 삼도
록 지시했다. 이 자리에서 한일합섬 사장 김한수金翰壽는 박 대통령에

게 학생들이 긍지를 갖도록 '여자실업학교'라는 명칭을 '실업고등학교'로 바꿔주었으면 좋겠다는 희망을 표시했고, 이에 박 대통령은 바로 응낙했다.[212] 박 대통령의 지시는 공장 새마을운동의 일환으로 야간학교 설립을 적극 추진하겠다는 의도에서 나온 것이었다. 노동자들에게 배우겠다는 욕구를 채워주면 자연히 작업능률이 오르고, 노사협조가 잘되어 공장 새마을운동도 성공할 것이라는 인식이 작용하여 야간 학교 설립을 적극 추진했다고 볼 수 있다.

박 대통령의 지시에 따라 산업체 특별학급과 산업체 부설 특별학교를 세우기 위한 작업이 본격화되었다. 국무회의에서는 1977년 2월 15일 산업체의 근로청소년 교육을 위한 특별학급의 설치기준령을 의결했다. 이에 따라 종업원 1000명 이상의 산업체는 부설 중·고교를 설치할 수 있게 되었다. 기준령은 다음과 같았다. ① 특별학급의 운영비 중 인건비는 근로청소년을 취학시킨 산업체가 부담하되, 인건비를 제외한 운영비 중 일부는 국가가 보조한다. ② 부설 중·고교의 운영비는 당해 학교를 설치하여 경영하는 산업체가 부담하되 그 일부를 국가가 보조할 수 있다. ③ 문교부장관은 학생이 고용된 산업체를 퇴직했을 때도 학업을 계속할 수 있도록 돕는다. ④ 산업체가 폐업된 경우에는 학생이 졸업할 때까지 학교를 존속시킬 수 있도록 한다.[213]

이에 문교부는 21일 관계관 회의를 열어 특별학급 설치 학교와 학급 수를 시도별로 확정하고 3월 1일부터 개교하도록 시달했다. 기준령은 1977년 2월 28일 대통령령 제8462호로 공포되었다. 이에 따라

3월 1일부터 산업체 특별학급과 산업체 부설 특별학교가 설치, 운영되었다. 1977년에 설치되는 산업체학교는 중학교 남자 5학급, 여자 58학급이며, 고등학교는 상업계 40학급, 공업계 13학급으로 중·고교를 합쳐 모두 116학급이었다.[214]

그리하여 1977년 3월부터 서울·경인지구 166개 기업체에서 935명(남자 114명, 여자 821명)의 노동자가 산업체학교에 취학했다. 취학식은 3월 28일 구로공단종합운동장에서 열렸는데, 이들은 영등포여상, 대방여중, 영등포공고, 북인천여중, 인천여상 등에서 학업을 받게 되었다.[215]

합판생산업체인 청구목재는 박 대통령의 지시에 즉각 반응하여 1977년에 청구목재 부설 여자중학교를 설립했다.[216] 1979년 청구목재 부설 여자중학교의 학생 수는 1학년 110명, 2학년 76명, 3학년 64명 등 총 240명이었다.

산업체 특별학급은 산업체 인근의 기존학교에 중고등학교 과정의 야간학급을 설치, 운영하는 교육제도로, 현행 교육법상 인정하고 있는 2부제(야간부)와 동일한 교육 형태였다. 산업체 부설학교는 1000명 이상의 상용 노동자를 고용한 산업체가 소속 노동자에게 교육 기회를 부여할 목적으로 설치, 운영한 학교로, 교육법에 의한 정규 중고등학교 과정과 동일한 형태였다.[217]

그런데 산업체 특별학급을 만든 목적이 학교로부터 축출된 대학생의 야학 활동을 축소하고 제어하기 위한 일환이었다는 것에 주목할 필요가 있다. 또한 노동자들의 향학열이 생산 의욕과 직결된다고 보고 중학교를 갓 졸업한 나이 어린 청소년들을 국가에서 대대적으로 펼치고 있던 경제개발 정책에 동원하여 정부가 보기에 바람직한 노사 관계를 정립하겠다는 취지에서 나온 것이었다.

1977년 4월 9일 문교부 집계에 따르면, 서울구로공단 등 전국 5개 공단 주변에 있는 기존 중·고등학교에 특별학급이 개설되었고, 한일 합섬의 한일여자실업고등학교 등 5개 산업체 부설학교가 문교부로부터 설립인가를 받았다. 이들 학교는 3월에 개교함으로써 1만 1000여 명의 노동자들이 교육을 받을 수 있게 되었다. 1977년 4월에 설립된 산업체 부설학교는 한일여자실업고등학교(경상남도 마산시 : 30학급), 대농 부설 실업고등학교(충청북도 청주시 : 12학급), 충남방직 부설 중학교와 실업고등학교(충청남도 천안시 : 14학급), 청구목재 부설 여자중학교(전라북도 군산시 : 2학급) 등 5개 학교 58학급으로 처음 계획보다 1개교 12학급이 더 늘어나게 되어 모두 5280명의 청소년이 취학했다.

특별학급은 서울이 15개 학급으로 가장 많았다. 서울 대방여중, 영등포여상, 영등포공고, 북인천여중, 인천여상 등 5개교에 935명이었으며, 다음으로 경기 14학급, 경남 10학급, 경북 8학급, 부산 5학급, 전남 3학급, 충북·강원이 각 1학급 등이었다.[218] 산업체 특별학급과 산업체 부설학교에서 총 이수 단위의 2/3를 이수하면 정규 중·고등학교 졸업생과 같은 학력이 인정되었다. 그런데 재학생이 개인 사정 등으로 소속 산업체를 그만둘 경우 본인 부담으로 학업을 계속할 수

있었으며, 근무처를 옮길 경우 전학을 할 수 있도록 했다.[219]

그러나 산업체 특별학급과 산업체 부설 특별학교의 운영 과정은 순탄하지 않았다. 산업체 경영자는 고용하고 있는 청소년들이 입학을 원할 때 취학시켜야 하며, 학생들의 등교와 수업에 지장을 주는 행위를 해서는 안 된다는 내용의 '수업 등 방해 행위 금지 규정'(교육법 제 103조의 6)을 법으로 정했지만 실제로 지켜지지는 않았다. 성남시의 어느 산업체에서는 작업시간 연장으로 학생들의 결석 또는 지각이 속출했고, 대부분의 기업이 형식적으로 일부 모범사원에게만 기회를 주어 일종의 특혜처럼 생색을 내기도 했다.[220] 한국수출공단이 서울 구로공단의 생활관에 있는 여공들을 대상으로 조사한 바에 따르면, 기업주들은 야간 연장 근로에 지장이 생기고 학비를 보조해야 하는 부담 때문에 노동자들의 취학을 꺼리고 있었으며, 심지어 퇴학을 강요하는 사례까지 있었다. 이러한 사례가 구로공단에서만 벌어진 것은 아니었을 것이다.[221]

한편 사업체 내에서 소수만이 입학할 수밖에 없어 동료들 사이에 갈등 관계가 형성되거나, 입학하지 못한 노동자들의 사기 저하도 뒤따르게 되었다. 운 좋게 산업체 특별학급에 다닐 수 있었던 노동자들도 다른 동료들이 부러운 시선으로 자신을 보는 것이 마음이 아프고 안타깝다며 학급을 늘려 같이 다녔으면 좋겠다는 소망을 밝힐 정도로[222] 사업체 내의 노동자는 취학자와 비취학자로 구분되어 상호 갈등을 빚기도 했다.

기존학교에 마련된 특별학급이 더부살이 취급을 당하는 것도 문제였다. 무엇보다도 교육 내용과 교사 확보가 시급하게 해결되어야 할 과제로 떠올랐다. 일반 중·고등학교 이수 단위의 2/3를 수업하도록 되어 있을 뿐 교육 내용이 정해져 있지 않았으며, 교사 확보에도 어려움을 겪었기 때문이다. 전문적인 전담교사를 배치하지 않은 채 일반 주간과정을 맡고 있는 교사가 이중으로 특별학급을 담당하는 바람에 노동자들이 안고 있는 여러 가지 특수한 사정을 이해하지 못하여 교육에 지장을 초래하기도 했다.[223]

정부와 여당은 산업체 부설 중·고등학교 설립을 적극 권장하기 위해 각종 세금을 면제해 줄 방침을 마련했다.[224] 박정희 대통령은 1978년 1월 18일 연두회견을 통해 산업체 부설학교와 야간 특별학급을 100학급 정도 증설하겠다고 밝혔다.[225] 이에 따라 문교부는 연두보고를 통해 야간 특별학급(중학 25개, 고교 71개) 96개를 증설하여 5760명을 수용하고, 산업체부설 중·고등학교도 16개교 49학급을 증설하여 2920명에게 배움의 기회를 주겠다고 밝혔다.[226] 또한 문교부는 1979년도에 산업체 부설 중·고등학교 6개교(중학교 12학급, 고교 25학급)를 신설하고 산업체 부근에 있는 일반학교의 야간 특별학급은 41개교에 120개 학급을 증설하도록 인가했다.[227]

한편 1979년 1월 말 졸업 시즌을 앞두고 인력난을 겪고 있던 기업체들이 부설학교 입학 특전과 특별학급 운영 등을 내세워 중학교 졸업자에 대한 인력 확보에 나섰다. 서울·부산·대구 등 전국 주요도시의 노동집약업체들은 각 학교에 구인광고를 내거나 추천을 의뢰했다. 어떤 업체는 직원을 상주시켜 노동력 확보에 노력을 기울이기도 했다.[228] 이에 따라 집안 사정 때문에 진학을 포기하려던 학생들이 이러한 업체에 취업하는 현상이 두드러지게 나타났다.

결국 취업과 병행하여 취학시켜 주겠다는 유인술을 통해 기업체는 종업원을 확보해 나갔다. 국가는 중학교를 갓 졸업한 16~17세의 청소년을 경제개발 정책에 동원할 목적에서 산업체 부설 특별학교와 특별학급을 운영하도록 적극적으로 지원했다. 근로기준법 중에서 〈여자와 소년〉에 대한 조항을 살펴보면 아래와 같다.

제50조 13세 미만자는 근로자로 사용하지 못한다. 다만, 노동청장의 취직 인허증을 소득한 자는 예외로 한다.

제51조 여자와 18세 미만자는 도덕상 또는 보건상 유해 위험한 사업에 사용하지 못한다. 다만 금지직종은 대통령령으로써 정한다.

제55조 13세 이상 18세 미만자는 근로시간은 1일에 7시간 1주에 42시간을 초과하지 못한다. 다만, 노동청장의 인가를 얻은 경우에는 1일에 2시간 이내의 한도로 연장할 수 있다.

제56조 여자와 18세 미만자는 하오 10시부터 상오 6시까지의 사이에 근로시키지 못하며 또 휴일근로에 종사시키지 못한다. 다만, 노동청장의 인가를 얻은 경우에는 예외로 한다.[229]

이러한 법조항은 1953년에 처음 제정된 근로기준법과 별다른 변화가 없다. 다만 55조에서 "13세 이상 16세 미만자"라는 규정이 "13세 이상 18세 미만자"로 상향 조정된 것이 다르고, 단서조항에서 사회부 인가가 필요한 사항이 노동청장의 인가로 변화했을 뿐이다. "13세 이상 16세 미만자"라는 규정이 "13세 이상 18세 미만자"로 상향 조정된 것은 1975년 1월 1일부터 시행된 근로기준법 개정에 따라서였는데, 13세 이상은 얼마든지 노동력으로 사용할 수 있다는 1950년대의 가혹한 법률이 1970년대에도 계속 이어졌음을 확인할 수 있는 부분이다. 이러한 근로기준법에 따라 기업체에서도 적극적으로 청소년 유인책을 쓸 수 있었던 것이다.

이러한 국가의 적극적인 정책에 힘입어 산업체 부설학교와 야간 특별학급은 뚜렷하게 증가했다. 문교부가 집계한 바에 따르면, 1977년에 시작되어 운영한 지 3년 만인 1979년 4월 현재 산업체 부설 특별학교 31개교(중학교 15개교, 고교 16개교) 381학급에 학생 2만 2072명, 야간 특별학급은 82개교(중학교 33개교, 고교 49개교) 357학급에 2만 439명이 재학하고 있는 것으로 나타났다. 이러한 수치는 1978년과 비교하여 60.5퍼센트 증가한 셈이다.[230]

산업체 부설 특별학교와 야간 특별학급이 증가한 이유는 회사 입장에서 노동이동 억제와 노동력 확보라는 측면이 있었기 때문이다. 그런데 이보다도 더 커다란 이점이 존재했다. 첫째, 기업은 야간학교 운영이 노동자에게 주는 복지 혜택의 하나로 선전함으로써 대외 이미지를 제고하는 데 이용했다. 둘째, 진학한 노동자들이 노동 현장에서 감사하는 마음으로 일할 뿐만 아니라 기업에 협조적이고 모범적이어서 생산성 향상에 기여한다는 점이다.[231] 한마디로 회사의 대외 이미지를 좋게 만들고, 회사에 순응하는 노동자를 확보할 수 있다는 장점이 있었다.

한편 노동자들은 산업체 야간학교에 다니는 혜택을 누렸지만, 노동조합 가입과 활동에서 제약을 받았다. 회사 측에서는 야간학교와 노동조합 활동 중에 양자택일하라면서 노동자들을 압박했다. 신경숙申京淑의 자전적 소설인 《외딴방》을 통해 이를 간취할 수 있다. 소설에는 그녀가 야간학교에 들어가기 전, 노조가입 원서를 집에 들고 왔을 때 그의 큰오빠가 "너희는 학교에 가야 하는데, 회사 쪽에서 미움받으면 곤란할 텐데"라고 말하는 장면이 나온다.[232] 이러한 대화 내용에서 산업체 야간학교가 노동자들을 회사 측에 순응하는 인간으로 만드는 하나의 무기로 작용했다는 것을 파악할 수 있다. 신경숙은 가입원서에 서명하여 노조원이 되고, 노조지부장 관할로 치러지는 산업체 야간학교 신입생 선발시험에 합격했지만 이때부터 회사 측과 갈등하기 시작했다. 이에 대한 신경숙의 회고를 옮겨 보면 아래와 같다.

총무과의 미스명. 외사촌이 회사 내에서 가장 선망하는 사람. 미스명은 납땜을 하는 대신, 에어드라이버를 잡아당기는 대신, 늘 서류를 옆구리에 끼고 바쁘게 회사를 왔다 갔다 하거나 우리들 출근카드를 체크하고 있다.

(…) "너희도 노조 조합원이니?" 미스명은 생긋 웃는다. 외사촌과 나는 선뜻 대답을 못 한다. "학교는 갈 생각이 있는 거야?" 미스명은 다시 묻는다. (…) 그건 이미 결정난 거 아니던가. 우리는 교복까지 다 맞췄는데. 미스명은 서류를 넘기면서 낮은 톤으로 다시 말한다. "노조원을 회사에서 돈 대면서 학교에 보내줄 수 없다는 게 사장님 생각이야." 우리는 그저 미스명의 얼굴을 보고만 있다. 한참 후 미스명은 다시 말한다. "말하자면 학교에 가고 싶으면 노조를 탈퇴하라는 뜻이야."[233]

얼마 후 신경숙과 외사촌은 상무실로 호출당했다. 상무는 노조 때문에 회사가 망하게 생겼다며 "당장 탈퇴서를 쓰지 않으면 학교 가는 일도 무효다!"라고 엄포를 놓으며 신경숙과 외사촌을 압박했다. 결국 그녀들은 노조 탈퇴서를 쓰고야 말았다.[234]

한편 문교부는 1979년 8월에 이르러 산업체 부설 고등학교와 야간 특별학급 학생들의 대학 진학 기회를 확대하기 위해 대학 입학 예비고사를 면제하는 방안을 검토하기까지 했다. 다시 말해 대학 입학 예비고사 면제 방안이라는 것은 예비고사에 응시는 하되 성적에 관계없이 합격으로 간주한다는 것이었다. 이러한 방안은 법률 개정이 필요한 만큼 9월 정기국회에 상정한 뒤 1980학년도부터 시행하고자 했다. 또한 각 야간대학의 입학고사에서도 정원의 일정한 비율을 할당하여 선발하도록 의무화할 방침도 세웠다.[235]

그러나 예외 특례조항이 너무나 많다는 이유로 비판 여론이 거세게 일어났다. 대입 예비고사가 1969년에 처음 실시될 당시에는 지역이나 계열 구분 없이 단일 합격선으로 사정하여 일정 수준의 실력을 갖춘 학생들에게만 대학 입학 자격을 부여했다. 그러나 시행 과정에서 학교 성적이 부진하지만 예체능에 소질과 재능이 있는 학생들이 대학에 진학할 수 있는 기회가 막히게 되는 폐단이 발생했다.

이에 1974년에 처음으로 특례규정을 두어 음악, 미술, 체육 등 세 분야의 특기자를 별도로 사정했다. 그리고 같은 해 지방대학 육성을 위해 시·도별로 별도 사정을 하는 지역별 복수지원제를 도입했다. 1977년도에는 농업, 공업, 상업, 수산해양 등 4개 실업계 고교 졸업자가 동일계 학과에 지원할 경우에 별도로 사정을 하는 실업계열이 생겨났고, 1978년에는 3년 이상 산업체 근무자와 2급 이상 기능사 자격증에 대한 예시 면제 규정이 새로 추가되었다.[236] 상황이 이렇게 되자 산업체 부설학교와 야간 특별학급 졸업생의 예비고사를 면제하는 특혜에 대한 논란이 가열되었다. 예비고사가 일종의 자격시험이라는 기본 취지를 살리고, 형평의 원칙에 어긋나지 않도록 예외 규정을 정비해야 한다는 주장이 교육계 안팎에서 거세게 제기되었다.

그러나 문교부는 1980년도 예비고사에서 산업체 부설 특별학교와 야간 특별학급 고등학교 졸업예정자 등에게 산업체 3년 이상 근무자와 동일한 자격을 인정하고, 고교 성적이 상위 50퍼센트 이내에 해당하는 학생들을 예비고사 성적에 관계없이 무조건 합격으로 간주하는 특혜를 주기로 결정했다.[237] 이러한 특혜조치의 영향으로 산업체 근무자의 예비고사 지원자 수는 1979학년도에 2524명이었으나 1980학년도에는 5472명이 늘어난 7996명이 되었다.

단, 산업체 근로자로 예비고사에 특별 합격한 사람은 일반대학의 주간부에 진학할 수 없었고, 야간부나 전문대에만 진학이 허용되었다. 산업체 근로자를 특별전형으로 받아들이기로 한 대학은 모두 야간부를 설치한 대학으로, 성균관대, 중앙대, 건국대, 동국대, 경희대, 동아대, 단국대, 영남대, 인하대, 홍익대, 숭전대, 원광대, 계명대, 세종대, 국제대, 서울여대, 덕성여대, 관동대, 제주대, 서울산업대, 한사대, 성인여대, 전주대, 상명여사대, 울산공대, 한성대, 광운공대 등 27개 대학이었다.[238]

정부의 적극적인 지원으로 성장 추세였던 산업체 부설 특별학교와 야간 특별학급의 운영은 10·26사태 이후에도 지속되었다. 최규하 대통령 권한대행은 1979년 11월에 시정연설에서 "산업체 부설학교와 야간 특별학급을 늘림으로써 근로청소년의 취학 기회를 넓히도록 하겠습니다"라고 언급했으며,[239] 문교부에서도 취학 기회를 대폭 확대하겠다는 방침을 세웠다.[240] 이어 대통령에 취임한 전두환은 시정연설을 통해 산업체 부설학교와 야간 특별학급 증설을 천명하면서[241] 박정희 정권의 정책을 계승하겠다는 의지를 드러냈다.

5

# 배움과
## 희망의 교실,
노동야학

## 노동야학의 개념과 야학의 변화

김훈도에 따르면, '노동야학' 개념은 "노동자 학생을 대상으로 정치, 경제, 사회의 구조적 모순을 과학적으로 인식시켜 지배 신화의 베일을 벗겨 사회변혁을 지향하는 야학교육"을 지칭한다.[242] 보통 야학은 활동 목적에 따라 검정고시야학과 노동야학으로, 주체·대상·목적에 따라 보수야학과 진보야학으로 구분한다. 하지만 김훈도는 이러한 분류 방식이 복잡하고 다양한 성격을 지닌 야학 활동을 단순화시킬 우려가 있다는 점을 지적했다.

1970년대는 '민중의 발견' 시대라 할 수 있다. 그런 만큼 야학에서도 민중을 발견하려는 노력의 일환으로 여러 가지 변화가 일어났다.

지금까지 대부분의 야학이 검정고시 교육을 목표로 하고 있었는데, 이에 대한 반성이 일어난 시기가 바로 1970년대였다. 검정고시야학은 빈곤 때문에 정규교육을 제대로 받지 못한 야학생을 교육해서 가난으로부터 탈출시키려는 목표로 운영되고 있었다. 그러나 "못 배운 아이들 사람 만들고 검정고시 합격시켜 잘살게 하겠다"라는 야학의 목표는 사실상 비현실적이었다.[243] 부르디외Pierre Bourdieu가 주장한 대로 "극소수에게나 허용되는 교육적 성취를 통한 사회적 이동성은 그 홍보 효과로 사회적 안정에 기여할 뿐"이었다.[244] 확실히 검정고시 야학은 사회의 불평등 구조를 은폐하고 어느 정도 사회 안정에 기여한 측면이 있었다.

분명 야학은 경제 사정으로 진학하지 못한 청소년들의 향학열을 채워 주고 희망을 품게 하는 역할을 일정 정도 담당했다. "공부를 하고 싶어서, 야간학교라도 다닐 수 있다면 섶을 지고 불구덩이에라도 뛰어들겠다는 일념으로 서울에 올라온 것"이라 했던[245] 유용주劉容珠는 정동 제일교회 배움의 집을 다니는 야학생이 되면서 그곳에서 시인의 꿈을 키웠고, 시인이 되기 위해 대학에 갈 결심을 했다. 고입 검정고시에 합격한 후, 대입 검정고시와 대입 예비고사를 위해 다니던 금은방에서 귀금속 광택을 내는 일을 그만두고 공부에 전념할 정도로 남다르게 향학열을 불태웠다.

그러나 현실은 녹록하지 않았다. 유용주는 "내 꿈과 상관없이 수업은 빠르게 진행되었다. 어찌나 진도가 빨리 나가는지 눈알이 돌아갈

지경이었다. 눈에 띄게 학생 수가 줄었다. 무슨 사정이 있어 하루 정도 빠지면 영어나 수학 같은 경우 따라잡기가 여간 힘든 게 아니었다. 노동의 강도는 높고 공부할 시간은 모자라고 야학에 나오면서 월급은 줄어들어 그야말로 우리들은 삼중고에 시달렸다"[246]라고 토로했다.

이렇게 고통스런 생활을 견디며 야학에 다닌다 해도 고입 검정고시를 합격하는 것은 여간 어려운 일이 아니었다. "지난 해 가을 입학할 때에는 이백 삼십을 헤아리던 학생 수가 시험을 볼 무렵에는 백여 명으로 줄어들었고, 그 중에 합격한 사람이 열대여섯 명에 불과"했다는 유용주의 말처럼 검정고시 합격자는 아주 드물었다. 고입 검정고시를 합격했더라도 또다시 대입 검정고시가 기다리고 있었고, 대학에 가려면 대입 예비고사라는 관문을 통과해야만 했다. 1979년에 영등포여고 산업체 특별학급에 다녔던 신경숙은 대학에 들어가 자신의 꿈을 펼칠 수 있는 기회를 잡았지만, 이러한 예는 극히 드물었다.

야학생은 검정고시에 집착하는 교육을 받으면서도 자신이 처한 사회의 모순 구조와 정치적인 문제에 관심을 가졌지만, 이들에게 그러한 지적 욕구를 해소시켜 줄 수 있는 기회는 거의 주어지지 않았다. 이러한 실례를 고입 검정고시에 합격하고 대입 검정고시를 위해 학원에 다니던 유용주에게서 발견할 수 있다. 유용주의 소설《마린을 찾아서》에 나타난 그의 생각을 그대로 인용하면 아래와 같다.

틈도 없고 재미도 없고 막막하고 답답한 학원 생활은 다람쥐 쳇바퀴 돌 듯 돌아갔다. (…) 대통령 유고라고 큼직하게 박힌 신문 호외가 길거리에 어지럽게 날리는 일도 벌어졌다. 장송곡이 몇날 며칠 계속되는 흐리고 먹먹한 날이 지나갔다. 무덤덤했다. 대통령이 있기는 있었나, 있었다면 도대체 뭐하는 사람인가, 일하는 사람들에게 어떤 도움을 주었는가, 공부하고 싶어하는 야학생들에게 어떤 힘을 보태 주었나, 관공서 액자 속이나 뉴스 첫머리를 장식하는 피에로 같은 존재 아닌가. (…) 두 번씩이나 창씨개명을 하면서 일본 왕에게 충성을 다짐하고, 일본군 장교가 되어 독립군 토벌에 앞장선 대통령이, 독재를 하고 욕심을 부려 수많은 사람들을 괴롭히고 죽이고 고문했다는 사실은 세월이 많이 흐른 뒤에야 알았다. 항상 늦게 깨닫는다. 오직 내게는 생존이 문제였고 가난을 탈출하여 성공하는 게 꿈이었다. (…) 아무도 전태일이나 김경숙에 대해 말해 주지 않았다. 신문도 읽지 않았으며 뉴스를 가장 듣기 싫어했다. 학원 강사들은 로봇 같았다. 앵무새 같았다. 그들은 족집게 도사였을 뿐, 시국에 대해 아무런 발언도 하지 않았다. 비겁한 고백이지만 그때 누군가 내게 이런 불평등한 사회구조에 대해 조언을 해주었다면 내 인생도 많이 달라졌으리라.

1970년대 야학이 대개 검정고시야학이었으나 교육 방법과 내용을 바꾼 생활 지식, 교양교육을 목표로 하는 생활야학, 노동법교육을 위한 야학, 노동야학 등 다양한 야학이 병존했다.[247] 기독교야학연합회는 야학이 점차 검시야학→생활야학→노동야학으로 계기적 발전을 했다고 보았다.[248] 대형 검정고시야학의 경우는 점차 전수학교, 공민학교 등 제도교육으로 편입되어 가기도 했다.

1970년대 말에 이르러 파울로 프레이리 등의 '민중교육이론'이나 '의식화교육이론'이 도입되고, 유신 말기의 극단적인 억압 체제 아래에서 야학이 제약을 받게 되면서 '자취방야학'이 등장했다. 그렇지만 야학운동의 과학적인 논리를 정립하지 못하고 있었다. 노동야학도 엄밀한 의미의 노동교육이라기보다는 노동자를 대상으로 한 교육에 지나지 않았다. 노동대중에 대한 이해 부족, 교사들의 미숙한 경험 등은 자취방야학을 노동야학으로 발전시키는 데 장애가 되었다.[249] 게다가 야학교육은 주로 저학년의 대학생이 맡았는데, 이들은 아직 가치관이나 세계관이 정립되지 않은 존재로서 노동교육을 실시할 능력을 갖추지 못했다.[250]

야학운동의 한계가 극명히 드러난 시기는 1980년대 중반 무렵이었다. 1983년 8월경부터 야학 교사들을 강제 연행하기 시작하여 1984년 6월경까지 계속된 야학연합회 사건이 발생하면서 야학운동의 한계를 인식하게 되었다. 야학연합회 사건은 학생운동과 노동운동의 연결고리를 단절시키기 위해 기획된 것이었는데, 이 사건은 준비론적 현장론이 지닌 문제와 한계를 깨닫는 계기가 되었다.[251]

**서둔야학사로 본 검정고시야학과 노동야학의 갈등**

서둔야학은 야학사상 긴 역사를 자랑한다. 농촌 계몽운동의 일환으로

1926년에 개설되었으며, 그 운영의 중심은 수원 고등농림학교 학생들이었다.[252] 이후 명맥이 잠시 끊어졌다가 1950년대 중반부터 다시 대학 인근의 서둔리, 탑리, 고색리 등지에 야학을 개설했다. 서둔교회의 성경구락부에서 출발한 서둔야학은 처음에 농촌진흥청 강당과 탑동 4H회관, 폐양계사, 마을회관 등을 전전했다. 이후 10여 년이 경과한 1965년에 이르러 학생들이 돈을 모아 구매한 연습림 언저리에 교사를 건립하면서 어엿한 야학으로 거듭났고, 절정기를 맞이하기도 했다.[253] 그렇지만 이렇게 긴 역사를 자랑하던 서둔야학도 1983년에 이르러 폐교되는 아픔을 겪어야 했다.

야학의 운영은 주객관적 환경과 사회 변화에 많은 영향을 받았기 때문에 대부분의 야학 역사는 그리 길지 못하다. 그렇지만 서둔야학은 긴 생명력을 유지하면서 오랫동안 운영되었다. 따라서 1960년대, 1970년대 야학이 어떠한 변화를 겪었는지 살펴보기 위해서는 서둔야학에 주목할 필요가 있다. 야학 이념의 변화, 야학 내부의 갈등상, 국가의 지원과 탄압 등 여러 가지 양상을 보여 주기 때문이다.

서둔야학은 1954년 1월 31일 서둔교회 내에 성경구락부를 설치하면서 다시 재개되었다. 서둔교회 근방에 있는 소년 소녀들에게 성경을 가르치다가 1955년에 이르러서는 고등공민학교로 인가받아 서둔고등공민학교를 세울 수 있었으나, 이후 계속 운영을 하지 못하는 상황으로 내몰렸다. 그러다가 1959년에 다시 농사원[254] 강당에서 야학을 시작했다. 이때도 운영 상태가 원활하지 못해서 그해를 넘기지 못

하고 고등공민학교 인가가 취소되었다. 이후 야학을 다시 열어 1960
년에 서울농대 목장 안에서, 1963년에는 탑동 4H구락부에서, 1964
년에는 서울농대 목장과 연습림이 만나는 서쪽 언저리에 있는 양계사
에서 활동했다.[255]

서둔야학은 1961년 5·16 군부 쿠데타 직후 대대적으로 전개된 재
건국민운동 과정에서 성장했다고 볼 수 있다. 국가기구는 적극적으로
야학을 고무 독려했고, 이러한 분위기에 편승하여 야학에 참여하는
대학생이 늘어 갔다. 야학에 참가하는 교사들은 대개 1학년 때 친구
의 권유나 서둔야학 교사 모집 공고 등을 보고 지원한 학생들이었다.
1960년대 초에는 한 학년에 5~6명, 중반 이후부터는 10~20명이 활
동했다.[256]

1965년에 이르러 국민학교를 졸업한 학생들이 서둔야학에 많이 들
어오게 되고, 양계사로 사용했던 토담집이 교육여건상 적합하지 않아
그 자리에 교사를 세웠다. 준공식은 12월 5일이었다. 1967년에는 농
과대학 구관 건물을 헐면서 나온 자재를 이용하여 책상과 걸상을 만
들어 사용함으로써 야학 환경의 질을 높일 수 있었다.

1960년대 서둔야학은 서울농대 학생들이 상급학교에 진학하지 못
한 농촌의 가난한 학생들에게 교육의 기회를 주자는 뜻을 갖고 운영
한 배움터였다. 야학 교사들은 야학에서 이념을 논하지 않았으며, 검
정고시와 진학이라는 것보다는 주어진 인생을 풍요롭게 사는 것이 무
엇보다 중요하다고 인식해서 상급학교 진학에 매달리는 교육을 지양

했다.

그러나 차츰 서둔야학을 졸업한 후 검정고시를 거쳐 상급학교에 진학하려는 학생들이 늘어갔다. 서둔야학은 공민학교의 혜택이 없어서 9개의 시험과목을 모두 보아야 하는 부담이 있었다. 중학과정을 졸업해도 검정고시에서 응시자 모두가 떨어지고, 1969년 가을에 이르러서야 야학생 1명(1967년 서둔야학 졸업생)이 합격하는 것에 그쳤다. 상황이 이렇게 되자 교사들 사이에서 교육과정에 대한 반성이 일어났고, 교육과정 재편성이 필요하다고 인식하기에 이르렀다. 이에 따라 수업을 검정고시에 맞추어 진행하기 시작했고, 그 결과 검정고시 합격자를 다수 배출할 수 있었다.

이러한 분위기 속에서 야학의 기조를 보다 명확히 하려는 목적에서 1971년에는 서둔야학칙을 제정하고 서둔야학의 목적과 학년, 학기, 수업일수 등을 규정했다. 총칙에서는 교육목표를 제시했는데, 제1조에서 "진학의 혜택을 받지 못하는 학생을 가르쳐 지식을 넣어줌과 아울러 지역사회개발에 적극 참여할 수 있는 건전한 민주국민을 양성"하겠다는 목적을 밝혔다. 제2조에서는 "정규 중학교 과정을 이수"하는 것을 서둔야학의 목표로 규정했다.[257] 이는 학생들에게 정규 중학교 교육을 하겠다고 명시한 것이다. 서둔야학을 졸업하고 검정고시를 거쳐 상급학교에도 진학할 수 있도록 가르치겠다는 의도를 내포하고 있는 것이다.[258] 특기할 사항은 개교기념일을 12월 3일로 정하고 그날을 공휴일로 지정했는데, 1965년의 교사 준공 일자인 12월 5일이

나 성경구락부 창설 일자인 1월 31일과 일치하지 않는다는 점이다.[259]

서둔야학은 서둔야학칙을 제정하면서부터 본격적으로 검정고시야학을 지향했다. 그런데 1970년대 정치·경제·사회의 급격한 변화 속에서 바뀐 학생운동 이념이 야학에 영향을 미쳐 야학 교사 사이에서 이념적인 갈등이 나타나기 시작했다. 농촌의 가난한 학생들 몇몇을 가르치기보다는 농촌의 근본적인 문제를 해결하기 위해 도전할 필요가 있다는 주장이 표출되었으며, 검정고시야학에 대한 회의론도 대두되었다.

1970년 11월 13일 전태일全泰壹 분신 사건을 계기로 대학생들은 민중을 발견하기 시작했다. 전태일 분신 사건은 1970년대 학생운동사에서 하나의 분수령이 되었으며, 학생운동 세력이 노동문제로 관심을 돌리고 운동의 방향을 새롭게 정립하는 데 영향을 미쳤다. 분신 사건 후 학생운동 세력은 근로조건 개선 운동을 전개했으며, 역사변혁의 주체로서 노동자와 민중을 확인하기 시작했다. 학생들은 주로 비인간적인 조건으로 고통 받는 노동자들을 인도주의적 관점에서 바라보는 한계를 안고 있었지만, 이 시기에 민주, 민족의 이념과 함께 민중을 학생운동의 이념으로 내세웠다. 이는 1971년 9월의 전국학생연맹의 주장이나 선언문을 통해서 확인할 수 있다. 민족·민주·민중의 이념은 1974년 전국민청학련에 의해 삼민이념으로 자리 잡아 갔다. 이러한 분위기 속에서 야학에서도 변화의 움직임이 나타나게 되었는데, 이를 서둔야학에서도 찾아볼 수 있다.

특히 1974~1975년에 여러 차례 긴급조치가 선포되고, 1975년 4월 11일에는 서울대 농대 김상진이 박정희 대통령에게 보내는 양심선언문을 낭독하고 할복하는 사건이 발생하면서 야학을 정치적인 운동으로 전화시키려는 세력이 힘을 얻기 시작했다. 또한 서둔야학회를 중심으로 학습하고 농촌사회연구회, 개척농사단 등에 참여했던 학생들이 점차 야학에 들어옴으로써 서둔야학의 성격은 서서히 변화했다.

이리하여 야학 교사들은 검정고시야학에 집중할 것을 주창하는 일파와 야학을 민중운동으로 전화시키려는 일파로 나뉘어졌고, 양대 세력 사이의 갈등 구조가 형성되었다. 1974년까지는 순수하게 야학 이념에 충실해야 한다는 생각을 가진 교사들이 많았으나, 1975년이 되면서 사회운동에 관심을 갖는 대학생들의 야학 참여가 두드러졌다. 그리고 1977년 8월 말 임시총회에서 서둔야학에 대한 전권을 인수함으로써 운동권 중심의 야학파가 서둔야학에서 세를 과시하게 되었다. 이리하여 서울 농대 내의 운동 서클인 서둔야학회가 회장을 중심으로 학내운동을 주도했고, 서둔야학은 교장을 중심으로 교육을 담당하는 이원적인 체제로 바뀌었다.[260]

양대 세력 사이의 갈등 구조는 1970년대 말까지도 지속되었다. 이념을 지향하는 야학 교사가 우세를 점하고 있었기 때문에 이념을 중시하는 야학이 아닌 순수한 형태의 야학을 주창하고 있던 교사들은 야학에 회의를 갖고 그만둘 수밖에 없었던 것이 1970년대 말의 서둔야학의 상황이었다.

## 청계천 노동교실과 빛고을 들불야학

### 청계피복노조의 노동교실

전태일 분신 사건은 사회적으로 노동문제에 무관심했던 당시의 대중들을 일깨워 주었다. 또한 노동자들의 생존권을 비롯한 민중의 제반 권리를 사회 전면에 부각시켰으며, 1970년대 사회운동의 성격을 변화시키는 데 중요한 역할을 했다.

특히 청계피복노조의 노동교실 운영은 여타 민주노조와 다른 특징을 갖는다. 최창집은 청계피복노조에서 운영한 노동교실이 교육 수준이 낮은 노동자들을 의식화시키는 도구이자 노동조합과 외부 세력을 연결하는 통로였다고 정의하며[261] 그 의의를 높게 평가했다.

그런데 주목할 점은 청계피복노조가 새마을교실을 설치하여 교육을 실시한 실적이 우수하다고 인정받아 한국노총으로부터 1973년 5월 12일 단체 표창을 받았다는 점이다.[262] 아마도 대부분의 민주노조들은 1970년대 중반기까지 공장 새마을운동에 대한 문제의 본질을 명확히 인식하지는 못했던 것 같다. 1970년대 중·후반기에 들어서면서 점차 공장 새마을운동이란 단지 기업주를 위해 품질 향상과 생산성 향상 운동에 노동자들을 무보수로 동원하는 것으로 인식하기 시작했으며, 이때부터 공장 새마을운동에 대해 비판적인 입장을 견지했을 것으로 보인다.[263]

1973년 5월 21일 새마을노동교실 개관식에 함석헌咸錫憲을 초청

〈그림 29〉 새마을노동교실 현판식(1973, 국가기록원 소장)

한 것을 빌미로 정부와 기업주는 노동교실 운영권을 일방적으로 빼앗
았다. 그리하여 노동교실 정상화는 노동조합의 주요 관심사가 되었는
데, 1975년 2월 7일 노동교실 점거농성을 통해 다시 노동교실을 운영
할 수 있게 되었다. 노동교실은 1976년 4월 이승철李承喆 집행부가 들
어서고 전태일의 어머니 이소선李小仙 여사가 노동실장을 맡게 되면서
여러 가지 변화를 보였다. 프로그램도 노동자들의 권리 의식을 고취
시키는 방향으로 바뀌었고, 기존에는 종교 단체나 YMCA 소속의 인
물들이나 대학생들뿐이었던 강사진도 이재오李在五, 이양원李陽遠, 김
세균金世均과 같은 남민전 출신들로 바뀌었다. 이리하여 노동교실은

'배움의 장, 투쟁의 장, 연대의 공간'으로 자기 역할을 하게 되었다.[264]

정부는 청계피복노조를 탄압할 목적으로 1977년 7월 22일 이소선 여사를 연행하여 구속했으며 동시에 노동교실을 강제 폐쇄했다. 이에 청계피복노조 조합원 40여 명이 노동교실에서 이소선 석방과 노동교실 반환을 요구하며 결사투쟁을 전개했다. 이 과정에서 신승철(21·재단보조)·박해창(20·재단보조)의 할복기도, 민종덕의 투신, 전순옥(27·이소선의 장녀)과 임미경(19·미싱보조)의 투신기도 등 치열하고도 목숨을 건 투쟁이 벌어졌다.[265] 그러다 결국 9·9 투쟁으로 조직의 핵심간부와 조합원들이 거의 다 구속되었고, 이를 계기로 청계피복노조는 급속히 위축의 길로 접어들게 되었다.

## 빛고을 노동야학

서둔야학이 검정고시야학에서 1970년대 후반에 이르러 노동야학을 지향한 반면 들불야학은 설립될 때부터 노동야학을 표방했다. 1978년 5월 초부터 전남대에서 학생운동에 헌신적으로 참여했던 박기순朴基順은 야학 창립을 모색하고 있었다. 민중에 대한 관심, 노동 현장과의 진지한 접촉을 위해서는 노동야학이 시급하다고 인식한 것이다.[266] 그녀는 야학 활동이 상대적으로 학생운동을 위축시킬 우려가 있다고 지적하는 주변 사람들에게 "야학의 창설은 침체에 빠진 학생운동의 활성화와 과학화에 크게 이바지할 것"이라는 주장을 펼치면서 야학 설립에 동분서주했다. 이러한 노력으로 야학 설립에 신영일·이경옥·나상진·임낙평林洛平 등이 동의했다. 이때부터 야학 설립에 필요한 재정 확보에 나섰다. 그들은 야학 설립 과정에서 전남대 교수들의 민주교육 지표 선언, 6월 29일의 전남대생 시위로 인한 대대적인 탄압으로 한 때 어려움을 겪기도 했다.

두 달여 동안의 준비 과정을 거치면서 야학의 기본적 성격을 노동야학으로 규정했으며, 운영의 원칙도 마련해 나갔다. 그리고 야학의 이름을 '들불'로 정했다. 7월 중순부터는 학생 모집을 위한 작업에 착수했다. 이리하여 7월 23일 광천 천주교회 교리강습실에서 5명의 강학과 35명의 학생(노동자)이 참석한 가운데 제1기 입학식이 열렸다.[267]

들불야학은 순항하여 1979년 2월에는 학생 수가 처음 야학을 창설했을 때보다 두 배 이상 늘어났고, 윤상원尹祥源·배환중·최영희·현수정·전용호·김연중·고희숙·박용안·배충진 등이 강학으로 참여했다. 그러나 순항만 한 것은 아니었다. 야학에 헌신적인 정열을 쏟았던 박기순이 그해 12월 26일에 연탄가스 중독으로 사망한 사건이 벌어졌고, 들불야학에 대한 당국의 탄압이 고조되어 시련을 겪기도 했다.[268]

1978년 7월에 창설된 들불야학은 광주지역 노동운동과 학생운동에 기여한 측면이 많았으나 광주항쟁을 계기로 내리막길을 걸었다. 들불야학에 참여했던 이들이 1980년 5월 광주항쟁에 뛰어들어 2명이 사망하게 되고, 7~8명이 체포·구속되는 사태를 겪으면서[269] 들불야학도 침체의 길로 접어들었던 것이다.

# 학출 운동가의
# 야학 활동과
# 국가 권력의 억압

1
학출 운동가의
야학 활동

# 학출 운동가의
# 야학 활동

## 산업화와 노동계급의 증가

한국의 산업화는 유럽과 미국에 비해 급격하고도 압축적으로 전개되었다. 산업화가 전개되는 시기가 상당히 짧았으며, 1차산업에서 방출된 노동력은 2차산업뿐만 아니라 3차산업으로 빠르게 이동했다. 이러한 산업화 속도와 형태를 결정하는 데에는 국가가 가장 중요한 역할을 했다. 국가는 경제개발계획을 추진하고, 성장 제일주의를 모토로 대기업 중심의 산업화 정책을 펼쳤다. 이리하여 부의 편중, 사회적인 불평등, 노동자 계층의 소외와 상대적 박탈감 등이 증폭되었다.

    제1차 경제개발계획은 1962~1966년까지의 기간 동안 정부가 추진하고자 한 경제 목표와 전망 그리고 투자 계획을 담고 있는 것이었다.[1] 목표는 경제성장률 연평균 7.1퍼센트, 국민총생산 40.8퍼센트 증가를, 그리고 인구 증가율을 감안한 1인당 국민총생산 19퍼센트 상승이었다. 산업구조도 2차 산업부문의 비중을 기준연도인 1960년 18퍼센트에서 목표연도인 1966년에는 26퍼센트로 상승하도록 책정했다.[2] 제1차 경제개발계획에서 책정한 산업별 성장률과 구성비를 살펴보면 〈표 8〉과 같다.

1961년 12월에 말에 완성하여 1961년 1월에 발표한 제1차 경제개발 5개년 계획은 "계획 기간 중 경제의 체제는 되도록 민간인의 자유와 창의를 존중하는 자유기업의 원칙을 토대로 하되 기간부문과 그 밖의 중요부문에 대하여는 정부가 직접적으로 참여하거나 간접적으로 유도정책을 쓰는" "지도받는 자본주의 체계로 한다"라고 밝히고

〈표 8〉 제1차 경제개발계획 산업별 성장률과 구성비

|  |  | 제1차산업 | 제2차산업 | 제3차산업 | 합계 |
|---|---|---|---|---|---|
| 기준연도 -1960 | 성장률 | 0.9 | 4.3 | 2.9 | 2.4 |
|  | 구성비 | 36 | 18.2 | 45.8 | 100 |
| 제1차연도 -1962 | 성장률 | 5.3 | 11.1 | 3.8 | 5.7 |
|  | 구성비 | 37.1 | 19.4 | 43.5 | 100 |
| 목표연도 -1966 | 성장률 | 6.2 | 17.3 | 4.8 | 8.3 |
|  | 구성비 | 34.8 | 26.1 | 39.1 | 100 |
| 기간중期間中 | 성장률 | 35.8 | 101.9 | 20.3 | 40.8 |

출전 : 大韓民國政府, 《第一次經濟開發五個年計劃(槪要)》, 1962.1, 31쪽.

있다. 즉 국가가 민간부문인 시장에 적극적으로 개입하는 발전 전략을 채택한 것이다. 민주당 정부가 작성한 계획안에서 경제성장률을 5~6퍼센트로 책정한 것에 비해 7.1퍼센트로 잡은 것은 군부 세력의 의욕과 야심이 작용한 획기적인 비율이었다.[3] 이에 대해 학계와 정계 일부에서는 지나치게 현실을 무시한 의욕 과잉이라고 비판한 반면, 재계 일부에서는 최소한 10퍼센트 성장이 필요하다고 역설하기도 했다.[4] 한편 미국은 군사정부의 외자를 비롯한 자금 동원 능력을 회의적인 시선으로 바라보았고, 성장률의 과대 설정, 현실성 없는 계획이라는 이유를 들어 반대했다.

군사정부는 미국의 반대에도 경제개발계획을 시행해 나갔다. 그러나 경제개발계획을 시행한 첫 해부터 제동이 걸렸다. 1962년의 흉작으로 난관에 봉착했고, 내자 동원을 위해 추진한 통화개혁도 실패했으며, 경제성장률이 1961년에 3.5퍼센트에서 1962년에 2.8퍼센트로 감소했다. 이에 1963년 4월부터 본격적으로 제1차 경제개발계획을 수정하는 작업에 들어가 1964년 2월에 이르러 '보완 계획'을 발표했다. 보완 계획에서는 성장률을 7.1퍼센트에서 5퍼센트로 조정했다.[5] 그리고 1962~1963년에 경제개발계획을 시행하면서 경공업 제품의 수출이 예상보다 많은 실적을 거두게 된 것을 반영하여 1964년 중반 이후에 수출드라이브 정책을 채택했다.[6]

제1차 경제개발 5개년 계획을 시행한 결과 1962~1965년 사이에 국민총생산은 연평균 7.6퍼센트로 증가했다. 광공업이 연평균 15.3퍼센트나 증가하여 선도 부문임을 입증했다. 산업구조도 광공업이 1962 년 16.8퍼센트에서 21.6퍼센트로 증가하고, 농림 · 수산업은 큰 변동 없이 36~38퍼센트에 머물렀으며, 사회간접자본 · 기타 서비스업이 47.5퍼센트에서 40.4퍼센트로 감소했다.[7]

제1차 경제개발 5개년 계획에 이어 1967~1971년에 시행할 제2차 계획은 1965년부터 준비해서 1966년 중반에 발표했다. 제1차 계획 기간 동안에 달성한 높은 성장률은 국민에게는 신뢰감을, 계획 입안 자에게는 자신감을 안겨 주었고, 제2차 계획을 제1차 계획보다 나은 환경에서 수립할 수 있었다. 또한 그동안 축적된 자료와 지식과 경험 을 활용하여 제1차 계획 기간 중에 드러난 문제점을 보완할 수 있었 다.[8] 1967~1971년의 계획 기간 중 성장률은 1962~1965년의 평균성 장률 7.6퍼센트보다 하향 조정하여 7퍼센트로 책정했다. 제2차 계획 에서 목표로 잡은 경제성장과 산업구조는 〈표 9〉와 같다.

〈표 9〉에 따르면 농림 · 수산업과 비농림 · 수산업의 계획 기간 중의 연평균 성장은 각각 5.0퍼센트와 8.1퍼센트, 광공업은 연평균 10.7퍼 센트 성장을 목표로 했다. 1971년에 이르러 산업구조는 광공업 생산 을 더욱 확대시켜 농림 · 수산업 대對 비농림 · 수산업 부문의 상대비 相對比가 34 대 66이 된다. 한편 사회간접자본 · 기타 서비스업은 1965 년의 40.3퍼센트에서 1971년에는 39.2퍼센트로 약간 감소했고, 광공 업은 21.7퍼센트에서 26.8퍼센트로 증가되었다.

제2차 경제개발 5개년 계획을 시행한 결과 연평균 경제성장률은

| | 성장률 | | 부가가치(10억 원) | | 구성비 | |
|---|---|---|---|---|---|---|
| | 1962~1965 | 1967~1971 | 1965 | 1971 | 1965 | 1971 |
| 농림·수산업 | 4.8 | 5 | 296.44 | 397.26 | 38 | 34 |
| 비非농림·수산업 | 9.4 | 8.1 | 482.96 | 772.41 | 62 | 66 |
| 광공업 | 15.3 | 10.7 | 168.94 | 314.16 | 21.7 | 26.8 |
| 사회간접자본·기타 서비스업 | 7.1 | 6.6 | 314.02 | 458.25 | 40.3 | 39.2 |
| 전全산업 | 7.6 | 7 | 779.4 | 1,169.67 | 100 | 100 |

출전 : 大韓民國政府, 《第2次經濟開發5個年計劃》, 1966.7, 32쪽.

제1차 기간보다 더욱 높아진 11.4퍼센트를 기록했다. 제조업은 가장 빠른 속도로 성장하여 연평균 22.0퍼센트를 기록했다. 이에 따라 산업구조는 농림어업의 비중이 1971년에 24.2퍼센트로 낮아졌고, 그 대신 제조업은 28.6퍼센트로 급격하게 신장했다. 제조업 가운데 경공업과 중화학공업의 비중이 약 6대 4를 기록했다.[9]

앞서 본 바와 같이 제1차와 제2차 경제개발 5개년 계획의 실시로 1962~1971년 사이 국민경제는 비약적으로 성장했으며, 산업구조 면에서 광공업의 비중이 크게 성장했다. 1970년대 후반에는 광공업의 비중이 농림어업보다 높아지고, 중화학공업의 비중이 경공업보다 앞섰다. 이에 따라 공업 부문에 종사하는 노동자가 급증했다. 급속한 산업화 과정에서 1차 산업으로부터 방출된 노동력이 광공업 부문이나

## 〈표 10〉1963~1970년 산업별 취업자 수(단위 : 1,000명)

| | 총수 | 농림수산업 | 광공업 | 사회간접자본 및 기타 서비스업 |
|---|---|---|---|---|
| 1963 | 7,662(100) | 4,837(63.1) | 667(8.7) | 2,158(28.2) |
| 1964 | 7,799(100) | 4,825(61.9) | 690(8.8) | 2,284(29.3) |
| 1965 | 8,206(100) | 4,810(58.6) | 849(10.4) | 2,547(31.0) |
| 1966 | 8,423(100) | 4,876(57.9) | 913(10.8) | 2,634(31.3) |
| 1967 | 8,717(100) | 4,811(55.2) | 1,115(12.8) | 2,791(32.0) |
| 1968 | 9,155(100) | 4,801(52.4) | 1,282(14.0) | 3,072(33.6) |
| 1969 | 9,414(100) | 4,825(51.3) | 1,346(14.3) | 3,243(34.4) |
| 1970 | 9,745(100) | 4,916(50.4) | 1,395(14.4) | 3,434(35.2) |
| 1971 | 10,066(100) | 4,876(48.4) | 1,428(14.2) | 3,762(37.4) |
| 1972 | 10,559(100) | 5,346(50.6) | 1,499(14.2) | 3,714(35.2) |
| 1973 | 11,139(100) | 5,569(50.0) | 1,821(16.3) | 3,749(33.7) |
| 1974 | 11,586(100) | 5584(48.2) | 2062(17.8) | 3940(34.0) |
| 1975 | 11,830(100) | 5425(45.9) | 2265(19.1) | 4140(35.0) |
| 1976 | 12,556(100) | 5601(44.6) | 2743(21.8) | 4212(33.6) |
| 1977 | 12,929(100) | 5405(41.8) | 2901(22.4) | 4623(35.8) |
| 1978 | 13,490(100) | 5181(38.4) | 3123(23.2) | 5186(38.4) |
| 1979 | 13,664(100) | 4887(35.8) | 3237(23.7) | 5540(40.5) |

출전 : 경제기획원 조사통계국,《경제활동인구연보》, 1973, 54~55쪽과《경제활동인구연보》, 1979, 92~93쪽을 참고하여 재구성함.


사회간접자본, 기타 서비스업으로 이동한 것이다. 산업별 취업자 현황은 〈표 10〉과 같다.

〈표 10〉에서 보는 바와 같이 총취업자 수는 1963년에 766만 2000명에서 1969년에 941만 4000명으로 증가했고, 1971년에는 1000만 명을 넘어섰다. 이후에도 계속 증가하여 1979년에 이르러서는 1366만 4000명을 기록했다. 산업별 취업 인구를 보면 농림수산업의 취업 인구가 1963년에 63.1퍼센트에서 1979년에 35.8퍼센트로 감소하고, 광공업과 사회간접자본 및 기타 서비스업은 크게 증가했다. 즉, 1963년에서 1979년 사이에 광공업은 8.7퍼센트에서 23.7퍼센트로, 그리고 사회간접자본 및 기타 서비스업은 28.2퍼센트에서 40.5퍼센트로 증가했다. 이처럼 한국의 산업화는 철저히 농촌을 소외하고 도시 중심으로 이루어졌으며, 농촌은 산업화를 위한 저수지 역할을 수행했다고 볼 수 있다.

농촌에서 도시로 내몰린 노동자들은 단순 막노동자나 비숙련 노동자가 되었다. 이들은 주로 대도시 주변 변두리나 달동네의 무허가 판자촌에 거주함으로써 도시빈민층을 형성했다. 국가권력은 '선성장 후분배'라는 경제개발 기조 아래 저임금 정책을 유지·강화했다. 이리하여 노동자들은 장시간 노동과 저임금에 시달려야 했다.

## 의식화교육의 필요성 대두

교육운동가 허병섭許炳燮은 "사람은 누구에게나 지적 욕구가 있다. 민중은 이 욕구가 박탈된 사람이고 지식인은 그 욕구를 누린 사람이다.

지식인은 다른 지식인(교사, 선각자 등)에 의해서 안내되며 지식과 학문의 여러 계보와 학파 및 전통에 제한된다. 과학적 법칙도 물리학, 생물학, 역사학, 인류학, 경제학, 인간학 등 다양한 영역에 따라 차이가 있기 때문에 하나로 종잡을 수 없는 지식인의 한계가 있다. 민중운동에 가장 직접적인 학문은 경제과학과 사회과학, 역사과학, 인간과학 등이겠으나 이것이 독립된 과학으로 존립할 수 없기 때문에 민중운동에 임하는 지식인의 속성이 더욱 미묘해진다"라고 했다. 또한 민중과 지식인은 그 객관적 조건상 접점이 이루어지기 어렵지만 지식인이 자기모순을 느끼면서 민중을 지향하는 실천을 하고, 민중이 삶의 현실을 깨닫고 암중모색을 하면서 지식인의 도움을 열망할 때 그 접점이 생긴다고 강조했다.[10]

학교교육은 사회경제적 생산양식인 근대 자본주의를 전파하는 기능을 한 반면, 민중교육은 지배 권력에게 억압되고 주변화된 민중의 집단적 기억을 회복시키려는 노력에서 생성되었다. 이 과정에서 지식의 상품화와 그 이데올로기가 재생산되는 연결을 해체하고자 했다. 한숭희韓崇熙는 민중교육을 ① 집단적 문화 행동을 통해 ② 민중의 정치적 참여는 물론 교육적 참여를 증가시킴으로써 ③ 사회-경제적 불균형을 극복하고 궁극적으로 사회적 장벽을 변혁하려는, 민중을 위한 민중에 의한 활동으로 규정지었다. 또한 민중교육이 단지 민중계급의 계급 지향적인 경제적 · 정치적 이익을 보호하는 것뿐만 아니라 새로 등장한 자본주의의 모순을 간파할 수 있는 의식화를 추구한다고 이해

했다.[11]

1960년대 브라질에서 경험한 파울로 프레이리의 민중교육이 한국 사회에 도입되어 민중교육 운동에 커다란 영향을 주었다. 한국은 한 말 일제시기 이래 소외계층에 관심을 갖고 노동야학 등으로 민중교육에 힘써 왔으나, 민중교육이 이론적·방법론적·철학적 체계를 갖춘 상태에서 이루어진 것은 아니었기에 파울로 프레이리의 민중교육은 한국 사회에서 커다란 반향을 일으켰다. 한마디로 프레이리는 한국 민중교육사의 지평을 넓히는데 상당한 기여를 한 인물이다. 한숭희는 1970년대의 민중교육이 휴머니즘에 기반한 인권운동의 차원에서 이루어졌던 반면, 1980년대 초(혹은 1970년대 중반)부터 청년운동과 학생운동에 의해 맑스주의적 변혁 운동 차원에서 이루어진 것으로 보았다.[12]

지식인이 민중교육에서 의식화에 초점을 맞춘 시기는 1970년대 후반부터 1980년대 전반기였다고 볼 수 있다. 이에 대해 한숭희는 파울로 프레이리의 저작인《페다고지(Pedagogy of the Oppressed)》가 1968년에 출판됨으로써 최초의 의식화라는 개념이 정치적 집단행동과 관련하여 맑스주의 운동의 흐름 속에서 소개되는 계기가 되었다고 했다. 또한 1980년대 중반의 '원전세대' 이후로 정통 맑시즘(사실 그것은 소비에트적, 스탈린적 해석에 의존한 것이었다)의 도입에 따라 의식화라는 개념이 폐기 내지는 국소화되고, 대신 '선전' 및 '선동'이라는 표면적 개념이 본격적으로 전화하기 시작했다고 분석했다. 또한 1987년 6월 항쟁 이후 사회주의 정치교육 운동이 제자백가 시대를 맞이하게 되면서 민중교육의 개념은 폐기되고, 보다 계급주의적인 성향이 분명하게 나타나는 노동자 정치교육이라는 개념이 그 뒤를 대신했다고 보았다.[13]

'민중교육'이라는 용어는 라틴아메리카에서 프레이리의 후계자들이 사용했다. 프레이리는 '의식화'나 '해방교육'이라는 용어를 사용했다. '의식화'는 인간의 해방을 추구하는 독립적이고도 포괄적인 학습 촉진 활동이라 할 수 있다. 프레이리가 의식화를 위해 내세운 가장 중요한 원칙은 "그들 스스로 판단하고 행동하도록 하라"는 것이었다. 다시 말해 교육자는 민중을 주체자로 인식하며 신뢰하고, 인내하고, 최후의 순간까지 대화해야 한다고 강조했다.[14] 프레이리에 따르면, 지식인은 민중이 새로운 사회적·역사적 실재를 형성하는 데 조력하고 중개하는 역할을 수행하는 존재라 할 수 있다.[15]

## 학출 운동가의 야학 활동

경제성장으로부터 소외된 노동자들은 점차 국가권력과 자본의 본질을 깨닫게 되면서 1960년대 후반기부터 저항의 방식으로 자신을 표현하기 시작했다. 1960년대 후반의 급속한 산업화와 노동계급 형성, 이농과 도시인구 증가, 빈민촌 형성, 국가권력과 자본의 억압은 노동자들의 저항을 고조시킨 계기가 되었다. 1970년 11월 전태일 분신 사건 이후 노동자들의 저항이 더욱 크게 증가했고, 도시빈민 운동도 연

달아 전개되었다.

1971년 후반기에는 '민주', '민족'과 함께 '민중'이 학생운동의 이념으로 등장했다. 9월 7일 전국학생연맹은[16] "노동운동의 민주화를 위해 노동자들과 결합하여 싸우되 특히 미조직 노동자의 노조 결성 투쟁을 집중 지원하고 추석을 전후하여 속출할 것이 예상되는 체불 노임 지급요구 투쟁과 감원 반대 투쟁을 지원"하는 것이 학생운동의 과제 중의 하나라고 주장했다.[17] 또한 10월 14일 전국학생연맹 총대회 선언문에서는 "반공법, 국가보안법을 폐기하여 모든 민중의 자유로이 발표된 의사와 열망을 집약하고 반反통일 세력의 긴장격화책동을 막아내는 것이 우리의 당면한 과제"이며, "억압받고 있는 민중 속에서, 내일의 민족사를 개척할 위대한 동력을 발견하고 있다. 민중 속에서 민중과 함께 싸우는 가운데서, 우리는 이 위대한 동력을 동원하여 적을 굴복"시킬 것이라고 강조했다. 또한 결의문 1항에서 민중의 생존권 보장을 요구하는 투쟁을 전국 각지로 확대 강화할 것이라고 밝혔다.[18]

민중에 주목하게 된 학생운동가들은 노동 현장에 투신하거나 노동 야학 활동을 전개했다. 한편 전태일 분신 사건은 1970년대 기독교 학생운동이 현장 운동에 관심을 갖게 되는 계기가 되었다.[19] 한국기독학생회총연맹 KSCF(Korea Student Christian Federation)는 1971년 7월의 여름 대회에서 발표한 선언문에서 "양극화의 쓰라린 고난의 현실 속에 처해 있는 노동자 계급에 대한 정부의 무책임한 대우의 결과는 전태일과 김진수 사선 등을 외면하게 한 비정한 사회로 만들"었다고 비판하고, "노동자와 눌린 자의 참 이웃이 되기 위해 (⋯) 기독교의 사랑을 근거로 한 진실한 정신무장이 우리 임무"라고 밝혔다.[20] KSCF의 1970년대 초기 활동은 학생사회개발단(학사단) 운동을 중심으로 이루어졌는데, 전태일 분신 사건이 발생한 이후 활동 대상을 빈민 지대에서 노동 사회로 확대해 나갔다. 1972년부터는 현장 경험 중심을 극복하여 구체적인 현장 문제 해결 및 그를 위한 민중 조직에 초점을 두고 활동을 전개해 나갔다.[21]

전태일 사건과 더불어 학생운동의 성격 변화에 영향을 미친 것은 1971년 8월의 광주대단지 사건이었다. 학생들은 이 사건을 통해 민중의 역사적인 힘을 발견했으며, 민중의 문제를 해결하는 기본적 주체는 민중 자신의 역량임을 확인했다. 학생들은 "모든 인간적이고 민중적인 지식인은 빨리 지식인 특유의 기회주의적 악성을 극복하고 민중 속에 뛰어들어야 할 것"이며 "이제 문제의 해결을 위해서는 단 하나 우리의 단호한 행동, 민중 속에 들어가고 민중을 조직하고 민중과 더불어 생존권 보장을 위하여 싸우는 것만이 남았다"라고 주장하기에 이르렀다.[22]

6·3 세대 중에는 1970년대 중반 무렵부터 현장에 들어간 활동가도 있었고, 인민혁명당 관련 인물 중에도 현장에 들어간 경우도 상당수 있었다. 1970년대 중반 이후 민청학련 세대는 노동 현장 참여를 하나의 대중적 흐름으로 만들어 놓았다. 민청학련 주동자 중에 선진

적 의식을 갖고 있던 일부는 현장에 직접 투신했다. 현장에 투신한 인물로는 송운학宋雲鶴, 김수길金秀拮, 김영준金永晙, 김영곤, 임규영林奎映, 이학영李學永, 신철영申澈永 등을 들 수 있다. 이들은 학생운동 내에 "현장으로 들어가야 한다"라는 분위기를 지배적으로 만들어 놓는 데 중요한 역할을 했다. 한편 민청학련과 직접 관련은 되지 않았지만 김승호金勝浩, 김영곤, 문성현 등도 노동 현장 진출의 흐름을 만드는 데 상당한 역할을 했다.[23]

정윤광鄭允洸은 학생운동 출신으로 노동 현장에 들어가 노동운동을 전개한 대표적인 인물이다. 그는 1966년 서울대 문리대 철학과에 입학했고, 군에 자원입대했다가 복학한 1970년부터 학생운동을 본격적으로 시작했다. 그는 사회과학 연구 서클에 참여하여 세미나 형식으로 사회문제를 중심에 놓고 학습하고 토론했으며, 농촌 참여 활동도 전개했다. 청계천이나 성남 일대의 빈민촌 실태를 조사하고, 개별적으로 마찌꼬바(소규모 철공소) 같은 소규모 공장에 취업하여 노동하기도 했다. 이러한 과정에서 노동운동에 투신하겠다는 생각을 갖게 된[24] 그는 1970년대 초에 '두레'라는 서클을 만들어 남영동 공장 지대에 사람들을 파견하여 조사 활동을 벌였으며, 송정동 판자촌에서 1년 동안 빈민 활동을 체험했다. 당시 성동구 신당동, 군자동, 송정동의 중랑천 뚝방에는 판자촌이 밀집해 있었고, 뚝방 중간에 비닐집을 짓고 구들을 파서 연탄을 때며 사는 사람도 있었다.[25]

빈민 운동을 전개하던 정윤광은 1972년 유신헌법이 선포되자 반유신 투쟁에 뛰어들었다. 1974년 4월 민청학련 사건으로 이철, 유인태, 유홍준, 임진택, 제정구 등과 함께 징역 20년 자격정지 15년을 선고받고 감옥 생활을 하다가 10개월만인 1975년 2월 25일에 형집행정지로 출소했다. 이후 전태일 분신 사건에 큰 영향을 받아서 노동 현장에 진출을 시도한 그는 다음과 같이 말했다.

노동 현장 운동으로 전진해 나간 데에는 아무래도 전태일 열사의 영향을 뺄 수 없겠죠. 1970년 전태일 열사가 죽고 서울대 문리대, 법대, 사대생들이 이 투쟁에 동참했는데, 이후 우리들의 의식 속에, 근대화의 이면에 급속도로 결집, 집단화하는 노동자 계급, 노동자의 열악한 현실에 대한 인식이 심화되고, '노동 현장으로 가자, 그들과 함께 이 현실을 바꾸어 내자, 노동자가 조직되어야 역사를 바꿀 수 있다'는 의식이 자리 잡아 나가는 데 상당한 영향을 주었던 것 같아요.

게다가 그는 단순히 노동자로서 살기 위해서 노동 현장에 가는 것이 아니라 "노동자들이 정치의식화되고 조직되어 주체로 일어설 때 진정한 혁명 즉 사회주의혁명은 가능하다"라는 믿음에서 노동운동에 동참했다.[26] 당시 노동운동에 참여한 방식은 첫째, 한국노총 본부에 실무자로 들어가거나 한국노총 소속의 비교적 민주적이고 개혁적인 연맹이나 노동조합에 들어간 경우이다. 김금수金錦守, 천영세千永世, 김승호, 장명국張明國 등이 대표적이다. 둘째, 가톨릭노동청년회나

기독교 도시산업선교회, 크리스찬아카데미 등 종교 계열 단체와 결합하여 활동한 경우이다. 김근태金槿泰, 신철영, 김세균, 장상환蔣尙煥 등이 대표적이다. 셋째, 사회주의 지향을 갖고 직접 현장에 들어간 경우이다.[27]

1970년대 후반기 학생운동은 반유신 투쟁을 둘러싸고 논쟁이 전개되었는데, '현장준비론'과 '정치투쟁우위론'으로 대별된다. '현장준비론'을 주장한 세력은 노동 현장에 투신하거나 야학 교사로 참여했다. 야학을 통해 노동자들을 의식화하여 변혁 운동의 주체로 내세울 수 있다는 믿음에서 나온 행위였다. 이들은 대체로 노동야학을 지향했지만, 객관적으로 처한 상황이나 노동자들이 지니고 있던 노동야학에 대한 거부감 등을 완화할 필요가 있다는 생각에서 노동야학을 직접적으로 표방하지 않은 경우가 많았다. 검시야학이나 생활야학을 절충하다가 노동야학으로 변화시키는 방식을 채택하기도 했다. 물론 처음부터 노동야학을 표방한 경우도 있었다.

검정고시야학이나 생활야학을 노동야학으로 변화시킨 대표적인 예로 1978년 빈민 지역인 난곡에 설립한 낙골야학을 들 수 있다.[28] 처음부터 노동야학을 표방한 경우는 노동자가 밀집한 지역인 신림동, 봉천동, 구로동과 가리봉동, 성남 등지에서 찾아볼 수 있다. 1978년 구로동에는 한민교회야학, 시장야학, 새문안교회야학 등이 있었고, 학생운동가들이 강학으로 참여했다. 평화시장 주위에도 경동교회, 제일교회, 형제교회, 동대문성당, 시온교회, 연동교회 등 여러 개의 노동야학이 운영되고 있었다. 이러한 야학은 국가권력의 탄압이 심해지면서 소모임 형태로 변화시켜 운영되기도 했다.[29] 야학은 크리스천아카데미나 교회 등을 매개로 이루어진 경우가 많았다. 크리스천아카데미의 노동야학 운동은 학생·지식인들과 노동자들과의 직접적인 연대 관계를 형성하는 데 중요한 역할을 했다.[30]

1980년에 들어서 학생운동 세력은 운동 노선을 둘러싸고 '단계적 투쟁론'과 '전면적 투쟁론'으로 갈라졌다. 이러한 대립은 '전민노련'과 맥을 같이하는 '전민학련(이른바 학림)'의 선도적 투쟁론과 이른바 '무림' 계열의 준비론과도 연결된다.[31] '단계적 투쟁론'은 1970년대 후반기 현장 준비론을 잇는 학생운동의 노선이었다. 사회를 변혁하기 위해서는 노동자들을 조직해야 하며, 이를 위해 노동 현장에 투신해야 한다고 주장하면서 노동 현장 취업과 노동운동을 강조했다. 이러한 입장에서 1980년대 노동 현장에 투신하는 학생운동가들의 숫자가 눈에 띄게 늘어 갔다.[32] 이들 중에서 1980년대 전반기 노동야학에 참여하는 학생들이 다수 등장하게 되었다. 1981년 낙골야학에 참여한 황광우黃光祐는 다음과 같이 강학과 학생, 그리고 야학의 풍경과 활동을 회고했다.

무슨 인연으로 낙골을 올라가게 된 것인지 기억나지 않는다. 낙골에서도 맨 끝 어느 가난한 이층 다락방에는 야학의 강학들과 빈민촌의 청소년들이 매일 밤 만나고 있었다. 나미리, 김원호, 남궁정, 조은희 등이 강학이었고, 세원, 대수, 영호 등이 학생이었다. 여기에 내가 동참하게 된 것은 1981년 가을이었다. 이른바 낙골야학 6기 팀. 그 유명한 지하 팸플릿 《야학과 비판》은 낙골 6기 팀을 중심으로 서울 시내에 퍼져 나갔다.

해가 바뀌고 7기 팀이 꾸려졌다. 주로 나의 지인들이었다. 사북사태 보고서를 함께 작성한 장훈렬, 조성오 그리고 박경순과 함께 야학을 이끌었다. 만일의 사태에 대비하여 나는 이중의 가명을 사용했다. "내 이름은 최윤석인데 살로우만이라 불러주세요." 당시 유행한 햄 상표인 살로우만 광고대로 "빠바방, 살로우만"이라는 별명을 쓴 것이다. 박경순은 '추장'이라 불렸고 훈렬이는 '난로'라 불렸다.[33]

낙골야학에 참여한 강학은 야학에서 쓸 교재를 만들어 사용했고, 낙골 언덕의 전봇대에 모집 광고문을 게시하여 학생을 모집했다. 야학 활동의 결과물을 보완하여 《소외된 삶의 뿌리를 찾아서》, 《철학 에세이》 등을 집필하거나 《경제사상사》, 《경제학의 기초이론》, 《유럽 노동운동의 비극》, 《1917년 10월 혁명》 등 사회과학서적을 번역하기도 했다.[34]

이 시기 '팸플릿 운동'이라 불리는 지하 비합법 문건을 통한 평가·논쟁이 시작되면서 최초의 팸플릿인 〈야학비판〉이 나왔다. 〈야학비판〉은 1970년대 중반부터 일반화된 '야학'이 소그룹으로 나아가야 한다는 주장을 펼쳤다. 그리고 학생운동의 시위 만능주의를 비판하면서 군사독재에 대한 정치투쟁에 집중함으로써 노동자의 주체역량 건설을 소홀히 하는 것은 오류라고 지적했다. 이에 〈학생운동의 전망〉이라는 팸플릿은 〈야학비판〉을 비판하면서 '현장론'이 학생운동을 민중 지향적으로 만드는 데에 결정적으로 기여를 했지만 그것이 당면의 투쟁을 회피하는 경향을 낳았고, 정치투쟁의 의의를 경시하는 오류를 범했다고 주장했다.[35]

〈야학비판〉은 뒷날 1982년 3월에 이장원이 만든 것으로 밝혀졌다. 1978년 서울대 국어교육과에 입학한 이장원이 사당동에 있던 '희망야학'과 묵동 천주교에서 운영하는 '묵동야학'에서 야학 교사로 활동한 경험을 토대로 야학과 학생운동에 대한 문제의식을 체계적으로 분석·정리할 필요성을 느끼고 작성한 것이었다.[36] 〈야학비판〉은 당시 노동운동을 지향하던 학생운동가나 일부 노동자에게 상당한 영향을 미쳤으며 야학 활동 지침서로 활용되었는데, 야학과 노동운동과의 관계에 한정하여 그 중요 내용을 요약하면 아래와 같다.

• 노동운동은 노동자의 경제적 요구를 해결하기 위한 노동자대중의 운동이지만 야학운동은 문화적 교육적 요구를 해결하기 위한 것이다. 노동운동은 운동을 실현시키기 위한 조직을 갖지만 야학은 그러한 조직이 없다. 이러한 점에서 야학은 노동운동이 아니다. 따라서 노동운동을 실현시키기 위해 야학교육을 노동운동에 종속시키려는 논리는 잘못된 것이다.
• 그러나 이것이 야학과 노동운동이 관련된다는 것을 부정하는 것은 아니다. 야학교육은 교육적 역량의 축적과 우수한 학습자를 매개로 한 질적 비

약에 의해서 노동운동 역량으로 변할 수 있는 가능성을 갖기 때문이다.

• 야학교육이 노동운동에 지도성을 발휘하기 위해서는 교육적 경험의 축적과 우수한 인재의 확보를 통한 질적 비약이 있어야 한다. 이러한 질적 비약단계에서는 야학 형태의 민중교육이 아닌 노동운동을 위한 지도자 교육으로 이전된다.

〈야학비판〉은 전위 세력이 형성되어 있지 않은 상황에서 학생운동, 노동운동, 야학운동은 '상대적 독립성'을 갖고 단계적으로 투쟁을 전개할 것을 주된 논지로 펼쳤다. 학생운동은 일상투쟁(학내, 문화, 대중투쟁)에서 정치투쟁으로, 노동운동은 경제투쟁에서 정치투쟁으로 나아가야 하며, 야학운동은 정치사상교육으로 학생운동과 노동운동을 매개해야 한다는 것이었다.[37] 이를 도표화 하면 〈도표 1〉과 같다.

〈도표 1〉 전위 정치 세력 형성을 위한 학생운동, 노동운동, 야학운동

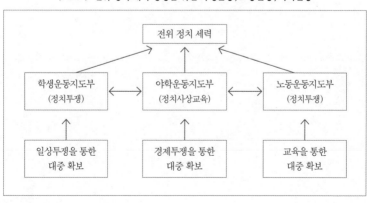

〈야학비판〉은 지금까지 노동자를 중심으로 하는 주체 역량을 확보하는 데 소홀했던 점을 비판하면서 학생운동가가 현장으로 존재 이전할 것을 주장했다. 이러한 '존재이전론'에 영향을 받아 학생운동가 다수가 노동 현장으로 진출하여 노동운동 활성화에 기여한 측면도 있었다.[38]

한편 〈야학비판〉은 야학이 발전하기 위해서는 교육 서클로 나아가야 한다고 주장했다. 야학교육 수료 후 소그룹 활동, 자취방 형식으로 야학이 나아가고 있는 것은 야학의 발전을 예고하는 것이라면서 "교육 서클은 장래의 민중교육의 형식으로서 발전되어야 하며, 이 발전은 민중교육의 내용을 완결시켜 나가게 될 것"이라고 주장했다.[39]

# 2

# 국가권력의
## 야학에 대한
규제와 탄압

지배계급과 집권 세력은 지식인과 즉자적 민중의 만남을 꺼려하며 격리시키기 위해 노력했다. 그 이유는 즉자적 민중이 대자적 민중인 지식인을 통해 의식화하여 지배 세력을 비판하고 도전하는 것을 차단하기 위해서였다. 따라서 지배 집단은 지식인과 즉자적 민중과의 만남을 방해하기 위해 지식인을 압박했으며, 언론과 학문의 자유를 제한하고, 집회와 결사의 자유를 유보하려고 했다.[40]

특히 국가권력은 1970년대 중후반 이후 노동자의 삶을 이해하고, 노동현실을 개혁하고 더 나아가 사회변혁을 이루고자 노동 현장에 들어간 대학생 출신이나 사회운동가들을 경계하면서 이들이 노동자와 만나는 것을 극도로 억압했다.

야학에 대한 감시와 탄압은 1970년대 말부터 진행되었다. 이로 인해 교회에서 운영하던 야학이나 노동자들이 밀집해 있던 지역의 야학도 폐쇄되기에 이르렀다. 이 때문에 야학은 심각한 타격을 받았고, 이러한 야학 탄압에 대응하여 만든 것이 바로 '자취방야학'이었다. 외부에 쉽게 노출될 수 있는 공간보다는 노출이 어려운 자취방을 이용하거나 따로 방을 구해 소모임 형태로 야학을 운영하기 시작한 것이다.[41]

낙골야학도 1979년 정부의 탄압으로 잠시 활동을 중단했다가 1980년 봄에 이르러 다시 수업을 재개했다.[42] 그러나 야학에 대한 탄압은 1980년대 전반기에도 계속 이어졌다. 서울의 빈민가에는 20여 개가 넘는 야학이 운영되고 있었는데, 강학들이 치안본부로 연행되어 문초를 받는다는 소식이 들려오기 시작했다. 낙골야학도 탄압을 비껴가지는 않을 것이라고 예상한 황광우와 강학들은 대책 수립에 골몰했다. 그리하여 이들이 선택한 방법은 야학을 교회로 전환하는 것이었다. "야학에 십자가를 꽂아 놓고, 목사님과 함께 예배를 보면, 이 야학은 탄압하지 못할 것"이라는 판단이 들었기 때문이다. 강학들은 낙골에 십자가를 올리고 민중 교회를 세웠다. 그러나 남부경찰서는 야학생들을 불법 연행하여 심문하는 것을 생략하지는 않았다.[43]

국가권력은 여러 가지 방식을 구사하여 야학을 탄압했다. 야학을 강압적으로 폐쇄하거나 야학 공간을 무허가 건물이라는 명목으로 퇴거시키고, 야학노동자에게는 해고하거나 해고시키겠다는 압력을 행사하여 야학을 그만두도록 했다. 또한 교재나 강의안의 내용을 구실로 학생운동가 출신의 강학들을 구속시키는 경우도 자주 발생했다.[44]

1980년 민주화운동이 고양되자 야학 관계자들은 전국 30여 개 야학 대표자들로 구성된 전국야학협의회를 결성했다. 이들은 "야학은 단지 대학생의 노동 청소년에 대한 교육단체가 아니라 노동자의 진정한 인간화를 위한 자각, 실천, 만남의 장이어야 한다"며 야학운동을 민중운동으로 이끌어가기 위한 방향을 모색해 나갔다. 1982년 3월 말에는 서울시 10여 개 주요 야학의 교사들이 모여 야학 교사 모임을 갖고 "야학은 민주화와 민중 복지 실현을 위하여 저임금 장시간 노동, 열악한 노동환경, 비인간적 대우, 그러면서도 당국의 미온적 대책과 노동자들의 주체적 문제 해결을 위한 노동조합의 부족 속에서 시달리는 700만 노동자들이 노동 환경 문제에 대한 의식화와 자발적 노동자모임 형성을 위한 노동교육을 해야 한다"면서 노동운동 지원적 성격을 분명히 했다. 이후 1982년 봄에서 1983년 초에 야학 교사들은 여러 야학이 협조하여 주체적으로 야학 문제를 해결하기 위해 전문 연구 모임을 형성하여 논의를 진행시켜 나갔다. 이러한 과정에서 야학의 수가 많아지고 야학 간의 협의가 이루어져 야학 교재를 공동으로 제작하거나 여러 야학이 합동하여 문화 행사나 친선경기를 갖기도 했다.

야학이 활성화되고 초보적인 연합 활동이 이루어지자, 정부 당국은 탄압의 고삐를 조이기 시작했다. 정부는 빈민 교회와 민중 교회를 중심으로 야학 사이의 연대 활동을 사전에 차단하기 위해 특수 수사대를 조직하여 야학에 대한 비밀 수사를 진행했다.[45] 야학에 대한 대대

석인 탄압이 시작된 것이다. 야학 사이의 연대 모임을 은밀히 지켜보던 치안본부는 1983년 3월부터 야학 교사와 학생을 연행하기 시작했다. 세칭 '야학연합회 사건'이 터진 것이다.

이 사건은 야학에 참여하다 우연히 불심검문에 걸린 김창현의 수첩에 기록된 내용이 발단이 되었다. 1981년에 야학연합회가 만들어지고 얼마 뒤에 해산된 후, 1983년경에 교재 개발이나 교육과정, 커리큘럼 등을 체계화할 필요성을 느낀 야학생과 야학교사들이 서울을 지역별로 나누어 모임을 진행하고 있었는데, 이러한 상황이 김창현의 수첩에 기록되어 있어 당국에서 주시하게 된 것이다.

이 사건으로 300여 명의 교사와 200여 명의 노동자(학생)가 연행되어 구타를 당하며 조사를 받았다. 연행된 교사들은 일주일에서 20일 동안 밀실에 감금되어 각목 구타, 물 먹이기, 집단 폭행 등 물리적 고문과 구속 위협, 인격 모욕 등 심리적 압박을 당했다. 학생들도 혹심한 고문과 심리적 압박을 받았다.[46] 김창현의 경우 9박 10일 정도 조사를 받았고, 〈야학비판〉의 저자였던 이장원도 1984년에 치안본부로 연행되어 조사를 받았다. 당시는 유화국면이라 이 사건에 관계된 사람들이 구속되지는 않았다. 당국은 이 사건을 야학연합회 사건으로 명명하고 500여 명이나 되는 다수의 교사와 노동자(학생)를 연행, 조사했지만 실제로 야학연합회라는 조직은 존재하지 않았다. 야학 사이에 정보 교류도 잘 이루어지지 않은 것이 당시의 실정이었다.[47]

야학 교사와 학생, 기독교 단체 등은 대책위를 만들어 야학연합회 사건의 부당성을 폭로하고 정권에 저항했지만, 이 사건이 있은 후 1984년 2월 14일부터 매주 7~8명씩 20여 명의 야학 교사들이 강제 연행되어 조사를 받으며 사회주의자라는 자술을 강요받는 일이 벌어 졌다. 이에 저항하여 대책위에서는 성명서를 통해 야학 탄압의 불법 성을 폭로했지만[48] 정부 당국은 야학에 대한 탄압의 고삐를 계속 조여 왔다.

서울 지역뿐만 아니라 전국적으로 야학 탄압의 바람이 불었다. 대전에서도 1983년에 민중교회야학당이 폐쇄당했다. 이러한 조치에 저항하여 4월 27일에 대전 시내버스 내에서 유인물을 살포하다가 당국에 연행되는 사건이 발생하기도 했다.[49]

1984년 1월 7일 치안본부는 "〈근로야학회〉 351명의 계보를 파악하여 수사를 확대"하고 있으며, 경찰은 야학회를 지원한 해직교수 2명과 목사 1명을 국가보안법 위반 혐의로 연행하여 조사하고 있다고 발표했다.[50] 또한 전국에 걸쳐 대대적으로 야학 활동을 탄압하기 위해 '근로야학회'가 "전국 각 기업체에 조직적으로 침투해 근로자들을 대상으로 좌경의식화 활동"을 벌였다고 발표했다.

야학회를 지원했다는 혐의로 연행되어 조사를 받고 있다는 해직교수 2명과 목사 1명은 강만길姜萬吉 교수와 리영희李泳禧 교수, 그리고 조승혁趙承赫 목사를 가리키는 것이었다. 이들은 1983년 말에 치안본부에 연행되어 "고려연방제 찬양" 혐의를 뒤집어쓰고 조사를 받고 있었다.[51] 이 사건은 대학가에 유포된 〈야학비판〉이라는 유인물이 단서가 되었다. 1983년 8월 20일 경 이화여대생이 〈야학비판〉이라는 유인물을 갖고 있는 것을 적발했고, 이를 추적하여 조사하던 중 1984년에 사용 예정인 중등학교 사회과 교과서 초고와 이를 비판한 노트를 발견하게 되어 수사가 확대된 것이었다.[52]

야학연합회 사건은 1983년 3월부터 시작되어 1984년 4월까지 이어졌다. 공권력의 대대적인 야학 탄압으로 야학운동은 침체의 길을 걸었다. 그런데 야학연합회 사건으로 야학이 탄압을 받고 있었음에도 이에 대한 야학 교사와 학생의 저항은 미온적이었다. 대책위원회를 조직하여 성명서를 발표하는 차원에 머물렀고, 성명서 발표도 야학연합회 사건이 터진 지 9개월 만인 12월 초순에 이르러서야 나왔다.[53] 그만큼 공권력의 탄압에 제대로 대응하지 못할 정도로 야학에 참여한 세력은 무력했다.

천성호에 따르면 야학연합회 사건에 대응한 성명서나 노동야학, 그리고 기타 문헌을 통해 드러난 노동야학은 총 22개였다. 이러한 야학을 열거하면 제일교회 야학, 형제교회 시정의 배움터, 시온교회 야학, 초원교회 야학, 동부(성수동) 지역의 성음교회 한벗야학, 길음야학, 성암교회 야학, 성심교회 야학, 성일야학, 나사로교회 야학, 송정교회 야학, 남부(구로·봉천·사당) 지역의 한뜻 배움터, 가리봉야학, 한마음야학, 대림야학, 희망야학, 봉천교회 야학, 넝쿨야학, 난곡야학, 인천 서해야학, 부천야학 등이었다. 이러한 야학은 야학연합회 사건 이후 다수가 해체되었고, 이후는 소모임으로 전환되었다.[54]

# 3

# 야학을 보는
## 사회적 시선과
# 여론

야학은 정규적인 학교 형태가 아니어서 교사나 학생, 재정 상황, 외부 압력 등 여러 가지 문제로 인해 단기간 운영되다가 폐쇄된 경우가 많았으며, 장시간 유지된 경우는 드물었다. 1920년대 야학 설립이 활발했고, 1930년대 문자 보급 운동, 브나로드운동 등에 영향을 받아 야학의 증가세도 뚜렷했다. 또한 야학의 증가는 조선농민사가 설립되고 농민운동이나 계몽운동을 전개한 것에서도 영향을 받았다. 한편으로 사회주의 운동의 연장선에서 야학이 운영되기도 했다.

해방 후 야학은 일제시기의 맥을 이어 지속적으로 전개되었는데, 정치 상황의 변화와 좌우 대립에 영향을 받아 정치적인 성격이 강했다. 특히 단독정부 수립 과정에서 우익 세력이 전개한 문해교육을 보면 야학의 정치적 성격을 보다 명료히 파악할 수 있다. 정부 수립 이후 좌익 세력이 세운 야학은 일부 빨치산 활동 과정에서 입산자를 대상으로 이루어지기도 했다. 빨치산 유격대원 가운데는 국문을 전혀 해독하지 못하는 대원들을 비롯하여 부분적으로 해독할 수 있는 대원에 이르기까지 문맹자가 적잖이 섞여 있었다. 이론 무장과 대중 교양 사업을 위해서는 무엇보다도 먼저 문맹을 극복해야 했으므로 각급 당 조직의 세포와 각급 부대의 문화부(정치부) 조직은 문해교육을 중시하지 않을 수 없었다. 이에 특별교재를 만들고 문맹자와 반문맹자를 대상으로 문해교육을 실시했다.[55]

한편 한국전쟁과 전후 복구 과정에서 계몽운동과 함께 야학이 운영되었고, 이승만 정부는 문해교육을 체제 내로 포섭하려는 정치적인 의도를 갖고 문맹 퇴치 사업을 대대적으로 벌였다. 이러한 맥을 이어 1961년 5·16 이후에는 재건국민운동의 일환으로 야학을 적극 권장했다. 따라서 정부 수립 이후 1960년대까지 야학은 소수의 민간야학을 제외하면 관제적인 성격을 크게 벗어나지 못했다.

1970년대에 들어서서 야학의 성격은 크게 변화했다. 1960년대 후반기부터 경제개발 과정에서 소외된 노동자들은 국가와 자본에 대하여 저항했는데, 그 대표적인 사례가 전태일 분신 사건이다. 이 사건 이후 학생운동을 비롯한 사회운동권에서는 민중을 발견하기 시작했으며, 야학도 이러한 영향을 받아 성격이 변화해 갔다. 이렇게 야학의 성격이 변화하게 된 것에는 파울로 프레이리의 영향을 빼놓을 수 없다.

한편 국가 주도의 재건국민운동의 맥을 이어 새마을운동 전개 과정에서 야학이 확산되어 갔다. 이러한 야학은 비록 국가로부터 정책적인 지원이나 재정적 뒷받침을 그다지 받지는 못했을지라도 국가권력의 억압으로부터 비교적 자유로운 편이었다. 또한 체제 순응적인 역할을 하고 있던 이러한 야학에 대해서 여론은 야학 교사의 헌신성이라는 측면을 부각시키고 고무적인 사회활동으로 추켜세워 보도했다.

반면 민중야학은 탄압의 대상이 되었으며, 여기에 가세하여 여론도 야학을 일부 '과격학생'의 불순한 의도로 몰아갔다. 《경향신문》은 1982년 2월 3일 자에 〈大學街의 陰影(19) 노동夜學〉이라는 제목의 기사를 게재했다. 겨울방학이면 지하 서클의 학생 멤버들이 '노동야학'에 뛰어들어 "MT 등에서 학습한 한국 노동구조의 모순을 직접 듣기도 하고 그들이 받고 있는 부당한 대우며 저임금 등을 일깨워 의식화시켜 보려는 활동"을 하고 있다고 보도했다. 또한 익명의 학생을 사례로 들어 "근로자에게 한자와 영어도 가르치고 노동이론과 노동조합론 등을 교육"하고 있으며, 노동자들에게 "저항문학책들이며 좌경서적들을 권했고, 노동운동의 필요성, 노동자들의 조직 방법 등도 가르쳤다"라고 보도했다. 또한 이들 학생들은 "편향된 측면만을 확대해 놓은 서적들을 비판 의식 없이 받아들이고 또 어떤 불순한 의도로 지하 세미나나 토론회를 이끄는 과격학생들의 조종에 의해 막연한 사회주의 체제에의 동경을 갖게 되는 수가 있다"라고 했다.[56]

야학연합회 사건으로 치안본부로 연행된 교사와 학생들은 허위 사실을 자백하도록 강요를 받았다. 당국에서는 야학운동의 목적이 사회주의 폭력혁명에 있는 것으로 몰아갔고, 노동야학을 사회주의 역량을 축적하기 위한 지하 비밀조직으로 규정했는데, 이러한 내용을 자백하도록 압박했던 것이다. 한국기독청년협의회 야학문제대책위에서는 당국에서 야학이나 야학운동을 어떻게 인식하고 있는지를 다음과 같이 밝혔다.

**한국기독청년협의회 야학문제대책위 성명서(1983.12.11.)에 나타난 치안본부의 야학에 대한 인식**

1) 야학운동의 목적은 노동자 조직에 의한 사회주의 폭력혁명이다.

2) 노동야학을 거친 노동자들은 계급의식으로 무장되어 무조건적 저항만 일삼고 비인간화된다. 지식인은 무식한 노동자를 쉽게 선동하여 이렇듯 자기 조직의 충성된 일꾼으로 만든다.

3) 노동야학은 사회주의 혁명 역량 축적을 위한 지하비밀조직으로 그 조직을 유지·확대시켜 나간다.

4) 야학 교사들은 사회주의자들이다.

5) 야학연합회 활동은 국가 전복, 체제 부정을 목표로 혁명 역량 집중을 위하여 불법 지하조직 활동을 했다.

6) 대학생 지식인이 노동 현장에 관여하는 것 자체가 계급투쟁을 의식한 사회주의적 불순성이 있다.[57]

위에서 보는 바와 같이 국가권력은 야학운동의 목적을 '사회주의 폭력혁명'이라고 규정지었다. 야학 교사들은 사회주의자들이며, 야학생을 선동하여 조직의 충성스런 일꾼으로 만들기 위해 노동야학을 운영하는 것으로 인식했다. 그리고 야학연합회를 국가 전복, 체제 부정을 위한 불법 지하조직으로 단정했으며, 야학을 '사회주의 폭력혁명'에 동원될 충성스런 일꾼을 만드는 곳으로 매도했다.

냉전 이데올로기에 포획되어 민중교육 운동을 "불법 지하조직 활동", "계급투쟁을 의식한 사회주의적 불순 행위"로 몰아가는 데 일익을 담당한 것은 언론이었다. 언론은 야학 조직을 불법 용공단체로 몰아갔다. 1984년 1월 7일 치안본부에서 "근로야학회 351명의 계보를 파악하여 수사를 확대"하고 있다고 발표했을 때, 《조선일보》는 다음날 기사를 통해 강만길·리영희 등 2명의 해직교수와 조승혁 목사가 "반정부 내용의 강의를 하면서 고려연방제 등 북괴의 주장을 지지하는 발언을 한 혐의로 연행"되었다고 보도했다.

《경향신문》은 1월 9일 자 사설을 통해 "351명이나 되는 젊은 지식층들이 '근로야학회'를 조직하여 정상적인 취업을 외면하고 학력을 속여 가면서 저임금 근로자 사회에 침투, 근로자들을 의식화하려 했다는 것만으로도 그들의 행위는 비판받아 마땅"하다고 강조했다. 그리고 "공산주의의 비인간성과 자유의 귀중함, 그리고 이 나라의 절박한 국가적 현실을 알 만큼 알고 있을 몇 명의 50대 지식인들이 그들 젊은이들을 배후 조종하고 나아가서 고려연방제 등 북괴의 주장을 찬양·고무·주입했다 하니 참으로 어처구니가 없다"라고 했다. 또한 이

신문은 노동자들을 향하여 "자신들이 자유사회를 수호하는 근로자임을 명심, 동지의 가면을 쓴 불순분자들의 유혹에 현혹되는 일이 없도록 경계심을 더욱 강화해야 할 것"이라고 경고했다.[58]

며칠 뒤《경향신문》은 '고려연방제' 등 북괴 노선을 지지했으며, 보안법을 위반한 혐의로 기독교사회문제연구원 원장 조승혁 목사, 전 한양대 교수 리영희, 전 고려대 교수 강만길 등 3명이 구속되었다는 소식을 전했다. 이러한 소식을 전하면서《경향신문》은 "목사와 전직 교수 등의 국가보안법 위반 사건은 이들이 북괴가 적화통일을 노려 감행한 6·25 남침을 민족의 독립통일을 위한 통일전쟁으로 단정하는 등 북괴를 전폭적으로 지지한 점에서 큰 충격을 던져주고 있다. 특히 사회지도층 인사들인 이들이 우리의 통일정책을 정면으로 부정하고 나선데 대해 각계는 경악을 금치 못하고 있다"라고 밝혔다.[59]《조선일보》도 1월 11일 자 기사를 통해 "이들은 오도된 시각으로 작성된 책자를 교회 주일학교, 각급 학교 등에 배포하여 용공을 바탕으로 한 의식화운동에 어떤 계기를 만들려 했음이 수사 결과 드러나 국민을 놀라게 했다", "이들의 반국가적 이론은 나라의 뿌리를 근본부터 흔드는 것이고, 국민 전체의 소망을 완전히 저버린 것이어서, 불순한 저의를 바탕으로 한 '의식화 행위'라고 단정할 수밖에 없다"라고 보도했다.[60]

한편 이해구李海龜 치안본부장은 이 사건을 "자유민주주의 체제를 내부로부터 붕괴시키기 위해 사상적 감염과 조직 세력화를 책동해 온 구체적 사례"라고 규정했으며, "이 사건을 계기로 모든 국민은 우리의 평화통일 의지와 민주주의 체제를 잠식하려는 소수 좌경 의식 분자의 책동에 경각심을 갖고 대응해야 할 것"이라고 강조했다.[61]

《조선일보》는 1985년 5월 22일 자 기사를 통해 노동야학은 "의식화意識化"에 치중하여 노동자의 향학열에 찬물을 끼얹고 있다고 보도했다. 이는 《고대신문高大新聞》에 게재된 내용을 곡해하여 기사화한 것이었는데 그 구체적인 내용은 다음과 같다.

최근 《고대신문》은 교육현장 시리즈 마지막 회에서 야학의 고뇌를 이렇게 썼다.

"통속적인 구분이지만 '검야檢夜'와 '노야勞夜'는 다 같이 자기모순의 지양을 통해 발전해 나가야 한다. 검정고시 합격에 주안점을 두는 검시檢試야학은 기술주의와 매너리즘의 먼지를 털고, 사회성과 역사성을 획득함으로써 교육 본래의 모습에 관심을 기울여야 한다. 또 '의식화'에 중점을 둔 노동야학은 상황에만 몰두한 나머지 자칫 인간이라는 발판을 잃는 오류를 범해서는 안된다."

검정고시에만 초점을 둔다든지 또 다른 사회적인 목적에만 관심을 두는 상반된 경향에 대해 정작 교육을 받는 청소년들은 회의적인 반응을 보여주고 있다.[62]

위 기사는 검정고시야학과 노동야학을 모두 비판하고 있으나, 그 실상은 노동야학에 대한 비판에 비중을 두고 있다. 표제를 "어둠에 가려진 청소년야학"이라 했으며, 기사에는 "야학을 주도하는 측의 치열한 '목적성'이 오히려 학생들의 반감을 사기도 한다"라는 주장이 담겼다. 일부 야학생이 노동야학에 반감을 가졌음을 부정할 수는 없지만 노동야학을 "어둠에 가려진 청소년야학"으로 규정하는 것은 문제가 심각하다고 볼 수 있다. 당시의 언론은 노동야학의 본질을 외면한 채 극단적으로 여론몰이를 했던 것이다.

언론에서는 또한 야학 교사로 활동했던 자들의 자기반성적인 글을 실어 노동야학에 대한 당국의 논리를 사회적으로 확산시키고자 했다. 《경향신문》1985년 7월 6일 자 〈어느 위장취업偽裝就業 근로자의 수기手記〉라는 표제의 기사를 인용하면 다음과 같다.

노동야학에 들어가 야학노동자들의 열악한 노동조건과 비참한 생활상을 듣고 보게 되면서 불만이 쌓이게 되었다. 또 현실 비판의 사회과학 서적들을 탐독하게 되고 학생 데모에 참여하거나 보면서부터 현 사회 현실의 모순들이 사회구조적인 모순에 의해 발생하는 것이라고 보아 왔다.

그리하여 현 한국 사회는 독재에 의한 정치적 폭력이 난무하며, 정권과 결탁한 독점재벌들에 의한 국민경제 파탄과 빈부의 극심한 격차, 그리고 비민주적이며 반민족적인 고급관료들의 횡포를 조장함으로써 자본주의 체제의 모순을 첨예화시키고 있으며 제국주의의 노예로 전락하여 민족주체성을 말살시키면서 노동자 농민을 수탈하고 있으므로 이러한 사회현실 모순들을 해결하기 위해서는 이런 집단은 타도되어야 한다고 믿게 되었다.

이런 생각 아래 노동야학의 노동자들을 의식화하고 조직화하여 노동운동을 활성화시킴으로써 노동자 계급이 힘을 결집하여 결정적 시기에 민중봉기를 일으켜 완전한 평등과 정의가 실현되는 사회주의 사회를 건설키로 하고 나는 NC(야학)연합회를 결성하여 중부 지역, 남부 지역, 동부 지역에 있는 노동야학들을 지역별로 조직하여 노동운동의 활성화를 도모하고자 활동하여 왔다.

그러나 나는 지나온 과정을 돌이켜 볼 수 있는 기회를 가지면서 왜 내가 이처럼 잘못된 사상과 행동에 매몰되어 있었는지에 대해 생각하게 되었고 이러한 반성의 계기를 갖게 된 것이 나의 인생에 있어 참으로 다행스러운 일이라 생각된다.

노동야학을 하면서 노동자들을 의식화한다는 미명 아래 나이 어린 영세업체 미성숙 여성 노동자들에게 그들의 삶을 책임질 수도 없으면서 본인의 허황된 사상으로 말미암아 오히려 야학 노동자들을 얼마나 괴롭혀 왔는가를 깨닫게 되자 나의 무책임한 행동에 대해 무수한 질책이 가해지기를 바라는 마음마저 생겼다.

위 글은 '위장취업'해서 활동하다가 경찰에 연행된 ㄷ 대학원 2학년 김만우金萬宇(26·가명)가 자신의 노동야학 활동이 잘못된 선택이었다고 고백하는 내용이다. 그는 "NC(야학)연합회를 결성하여 중부 지역, 남부 지역, 동부 지역에 있는 노동야학들을 지역별로 조직하여 노동운동의 활성화를 도모하고자 활동"했다고 기술했다. 당국에서 임의로 서울 지역의 야학을 중부, 남부, 동부 지역으로 조직화된 것으로 보았는데, 이를 그대로 김만우의 글에서 기정사실화 하고 있다는 것을 발견할 수 있다. 야학의 지역별 조직화가 사실인지 아닌지의 여부를 떠나서 그의 글을 보면 노동야학에서 중심적인 역할을 했던 것으로 보인다. 즉 김만우라는 가명을 빌려 신문에 고백하고 참회하는 글을 쓴 것인데, 이는 경찰에 연행되어 강압적인 수사를 받으면서 썼던 자술서를 언론에서 기사화한 것일 가능성도 있다. 언론에서는 이를 기사화하고 "나는 이데올로기의 노예였다", "그들의 삶 책임 못 지며 어린 여공들에 허황된 사상 주입 후회"라는 큼지막한 부제를 달아 효과를 극대화시켰다.

# 야학생의 삶과 희망, 그리고 야학 문화

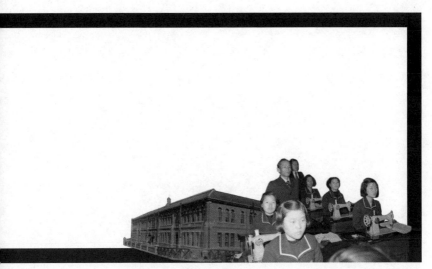

4

# 야학생의
## 삶과
# 희망

## 노동자와 학생으로 살아가는 이중생활

기독교야학연합회는 야학의 대상을 세 시기로 구분하여 정리했다. 〈표
11〉은 세 시기에 따라 야학의 대상을 구분한 것이다. 이에 따르면, 거
의 대부분의 야학이 도시 지역에서 행해지고 있다는 사실을 드러내고
있다.

물론 농촌 지역에서도 야학은 존재했다. 재건국민운동, 새마을운동
과정에서 농촌 계몽에 뜻을 둔 사람들이 계몽운동의 일환으로 야학을
운영했으며, 이들이 계속 농촌 지역에 뿌리를 내리면서 활동을 한 경
우가 산발적으로 존재했다. 기독교야학연합회는 이러한 범주를 통계
범위에 포함시키지는 않은 것 같다.

| 시기 | 대상 |
|---|---|
| 1. 1960년대 말~<br>1970년대 초 | 이농 출신 도시 영세 빈민의 자녀 |
|  | 구두닦이, 잡역부, 소규모 영세 공장의 일반 연소노동자 |
|  | 반실업자 |
| 2. 1970년대 중·후반 | 도시빈민의 자제와 일반 연소노동 계층 |
|  | 공장노동자가 많아지기 시작 |
| 3. 1970년대 말 | 연소 공장노동자 |
|  | 일반 연소노동 계층, 빈민 자제 |
|  | ※ 대상 노동자의 취업 현장이 점점 대기업화 |

출전 : 기독교야학연합회, 《민중야학의 이론과 실천》, 풀빛, 1985, 28~29쪽.

기독교야학연합회에서는 1960년대 말부터를 시기 대상으로 야학생의 구성을 밝히고 있으나 1960년대 초·중반기에도 구성상 큰 변화는 없었을 것으로 보인다. 즉 1960년대에는 ① 이농 출신 도시 영세 빈민의 자녀, ② 구두닦이, 잡역부, 소규모 영세 공장의 일반 연소노동자, ③ 반실업자 등이 야학생의 대부분을 차지했을 것으로 보이기 때문이다.

도시로 몰려든 노동자들은 의무교육으로 국민학교만 졸업했거나 의무교육을 마치고 어렵게 중학교에 진학하여 졸업한 자가 대부분이었다. 이들은 돈을 벌면서 배움의 길을 계속 가겠다는 꿈을 안고 도시로 향했다. 단신으로 혹은 친구와 함께 올라오기도 했고, 먼저 올라갔던 형이나 언니 등 가족, 그리고 이웃의 선배나 친구를 매개로 상경하는 경우도 있었다.

가족을 매개로 상경하게 된 예를 신경숙에게서 볼 수 있다. 유신 말기인 1978년에 열여섯 살의 신경숙은 서울에서 동사무소 청소과에 근무하고 밤에는 야간대학에 다니는 오빠로부터 편지가 오기를 애타게 기다렸다고 《외딴방》에서 술회한다.[1] 그녀는 오빠를 매개로 서울 상경을 꿈꾸었던 것이다. 신경숙은 서울에 상경했을 때의 문화적 충격을 이렇게 표현했다. "그날 새벽에 봤던 대우빌딩을 잊지 못한다. 내가 세상에 나와 그때까지 봤던 것 중의 제일 높은 것. (…) 서울역 광장을 걸어 나오다가 열여섯의 나, 몇 걸음 앞서 걸어가는 엄마를 향해 부리나케 달려가 엄마의 옆구리에 찰싹 달라붙는다. 그것도 모자라 엄마의 손을 찾아 힘주어 쥔다. (…) 거대한 짐승으로 보이는 저만큼의 대우빌딩이 성큼 성큼 걸어와서 엄마와 외사촌과 나를 삼켜버릴 것만 같다."

경제 사정으로 상급학교에 진학하지 못하거나 중퇴한 농어촌 청소년들은 돈을 벌면서 배우기 위해 서울로 상경했지만 현실은 녹록하지 않았다. 충북 청원에서 서울로 올라와 D제관에서 공원 생활을 하던 김학운은 작업반장에게 호소해 중학교에 입학할 수 있었다. 그러나 매일 다른 공원보다 3시간 일찍 나가는 것이 무한정 허용되지는 않았다. 결국 D제관을 그만둔 그는 영등포구 개봉동에 있는 A회사로 옮겼으나 견습을 감수해야만 했고, 월수입도 1만 5000원으로

떨어졌다.[2]

1976년 서울 남대문의 봉제공장에 들어간 김점숙의 하루 일과는 아침 8시 30분부터 밤 8시 30분까지 중간에 점심시간 1시간을 뺀 12시간 노동으로 채워졌다. 이럴 경우 야학에 다닐 수 있는 시간의 여유가 전혀 없었다. 김점숙은 야학을 다니기 위해 보세공장으로 옮겼다. 이곳은 학생반과 일반반으로 나누어 작업을 했다. 일반반은 7시 50분에 시작하여 저녁 7시에 퇴근하지만, 학생반은 일반반보다 약간 이른 시간인 7시 30분에 일을 시작하고 점심시간도 30분, 그리고 퇴근 시간은 4시였다. 방학 때 학교를 나가지 않으면 일반반으로 합류하여 매일 밤 11시나 12시까지 잔업을 해야 했다.[3]

야학생들은 생활의 어려움 속에서 사회의식에 눈을 뜨게 되었고, 생계에 막대한 지장을 주는 하루 3~4시간의 잔업을 포기하면서 야학에 올 정도로 배움에 대한 욕구가 강했다.[4] 배움의 기회를 놓친 노동자로서 야학이라는 존재는 육체적으로 삶을 더욱 고달프게 했지만 정신적인 위안처요 희망이기도 했다. 배움에 대한 욕구가 육체적인 고통을 상쇄시킨 것이다. 야학을 위해 다니던 직장을 그만두는 경우도 많았다. 15세의 미싱사 최순희는 일기에 "불행하게도 우린 퇴근시간이 맞지 않아서 참 곤란하게 됐다. 오후 작업을 하면서 신중하게 생각해 봤다. 어쩌면 이게 마지막 기회일지도 모른다. (…) 결국 난 직장을 옮기기로 결정을 내렸다"라고 썼다.[5]

이외에도 야학 생활의 어려움은 곳곳에 도사리고 있었다. 무엇보다도 큰 어려움은 공장 측의 잔업 강요였다. 최순희는 "내일부터 6시 출근, 밤 12시에 끝나고 집이 먼 사람만 11시에 끝나야 될 것이며, 학교에 다니는 사람은 며칠 동안 다니지 말라는 것이다. (…) 7시에 학교 가서 10시에 와서 3시간 채워줄 테니 7시에 보내달라고 얘기했더니 안 된다고 하면서 귀찮다는 듯이 나가버린다"라고 일기에 적고 있다.[6] 이럴 경우 며칠 동안 야학에 다니지 못하는 상황이 발생하여 진도를 따라잡을 수 없게 되는데, 이는 대부분의 야학생이 중도 포기를 결정하게 되는 요인 중의 하나였다.

유용주는 야학에 다닐 수 있다는 희망의 소리를 전해 들었을 때의 심정을 다음과 같이 표현했다.

라디오 방송에서 뜻밖의 목소리를 들었다. 임국희 아나운서가 진행하는 문화방송 오전 프로였는데 방송 끝날 무렵 짤막하게 공지사항을 전달하는 내용에 귀가 번쩍했다. 자세히 듣지는 못했으나 피치 못할 사정으로 중학교를 다닐 수 없게 된 사람들에게 야간에 무료로 중학교 과정을 가르치는 곳이 있고, 성별과 나이에 차별이 없이 배우고 싶어 하는 사람은 누구나 응시를 할 수 있다는 내용이었다. 가슴이 벌렁벌렁했다. 생각보다는 충동이, 말보다는 행동이 앞섰던 나는 가만히 있을 수가 없었다. (…) 온몸에 피가 용솟음쳐 올라왔다.[7]

유용주는 또한 1978년 9월 정동 제일교회 '배움의 집' 입학을 앞두고 "열아홉 살, 남들은 고등학교를 졸업하고 대학 진학을 하는 나이에 중학교 1학년 교과서를 배우다니, 부끄럽지 않았다. 금방 따라잡을 수 있을 것이다. 남들이 삼 년 동안 배우는 것을 나는 일 년 만에 해치워야 한다. 낮에는 일도 해야 한다. 공부를 한다고 일을 소홀히 할 수는 없다"라고 결심했다.

유용주가 다닌 정동 제일교회 배움의 집은 1976년 9월 2일 처음 문을 열었다. 정동 제일교회가 장기 선교계획의 하나로 청소년 선도 사업에 목적을 둔 야학을 개설하여 청소년을 대상으로 1년간 중학교 과정을 가르쳐 고등학교에 진학하게 하는 지역사회 봉사 프로그램을 실시했다. 1977년 8월에 제1기 수료생 24명을 배출했고, 제3기부터는 학생 수가 많아져 200명이 넘었다고 한다.[8]

노동자들은 야학을 가난으로부터 벗어날 수 있는 탈출구이자 희망의 상징으로 인식했다. 현실의 어려움을 극복하기 위해서는 배워야 한다는 것을 체득하고 있었기 때문이다. 어떤 노동자들은 공장에서 일하는 외에 신문 배달로 생계를 보충하면서 야학 생활을 했다. 이를 보여 주는 사례는 아래와 같다.

고교 1학년 진용자 양(18세)의 하루는 새벽 3시 반부터 시작된다. 3시 반에 일어나 얼른 세수하고 정신을 차려 4시까지 조간신문 보급소에 도착하여 150부의 신문을 안고 뛰기 시작하는 것이다. (…) 진양이 신문을 다 배달하고 나면, 6시 내지 6시 반이 된다. 회사에 다니는 언니와 방을 얻어 자취하는 집으로 돌아와서 부리나케 아침밥을 걸치고 7시 반 경 회사로 떠난다. (…) 8시 20분 회사에 도착하여 30분부터 작업에 들어간다. 카세트를 조립하는 진양의 회사는 점심시간 40분 동안이고, 오후 5시 30분에 작업이 끝난다. (…) 공장의 일이 끝나면 다시 재빨리 옷을 갈아입고 학교로 향한다. 공장 쪽에서 나오는 차가 많아 학교 앞에 도착하면 5시 50분 가까이 된다. 그리하여 시작된 야간수업이 끝나면 10시이고, 집에 가면 10시 반이 된다.[9]

1970년대 중후반, 서둔야학에 다니던 학생들의 부모는 가내수공업의 형태를 띠고 있는 방직공장이나 전자부품 조립 공장에서 일하거나 막노동으로 생계를 잇는 주민들이 다수를 차지했다. 이들의 가장 큰 문제가 생계 해결이라 자식들을 학교에 보낼 처지가 못 되어서 어린 자녀들도 부모와 함께 같은 공장에 취업하기도 했으며, 부모 대신 가사를 도맡는 경우도 있었다.[10]

야학생의 나이는 평균 20세 안팎이었다. 16세의 나이 어린 여공부터 20세를 훌쩍 넘긴 노동자들도 섞여 있었다. 1970년대 말, 서둔야학의 학생들은 대부분이 여학생이었고, 연령층은 초등학교 졸업자에서 17세~19세의 연령층이 많았고, 22~23세 정도의 학생도 있었다.[11] 1979년에 산업체 특별학급에 입학한 신경숙은 신입생 중에서 자신이 가장 어린 17세였으며, "농성 때문에 이따금 학교를 빠지는 김삼옥은 자그마치 스물여섯"이었고, "튤립 배지가 달린 교복도 김삼옥에게 만

큼은 어색하다. 교복과 얼굴이 따로 논다. 교복은 너무 소녀스럽고 그녀의 얼굴은 너무 피로에 젖었다"[12]라고 표현했다.

야학생은 정규학교에 다니는 학생과 구별되었다. 같은 또래가 모여 공부하면서 쉬거나 학교가 파한 후 친구와 사귈 수 있는 여유는 정규학교에 다니는 학생에게만 부여되었다. 야학에서는 나이 차이를 극복해야 했고, 공장노동자로서 잔업을 줄여가면서 야학에 다녀야 했기에 같은 또래의 친구를 사귈 수 있는 환경을 부여받지 못했다. 신경숙은 《외딴방》에서 이렇게 썼다.

지금도 누군가 고등학교 때 친구야, 하며 옆에 서 있는 사람을 소개시키면 멈칫해지고 그들을 다시 쳐다보게 되곤 했다. 서로 다른 친구를 사귀면 토라지고 나뭇잎 같은 거 말려서 그 뒷면에 그 애의 이름을 써넣고, 자전거 하이킹도 가고, 밤새 편지를 써서 그 애의 책갈피에 몰래 끼워놓고 (…) 내게는, 그리고 내게 전화를 걸어온 그녀들에겐, 그런 시절이 없었다. 토라질 틈도, 나뭇잎을 말릴 틈도 우리들 사이엔 없었다. 우리들 사이엔 봉제공장, 전자공장, 의류공장, 식품공장들의 생산부 라인만이 있었다.[13]

그러나 야학생 대부분이 자신의 처지와 비슷하다는 점에서 야학을 소중한 공간으로 인식했다. 1974년 서울 신정동에서 야학을 다닌 장남수는 야학을 동병상련의 애정이 싹트는 곳으로 인식했다. 그녀는 이렇게 표현했다.

나는 집에 가면 부엌 솥가에 따뜻하게 밥을 놓아 주시는 어머니가 계시지만, 우리 중에는 어머니가 없는 사람, 아버지가 없는 사람, 계모인 사람 등등, 그야말로 결손가정인 애들이 많았다. 사는 집도 하꼬방, 사글세방 등기가 막히게 살아가는 사람들이 대부분이었다. 그래서 우리는 야학이 좋았다. 똑같은 환경에 처해 있는 서로를 이해할 수 있었고, 지껄이고 떠들고 웃을 수가 있었다. 교과서의 내용만이 아닌, 참 삶을 배우는 곳이라고 나는 생각했다.[14]

## 학생들의 현실과 희망

마이클 애플Michael W. Apple이 말했듯이 교육은 가치중립적인 사업이 아니다. 교육자들이 의식하든 의식하지 못하든 간에 교육제도 자체의 본질적인 성격 때문에 교육 행위에는 정치적인 행위가 개입되어 있다.[15] 교육은 경제 영역에서 불평등을 재생산하며, 교육제도는 지배 문화의 중요한 전수자 역할을 한다. 지배 문화에 적합한 의미와 가치관을 가르침으로써 지배 문화에 순응하는 학생을 길러내는 역할을 하는 것이다. 결국 학생들은 사회생활의 통제와 조직을 둘러싸고 일어나는 복잡한 관계와 갈등을 탐색하는 데 적극적이지 않게 된다.[16]

마이클 애플은 또한 학교에서 가르치는 지식이 어떻게 지배 집단의 이데올로기를 반영하게 되는지를 질문해야 한다고 강조했다. 그는 세 가지 질문을 던졌다. ① 일상적인 학교의 규칙들이 어떻게 학생들의 이데올로기 학습을 도와주고 있는가, ② 과거나 현재의 특정 교육 내용이 어떻게 이데올로기를 반영하고 있는가, ③ 이러한 이데올로기 들이 행위에 의미를 주고 질서와 방향을 부여하기 위해 교육자들이 사용하는 기본적인 관점 속에 어떻게 반영되어 있는가. 첫 번째 질문 은 학교의 잠재적 교육과정과 관련된 것이며, 두 번째는 교육에서 다 루는 지식 자체에 문제를 제기한 것이며, 마지막 질문은 교육자들이 특정 모델과 전통을 그들의 연구와 실천에 사용함으로써 자신도 모르 게 받아들이게 된다는 점을 밝히려는 것이다.[17]

한국에서 비제도권교육도 지배문화에 순응하는 학생을 길러내는 기능을 해 왔다. 해방 이후부터 1970년대까지, 노동야학이 생겨나기 전까지는 주로 제도교육을 모방해 왔기 때문이다. 검정고시야학이나 생활야학의 교육 내용과 교육 방식을 볼 때, 제도교육을 상당부분을 모방했다는 것을 알 수 있다. 물론 야학의 진보적인 형태로 나타난 민 중야학도 이러한 비판으로부터 자유롭지 못하다. 엄밀한 의미에서 노 동교육을 행했다기보다는 노동자를 대상으로 한 교육에 지나지 않았 다는 것도 숨길 수 없는 사실이기 때문이다. 또한 노동대중에 대한 이 해 결여와 교사진의 미숙한 경험과 실천 등으로[18] 여러 가지 문제가 표출되었던 것도 부정할 수는 없다.

그러나 제도권교육에서 소외된 노동자들은 야학에서 희망을 키워 갔다. 유용주는 1978년 9월에 정동 제일교회 배움의 집에 입학한 것 을 계기로 시인이 되고자 했다. 그는 국어시간에 윤동주尹東柱의 〈서

시(序詩)를 배우면서 시인이 되겠다고 결심을 했는데, 자신의 자전적 소설에서 이렇게 술회했다. "내 운명은 정동교회 '배움의 집' 첫 국어수업 시간에 결정이 났다. 시인이 되는 것이다. 그래, 시인이 되고야 말겠다. 얼마나 멋있는 일인가, 〈하늘과 바람과 별과 시〉를 노래하는 사람이 된다는 게, 화가도 아니고 음악가도 아니고 선생도 목사도 스님도 아닌, 빵쟁이나 땜쟁이가 아닌 시인이라니 얼마나 근사한 이름인가. 윤동주처럼 훌륭한 시인이 되자, 시인이 되어 마린 앞에 당당하게 나타나자."[19] 또 이렇게 술회했다. "시인이 된다는 것, 공부를 해서 대학에 간다는 것, 마린과 결혼한다는 것, 이 모든 꿈들이 불가능한 일인지도 모른다. 하지만 꿈 없는 청춘은 얼마나 불행한가. 자기가 처해 있는 상황이 나쁘다고 꿈꾸는 일마저 포기한다면 얼마나 비참한 일인가. 현실이 거칠고 힘든 만큼 오히려 꿈은 더 부드럽고 평화스러워야 하리라."[20]

야학의 성격이 변화된 계기는 앞에서 언급했듯이 전태일 분신 사건에서 찾을 수 있다. 이 사건은 그동안 사회운동의 이념이 자유, 민주라는 포괄적 이념에 갇혀 있던 것에서 민중을 발견하고 민중을 지향하게 되는 계기가 되었다. 야학에서도 변화가 일어났다. 당시 야학은 빈곤의 원인을 교육받지 못한 탓으로 돌리고, "못 배운 아이들 사람 만들고(敎化) 검정고시 합격시켜 잘 살게 하겠다"면서 검정고시 합격을 주된 목표로 삼았다.

그러나 현실은 달랐다. 검시 합격률은 극히 저조했다. 1978년 9월,

한국기독교장로회가 1978년 검정고시야학의 입학생 중 졸업 시 검시 합격률은 서울 시내 15개 야학 평균 5퍼센트로 나타났다고 야학 실태 조사 보고서에서 밝힐 정도로 검시 합격률은 극히 저조했다. 또한 검시에 합격했다고 하더라도 경제적 이유로 진학하지 못하는 경우도 있었으며 한 단계 높은 상급학교 진학은 엄두도 내지 못하는 형편이었다. 이것이 야학생이 겪을 수밖에 없는 현실이었다. 검시야학은 이러한 현실을 자각하고, 연소노동자가 대부분인 야학생들의 고통을 근본적으로 해결해 주지 못한다는 것을 깨닫기 시작했다.

또한 당시 야학 교사는 민중에 동참한다는 자세에서 야학에 참여한 것이 아니라 지식을 가진 교사로서 민중을 깨우친다는 입장이 컸다. 이 때문에 야학생들은 야학 교사에 대한 상대적 열등감으로 위축되기도 했고, 대학생 교사에 대한 환상으로 자신의 현실을 더욱더 고통스럽게 바라보기도 했다. 따라서 이에 대한 야학 교사들의 철저한 반성도 절실히 요구되었다.[21]

노동야학은 1970년대 중·후반부터 나타났다고 볼 수 있다. 이는 야학에 참여한 교사의 구성이 달라지는 시기와 밀접한 관련을 갖는다. 대체로 봉사 의식과 박애 의식을 지닌 대학생, 청년지식인, 사회사업가 등에서 야학 교사가 나왔으나 1970년대 중·후반에는 유신 체제에 저항하다 학내에서 축출된 학생운동 출신자들로 채워지기 시작했다. 그리고 1970년대 말에는 노동운동에 관심을 갖는 대학생, 사회체험을 원하는 일반 대학생, 지식청년들이 합류하게 된다. 이들 가운데 학내에서 축출된 학생운동 출신자나 노동운동에 관심을 둔 대학생들이 그동안의 검정고시야학이 가지는 한계를 인식하고 노동야학을 전개하기 시작했다.

1970년대 말에 이르러 노동야학은 민중이론을 받아들였다는 점, 그리고 유신 체제 말기 엄혹한 탄압국면에 접했을 때 '자취방야학'으로 전환했다는 점에서 이전 시기와 다른 특징이 있다.[22] 그러나 야학에서 노동자와 대학생이 만나고, 야학운동이 학생운동과 결합해 나갔음에도 불구하고 야학운동의 개념과 목표뿐만 아니라 노동자 대중의 현실을 반영하는 과학적인 논리도 정립되지 않은 상태에 있었다. 기독교야학연합회도 "엄밀한 의미에서 노동교육을 행하기보다는 단지 노동자 대상의 교육에 지나지 않았으며, 노동대중에 대한 이해 결여 및 교사진의 미숙한 경험과 실천력은 흔히 말하는 '노동자의 대학생화'라는 문제점을 발생시켜 왔다"라고 지적할 정도로[23] 야학운동의 개념과 목표가 명확히 설정되지도 않았으며, 야학 교사의 실천력에도 문제가 많았다고 볼 수 있다.

## 학생과 교사의 교감과 갈등

노동야학은 민중의 의식화에 주목했다. 한완상韓完相은 즉자적 민중을 대자적 민중으로 전환시키는 일을 대체로 지식인이 떠맡게 된다고 언급했다. 여기서 지식인은 대자적 민중으로서, 지배질서의 정당성과 허위의식을 제조하거나 피지배자인 민중을 조종하고 동원하고 억압하는데 필요한 실용적 지식을 공급하는 지식기사와는 다른 존재이다.[24]

한편 마르크스Karl Marx, 베버Max Weber, 뒤르켐Emile Durkheim으로부터 영향을 받아 자신의 독특한 사회학을 구축한 부르디외는[25] 지식인을 다른 방향으로 규정했다. 부르디외에 따르면, 지식인은 문화적 자산의 보유자라는 점에서 지배계급의 한 (피지배적) 분파로서 정치문제에 대한 다양한 입장을 취하는 존재이며, 지배자 내부의 피지배자라는 점에서 그 위치가 모호하다.[26] 이러한 부르디외의 지식인론에 대하여 강준만은 "지식인들로부터 사회 변혁에 필요한 첨병의 역할을 기대하는 그람시Antonio Gramsci의 '유기적 지식인론'과는 다소 다르다"라고 주장했다.

학교에서 교육자는 교육 행위를 할 때 자신을 피교육자 위에 군림하는 존재로 착각하기 쉽다. 전통적인 교육에서, 특히 일제시기에 이러한 경향이 강했는데 피교육자를 열등한 존재로 무시하고 일방적으로 가르침을 받아야 하는 대상으로 바라보았다. 교육자가 피교육자에게 권력을 행사할 수 있다는 점에서, 부르디외가 제시한 '상징적 폭력(Violence symbolique)'이라는 개념이 전형적으로 행사되는 공간이 학교라고 할 수 있다. '상징적 폭력'은 부르디외의 중요 개념 중 하나로, 지배관계의 억압적 성격을 은폐하면서 지배계급의 가치와 이해관계를 자연스러운 것으로 만들어내는 과정이라 할 수 있다.[27] '상징적 폭력'은 지배의 힘이 피지배자의 정신과 신체에 내면화되는 것을 말하는데, 지배계급의 상징투쟁이 은밀히 행사되는 곳이 학교이며, 이러한 기능을 하는 교육은 사회불평등을 유지시키는 기제인 것이다.[28]

대체로 야학은 이러한 제도교육을 그대로 답습했다고 볼 수 있다. 그렇지만 1970년대 중후반에 이르러 야학은 이러한 전통적인 교육에서 교육자가 피교육자 위에 군림하고, 피교육자를 대상화하는 것을 거부한 측면이 있으며, 의도했건 의도하지 않았건 부르디외가 말한대로 상징적 폭력을 내면화시키는 교육의 기능에 대하여 저항한 측면이 있었다. 그 실례의 하나로써 서둔야학을 들 수 있다.

서둔야학의 교사는 대개 서울농대 1학년이나 2학년 학생으로 구성되었다. 처음에는 서둔교회에 다니는 대학생을 중심으로 시작했으나 이후 출신 고등학교 선배, 학과 동문 등 다양한 사람이 참여하여 농과대학의 거의 모든 학과 학생들이 고루 야학 교사 생활을 했다.[29] 1950년대부터 1983년 폐교될 때까지 야학에 참여한 교사들은 밤 10시가 되어 야학이 끝나면 학생 모두를 집에까지 바래다주었다. 야학생을 데려다 주고 나면 밤 12시가 되기도 하고, 학생들이 더 멀리서 왔을 때에는 밤 1시가 넘기도 했다고 한다. 이러한 일을 매일 한다는 것은 열정 없이는 불가능하다.

야학 교사들은 또한 부모님께 야단맞고 쫓겨난 학생을 자취방에 재워 주기도 했고, 방학 때가 되면 김치와 먹을 것을 들고 자취방을 찾아온 야학생과 함께 시간을 보내기도 했다.[30] 이러한 교육을 통해 자연스럽게 사랑과 우의를 다지게 되었다.[31] 야학일 때문에 자신의 학교 수업을 빼먹기 일쑤였고, 수업이 없는 시간이면 야학에 와서 살다시피 한 교사들이 많았던 것에서 야학 교사들의 야학에 대한 사랑과 열정을 확인할 수 있다.[32] 서둔야학의 1회 졸업생이 교사에게 느꼈던 회고담을 그대로 옮겨보면 다음과 같다.

1960년대 너나 할 것 없이 어렵던 시절 당장 생계 걱정으로 지새우는 부모님들께 사랑, 관심 이런 것을 기대하는 것은 애초부터 무리였지요. 그 때 야학생들은 남의 집 가정부로 있는 선배 언니가 있는가 하면, 대부분이 가난한 농가의 자녀들로서 주로 푸른지대나 농촌진흥청에서 일당을 받고 일하는 아이들이 대부분이었지요. 그런 아이들에게 소풍날이면 도시락을 싸와서 먹이고, 간밤에 내린 비로 논물이 도로에 흘러넘치면 하나하나 업어서 그 길을 건네주시던 선생님들. 당신들도 배우는 학생으로서 우리의 보금자리가 없음을 안타깝게 생각하시고 새 교사를 손수 지어 주셨습니다. 책·걸상도 만들어 주셨습니다. (…) 피곤하실 텐데도 우리들을 밤늦게까지 가르쳐 주시고 위험하다고 집 근처까지 데려다 주셨던 선생님들의 그 지극하신 사랑을 살아 있는 한 어찌 잊을 수 있겠습니까?[33]

서둔야학의 학생과 교사들은 서로 간에 믿음이 있었다. 교사들이 고등학교를 갓 졸업하여 교육 방법에 대한 훈련을 받지 못하여 미숙함을 드러냈지만 이러한 것은 학생과 교사의 믿음으로 극복될 수 있었다.

그러나 교사와 학생 사이에 갈등이 없었던 것은 아니었다. 야학 교사들은 중도에 포기하는 경우가 많았다. 1960년대 말, 서둔야학의 경우 처음 모집 당시에는 농대생 인원의 1/10 정도인 30~40명이 들어왔다가 1~2개월이 지나면 10명 내외가 남았을 정도였다.[34] 이러한 것이 야학생들에게 좋은 모습으로 보일 리 없었다. 그리고 고등교육의 혜택을 받고 있는 야학 교사를 자신과 견주면서 소외감을 느끼게 되고 이것이 갈등을 일으키기도 했다. 서둔야학 졸업생의 회고담을 통해 야학 교사와 학생 사이의 갈등의 단면을 들여다 볼 수 있는데, 이를 소개하면 다음과 같다.

수업시간. 그 선생님은 아마도 독감에 걸리셨는지 하얀 마스크로 얼굴 반을 가리고 나타나셨고, 철없는 우리들은 수업 태도가 엉망이었던 것 같았다. 그러던 중 선생님은 참을 수가 없으셨는지, "내가 이렇게 독감에 걸리면서까지 수업을 빼먹을 수가 없어 힘들게 나왔는데, 너희들 그럴 수가 있느냐?"는 말에 내가 한 말, "그렇게 생색낼 거 없다. 나도 당신만큼 여건이 좋아 대학에 다닐 수만 있다면 그만한 봉사쯤은 열 번이라도 할 수 있다. 조금 더 가진 자가 없는 사람에게 나누어 주는 것 가지고 너무 생색낼 거 없지 않느냐?"는 망언 –라스코르니코프의 위험한 발상– 왜 그랬을까? 너무도 잘 아는데, 선생님들이 어떤 이기와 보상을 바라고 하는 일이 아닌 것을 아는데 나는 왜 그처럼 1999, 참혹한 말을 했을까?[35]

1974년 서울 신정동에서 야학을 다닌 장남수는 "선생님들 중에는 참으로 잊혀지지 않을 좋은 인상과 기억을 준 사람도 많지만, 우리 마음을 아프게 한 사람들도 더러 있었다. 택시를 타고 온다든지(그것도 자가용) 화려한 의상을 하고 와서 아이들이 부럽게 바라본다든지 할 땐 속이 상했다. 또 '새로운 교사'라며 와서 소개하고 몇 번 가르치다가 그만두어 버리는 경우도 있었는데, 그럴 땐 참 씁쓰레했다. 대학에 다니는 바쁜 사람들이 큰 맘 먹고 왔을 텐데. 우리들의 모습과 태도에서 자신이 없어진 거라는 느낌이 언뜻언뜻 들었지만, 자존심이 상해 아무 말도 하지 않았다"[36]며 야학생이 야학 교사를 바라보는 시선에 대해 언급했다.

정동 제일교회 '배움의 집' 교사는 서울 시내 중고등학교에 근무하는 현직 교사들이었고, 상업이나 음악, 미술은 대학생이 담당했다. 유용주는 이러한 교사를 "봉사정신과 희생정신으로 무장"하여, "낮 시간 동안 파김치가 되도록 근무하고 밤늦게까지 우리들을 위해 온 정열을"[37] 쏟아낸 분들이었다고 표현했다. 그리고 학생들을 엄격하게 통제하려는 교사와의 갈등에 대해서도 다음과 같이 회고했다.

정수진 선생님은 사무적이고 쌀쌀맞기가 종갓집 시어머니 저리가라였다. 우리가 정상적인 가정에서 자라지 못했기 때문에 자칫 소홀할 수밖에 없는 부분들에 대해서 집중적인 지적과 비판이 있었다. 교회 안에서 지켜야 할 자세, 누구의 통제도 받지 않고 자란 자유분방함 뒤에 따르는 의무와

책임에 대하여, 정리와 정돈에 대하여, 예의와 규범에 대하여 잔소리가 많았다. 특히 여학생들에게 엄격했는데 공부 이외에는 관심을 두지 말라는 것, 현재 자기 자신이 처해 있는 상황을 파악하지 못하고 갑자기 화장이 진해진다거나 주렁주렁 액세서리를 걸친다거나 옷 색깔이 현란하고 치마 길이가 짧아지는 것에 대해 참지 못했다. 격렬하게 몰아세웠다. 밖에서는 어떻게 살아왔는지 모르겠지만 교회 안에서는 교회의 규칙과 질서에 따라 품행이 단정해야 할 것이고, 무엇보다 공부를 하러 왔으면 공부하는 데에 온 정신을 쏟아야지 괜히 선생님이나 동료들에게 꼬리치지 말라는 엄중한 경고였다. 구구절절 맞는 말이었지만 여학생들에게서 불만이 터져 나왔다. 시집도 가기 전에 무서운 시어머니 만났다고, 노처녀(정 선생님은 미혼이었다) 히스테리라는 둥 〈B사감과 러브레터〉의 주인공이라는 둥 뒤꽁무니에서 말들이 많았다.[38]

한편 어떤 야학생은 1978년 8월 23일의 일기에 "오늘 수업은 사회 시간. 과목이 좋다보니까 선생님까지 좋아진다. 설마 1대 1로 좋아하는 건 아니겠지. 아닐 것이다. 내가 그렇게 제 꼬라지를 모르고 주제 파악을 못하는 계집애는 아니니까…"라고 썼다.[39] 강학과 야학생 사이에는 넘어서는 안 될 두터운 벽이 가로 놓여 있다고 야학생 스스로 규정한 것이다. 이러한 사고는 야학생의 내면에 깊숙이 자리 잡고 있어 강학과 야학생 사이의 갈등의 골을 깊게 만들었으며 이러한 갈등이 오래 지속되기도 했다. 10개월 가까이 지난 1979년 6월 14일의 일기에서 "야학에 가도 강학들보다도 학생들 하고 이야기하고 싶다. 당연한 게 아닌지 모른다. 우리는 같은 입장이다. 그들이 아무리 이해를 한다고 해도 대학생과 노동자라는 벽이 있기 때문에…"라고[40] 한 것에서 볼 수 있듯이, 대학생 강학에 대한 야학생의 열등감과 피해의식은 좀처럼 쉽게 해소되지 않았다.

# 2

# 야학의 시간과 공간,
## 그리고
# 교과목

학교는 산업체에서 필요로 하는 기술과 사회적인 자질을 제공해 왔다. 그리고 권위에 대한 존경심, 노동시장에서 요구하는 규율에 대한 복종을 피교육자에게 주입시켜 왔다. 권위와 규율은 작업현장을 지배하는 것과 직접적으로 연관되므로, 학교는 불평등을 정당화하고 인위적인 권위에 맹종하도록 만들었다.[41]

교육 이론가 이반 일리치Ivan Ilich는 규율과 위계에 필요한 경제적 조건과 교육 발전 사이의 관계를 강조했다. 그에 따르면, 학교는 네 가지 기본 업무에 대처하도록 발전해 왔다. 네 가지 기본 업무란 ① 보호 장치, ② 직업 역할을 사람들에게 분배하기, ③ 주요 가치의 학습, ④ 사회적으로 승인된 기술과 지식의 획득이다. 그리고 교과서의 공식적인 내용과는 무관한 내용을 학습시키며, 현존하는 사회질서를

무비판적으로 수용하는 역할도 행한다.[42]

교과서는 교육 활동에서 매우 중요한 도구 중 하나다. 제도교육에서는 입시에 매달려야 하는 탓으로 교과서에 대한 강박에 사로잡힐 수밖에 없으며, 이로 인해 교과서의 내용을 비판할 여유가 없다. 제도교육에서와 마찬가지로 야학에서도 수업시간이 야간에 진행된다는 것이 달랐을 뿐 교과서는 제도교육과 비슷했다. 농촌 야학으로 1975년에 문을 연 누동학원에서도 초창기에 검정고시에 소극적인 자세를 취하다가 나중에는 적극적으로 받아들이게 된다. 검정고시 위주의 수업을 하면서 인간화 교육도 병행한다는 절충식 방식을 채택했던 것이다.[43] 이러한 방식은 검정고시를 원하고 있는 야학생이나 졸업생의 욕구가 반영되어 나타난 것이다.

노동자로 일하면서 배움의 길을 걷기란 여간 어려운 일이 아니었다. 배움의 길에서 부딪치는 장벽은 잔업, 철야, 휴일근무 등 장시간노동이라는 현실이었다. 무엇보다도 교대근무라는 것이 커다란 장벽이었다. 이러한 악조건 속에서 진행되었던 새마을청소년학교의 교육 내용은 다음과 같았다.

이리 새마을청소년학교의 경우, 교과운영은 오후 6시부터 시작되었다. 오후 6시부터 45분의 단위로 수업하고, 5분간 휴식시간이 주어졌다. 보통 4교시로 운영하여 9시 15분에 수업이 끝났다. 교과목으로 1978년까지 주산과목도 있었으나, 1979년 이후에는 체육을 제외한 중학교 전 과목을 수업했다.[44] 영등포구 양평동 6가 공장 지대에서 청소년들을 위해 중·고등과정으로 운영한 한강새마을청소년학교는 수업을 주간과 야간으로 구분하여 진행했다.[45] 청소년들이 형편에 맞게 선택할 수 있어 야간으로만 운영하는 야학보다는 시간에 대한 압박감이 덜했을 수도 있다.

제도권 야학으로 분류할 수 있지만, 산업체 특별학급이나 산업체 부설학교에 다니는 노동자들은 대개 아침 9시부터 오후 5시 40분까지 공장일을 끝내고 곧바로 교복으로 갈아입고 등교했다. 이들은 오후 6시 30분부터 9시 30분까지 하루 3시간을 수업했다.[46] 청주에 있는 대농 부설 여자중학교의 경우는 근무교대시간을 감안하여 오전반(9시~12시), 오후반(3시~6시), 보전반(6시~9시) 등 3부제로 편성했다.[47] 또한 잘 지켜졌을지 의문이지만 노동자인 학생들의 등교와 수업에 지장을 주는 행위를 하지 못하도록 법(교육법 제103조의 6)으로 규정하고 있었다는 점에서 다른 야학에 다니는 노동자들보다는 비교적 등교하기가 수월했을 것으로 보인다.[48]

그렇다고 산업체 특별학급이나 산업체 부설학교에 다니는 노동자들이 어려움 없이 배울 수 있었다는 것은 아니다. 작업종료 시간과 학교 수업시간 사이에는 1시간도 채 되지 않았는데, 이들의 통학거리와 교통수단 등을 고려해 볼 때 식사조차 제대로 챙길 수 없었다. 구로 1공단에 있는 동남전기주식회사를 다닌 신경숙은 오후 5시에 작업을 마쳐야만 산업체 특별학급이 있던 신길동으로 향할 수 있었다. 그녀는 "1979년 오후 5시. 나는 그 오후 5시를 사랑했다. (…) 식당에서 내

주는 찬밥으로 저녁을 먹고 버스를 타고 공단을 벗어나 학교에 갔던 오후 5시"라면서 작업장을 벗어나 등굣길에 오를 때의 벅찬 기쁨을 표현했다.[49] 이렇게 오후 5시에 작업을 마치기 위해서는 출근시간이 30분 빨라지고, 작업강도도 당연히 높아질 수밖에 없었다. 이러한 상황을 그녀는 다음과 같이 기록했다.

그 오후 5시에 컨베이어 앞을 떠나기 위해 나머지 시간을 외사촌과 나는 벙어리가 되어 피브이시에 나사 박는 일에 몰두한다. 우리는 스테레오과 A라인의 1번과 2번이었으므로, 우리가 시작하지 않으면 생산이 이어지지 않았으므로, 우리가 학교에 가고 없는 동안에도 생산이 끊기지 않도록 3번 자리 옆에 우리의 작업을 마친 피브이시를 오후 5시가 되기 전에 충분히 쌓아 놓아야 했으므로, 우리는 아침에 다른 사람들보다 삼십분을 일찍 회사에 나온다. 점심만 먹고 곧 돌아와 컨베이어 앞에 앉는다. "팔이 올라가지 않아." 어느 날 점심시간에 식당에서 외사촌은 젓가락을 들려다가 내려 놓는다.[50]

이렇듯 산업체 특별학급의 학생들은 오후 5시에 학교에 가기 위해 아침에 30분 일찍 나가야 했고, 점심식사만 하고는 곧바로 돌아와 컨베이어 앞에 앉아 일을 해야만 했다. 또한 오전 10시 30분과 오후 3시 30분에 10분씩 주어지는 중간 휴식시간에도 작업을 계속해야 했다.[51] 그러면서도 여전히 일하고 있는 동료들을 뒤로 하고 작업장을 빠져나

오면서 미안하고 무거운 마음을 느껴야했다.

위와 같은 사정은 그나마 나은 편이었다. 봉제공장을 비롯한 소규모 사업장에서 일하는 노동자는 퇴근시간이 오후 6시를 훌쩍 넘겨 7시나 8시인 경우도 있었다. 미싱사 최순희는 "잔업도 안하고 시간되면 학교에 간다는 것에 무척 구애받고 부담스럽다. 7시가 되면 고통스럽기도 하다"[52]라고 할 정도로 잔업에 대한 강박에 옥죄여 있었다. 노동자이면서 야학생이었던 그녀는 "6시에 일어났는데 못 일어나고 (…) 7시 20분까지 자버린 것이다. 아침 40분 걸리는 복잡한 출근길을 마라톤 선수처럼 뛰어와 7시까지. 점심시간 40분 쉬고 7시에 퇴근해서 학교 가면 7시 30분. 9시 반까지 수업하고 선생님들과 시간 가는 줄 모르고 얘기하다 집에 오면 11시 10분 정도 된다. 저녁밥을 지어먹고 나면 12시 30분 정도. (…) 일기 쓰고 조금 책 읽고나면 1시 40분이나 2시. 그리고 아침 6시에 일어나야 된다"[53]라고 일기에 쓸 정도로 하루 일정이 빡빡했고 쉬는 시간이 거의 없었다.

문교부 교육과정 고시에 따르면 산업현장에 맞는 교육과정을 운영하기 위해 일반 중학교 총 이수 단위의 2/3를 이수하고, 1/3은 현장 실무로 대체하도록 했다. 어느 야간학교의 교육과정 운영을 보면, 40분씩 4교시를 했고, 1주일 36시간 중에 실제로 수업은 24시간만 이루어졌다. 나머지 12시간은 방적 실습 10시간, 클럽활동 1시간, 학급회의 1시간으로 대체되었다. 다시 말해 하루에 40분씩 4시간으로 인문계 과정을 이수하는 것으로 편성된 것이다.[54] 참고로 일반학급과 특별

**〈표 12〉 일반학급과 특별학급의 교과과정 비교(3년간)**

| 교과 | 과목 | 일반학급 | | 특별학급 | 교과 | 과목 | 일반학급 | | 특별학급 |
|---|---|---|---|---|---|---|---|---|---|
| | | 인문 | 자연 | | | | 인문 | 자연 | |
| 국민윤리 | 국민윤리 | 6 | 6 | 6 | 과학 | 생물 | 10 | 10 | 8 |
| 국어 | 국어I | 22 | 22 | 20 | | 지학 | | 8 | |
| | 국어II | 8 | | | 체육 | 체육 | 14 | 14 | 8 |
| 한문 | 한문I | 6 | 6 | 4 | | 무용 | 4 | 4 | 4 |
| | 한문II | 4 | | | 교련 | 교련 | 12 | 12 | 8 |
| 국사 | 국사 | 6 | 6 | 8 | 예능 | 음악 | 4 | 4 | 4 |
| 사회 | 정치경제 | 6 | 6 | 6 | | 미술 | 4 | 4 | 4 |
| | 사회문화 | 4 | | | 외국어 | 영어I | 12 | 12 | 14 |
| | 세계사 | 6 | | 2 | | 영어II | 12 | 12 | |
| | 국토지리 | 6 | 6 | 6 | | 독어 | 10 | 10 | |
| | 인문지리 | 6 | | | 가정 | 가정 | 10 | 10 | 10 |
| 수학 | 수학I | 18 | 16 | 14 | | 가사 | 8 | 8 | 8 |
| | 수학II | | 14 | | 특별활동 | | 12 | 12 | 6 |
| 과학 | 물리 | | 10 | | 계 | | 219 | 221 | 144 |
| | 화학 | 9 | 9 | 4 | 직업에 관한 교과 | | | | 54 |

출전 : 서진호, 《근로 청소년의 사회교육에 관한 조사연구 - 야간 특별학급 및 산업체 부설학교를 중심으로》, 단국대 석사학위논문, 1983, 26쪽.

학급의 교과과정을 비교하면 〈표 12〉와 같다.

서둔야학의 경우, 1970년대 후반까지도 검정고시를 목표로 하지 않았으나 교과과정은 중학교 교과과정 중 검정고시 과목 위주로 편성

〈표 13〉 까르딘야학의 기수별 교과과정

| 1기 | 2기 | 3기 | 4기 | 5기 | 6기 | 7기 | 8기 | 9기 | 10기 | 11기 |
|---|---|---|---|---|---|---|---|---|---|---|
| 국어 | 국어 | 국어 | 국어 | 국어 | 국어 | 국어 | 국어I | 국어 | 한글 | 국어 |
|  |  |  |  |  |  |  | 국어II |  | 문학 |  |
|  |  |  |  |  |  |  |  |  | 쓰기 | 쓰기 |
| 영어 | 영어 | 영어 | 영어 | 영어 | 영어 | 영어 | 영어 | 영어 | 영어 | 영어 |
| 역사 | 역사 | 역사 | 역사 | 역사 | 역사 | 역사 | 역사 | 역사 | 국사 | 국사 |
|  |  |  |  |  |  |  |  |  | 세계사 | 세계사 |
| 물상 | 물상 | 물상 | 물상 | 과학 | 과학 | 물상 | 물상 | 과학 |  |  |
| 생물 | 생물 | 생물 | 생물 |  |  | 생물 | 생물 |  |  |  |
| 가정 | 가정 | 가정 | 가정 | 가정 | 가정 | 가정 | 가정 | 가정 | 여성 | 여성 |
| 사회 | 사회 | 일반 | 사회 | 사회 | 사회 | 사회 | 사회 | 사회I | 사회와법률 | 사회 |
|  |  | 사회 |  |  |  |  |  | 지리 |  |  |
|  |  |  |  |  |  |  |  | 세계사 |  |  |
|  |  |  |  |  |  |  |  | 사회II |  |  |
| 수학 | 수학 | 수학 | 수학 | 수학 | 수학 | 수학 | 대수 | 수학 | 수학 | 수학 |
|  |  |  |  |  |  |  | 기하 |  |  |  |
|  |  | 서예 | 서예 | 서예 | 서예 | 서예 | 서예 | 서예 | 서예 | 특활 |
|  |  | 상업 |  |  |  |  |  |  | 공예 |  |
|  |  | 음악 | 음악 | 음악 | 음악 | 음악 | 음악 | 음악 | 음악 | 음악 |
|  |  |  |  |  |  | 한문 | 한문 | 한문 | 한문 | 한문 |
|  |  |  |  |  |  |  |  | 보건 | 보건 | 보건 |
|  |  |  |  |  |  | 토론 | 토론 | 토론 | 토론 | 토론 |

출전 : 성내운·한기호·김삼봉, 《세 학교의 이야기》, 학민사, 1983, 260쪽.

했다. 그리고 수업시간은 1일 3시간, 1주 6일간(일~금 : 오후 6시 30분~9시 30분)으로 1주일에 총 18시간이었다.[55] 청계천의 까르딘야학은 노동야학을 표방하고 제도권교육의 모방에서 벗어나려 했지만 교육과정은 정규 중학교와 비슷했다. 까르딘야학의 기수별 교과과정은 〈표 13〉과 같다.

〈표 13〉에서 볼 때, 9기까지는 정규 중학교 교과 내용을 거의 모방했다. 3기부터 서예가 특별활동으로 들어갔고, 7기부터 한문과 토론이 들어갔으며, 9기부터 보건이 교과 내용으로 채택되었다. 이러한 교과목은 까르딘 학교가 단순한 지식 전달에 그치는 검정고시 학원으로 전락되지 않도록 기울인 노력의 소산이었지만, 새로 채택된 교과목도 대체로 정규 중학교 과정에 있는 것들이었다.[56]

서둔야학의 기구를 보면, 정규교육을 모방하여 1960년대 후반에 교장, 교무부, 서무부, 편집부, 그리고 각 학년 담임으로 구성했다. 이러한 기구는 1971년 교장 아래에 교무부, 학생지도부, 서무부, 도서부, 편집부를 두고, 특별활동반으로 미술반, 서도반, 웅변반, 문예반, 원예반, 음악반, 체육반을 두는 식으로 변했다.[57] 교사는 어느 한 과목만을 담당하는 경우도 있었으나 대부분 여러 개의 과목을 맡았다. 또한 초등반, 중등반을 가리지 않고 교과목을 배정받아 교육했다. 이러한 현상은 1960년대~1970년대 서둔야학에서 일반적이었다. 교사는 중등반의 역사와 국어, 초등반의 국어를 담당하거나[58] 음악과 국어를 담당하기도 했다.[59] 초기의 교육과정은 초등학교 과정과 중학과정 등 2개의 과정을 개설했으나, 초등학교교육이 의무화되면서 어느 시기인지 정확히 알 수는 없으나 점차 초등과정이 사라지고 중학과정으로만 운영했다.[60]

1970년대 초에 나타나 1970년대 중·후반기에 이르러 확산되기 시작했던 노동야학은 사회·경제적으로 최하층인 노동자에게 지배 이데올로기의 허구성을 인식시키고, 이를 실천으로 극복해 나갈 수 있도록 의식화교육을 주로 실시했다.[61] 민중의 의식화는 한완상이 말한 대로 "객체로 존재해 온 민중이 주체라는 새로운 깨달음에 이르는 과정"이라 할 수 있다. 다시 말해 즉자적 민중이 "역사와 구조의 종속변수의 자리를 박차고 나와, 자기가 역사와 구조의 독립변수가 될 수 있다고 하는 자각과 자신을 찾게 되는 과정"이다.[62] 의식화는 세 단계 즉, 민중이 자신의 억울한 처지를 깨닫게 되는 단계, 지배 집단이 제조해 내는 통치 이데올로기의 허위의식의 속셈을 꿰뚫어 보는 단계, 의식화가 행동을 촉발하는 단계로 나눌 수 있다.[63] 따라서 노동야학은 노동자가 처한 위치, 지배 집단의 통치 이데올로기, 사회 변화를 끌어내기 위한 실천 활동 등에 초점을 맞춰 교육을 실시했다.

# 3

# 야학에서의
# 교육 방식

교사는 교육의 질을 높이기 위해 수업 방식의 선정과 시행에 주의를 기울여야 한다. 먼저 학생의 연령과 특성을 고려해야 한다. 야학생들은 대부분 연소한 노동자들이기 때문에 감수성이 풍부하고 감정의 기복이 심한 편이었다. 따라서 이러한 점에 유의하여 수업을 진행해야 했다. 다음으로 교사가 주의해야 할 사항은 야학에 오는 학생들이 교육의 공백기가 있음을 고려할 필요가 있다는 것이었다. 이러한 경우 교사는 교육 기간 공백으로 인해 사고 체계와 논리가 부족하다는 점을 인식하고, 학생들에게 논리적인 면을 너무 강요하지 말아야 한다.

마지막으로 교사는 학생들의 언어구조를 정확히 파악해야 한다. 학생들은 생활 경험에서 체득한 구체적인 언어를 사용하지만, 교사들은 주로 책에서 습득한 추상적이고 복잡한 언어를 사용한다. 따라서 학생들이 사용하는 생활 언어를 염두에 두어 구체적이고 쉬운 단어를 사용하는 것은 교육의 성과를 거두는 유용한 방법이라 할 수 있다.[64]

수업방법에는 설명식, 대화식, 토론식, 문제제기식 등 여러 가지가 있다. 이러한 방식은 각각의 특성이 있다. 기독교야학연합회에서 제시한 것을 중심으로 각각의 수업 방식의 특징을 살펴보면 다음과 같다. 설명식(또는 강의식) 수업 방식은 교사가 설명하는 형식으로 진행하는 것으로, 이를 통해 학생은 체계적이고 논리적인 지식을 얻을 수 있다. 그러나 학생들의 지적 욕구나 흥미와 관계없이 교사 일변도의 주입식 수업으로 흐를 수 있으므로 주의할 필요가 있다. 대화식·토론식·문제제기식 수업 방식은 설명식 수업 방식이 주입식으로 흐를 수 있다는 단점을 보완하기 위한 것이다.

대화식·토론식 수업 방식은 학생들의 표현력, 발표력 계발을 위해 많이 사용된 것으로, 학생이 이미 가지고 있는 지식과 경험에 근거한 문제를 제기하여 토론하는 방식이다. 대화식·토론식 방법으로 성공하기 위해서는 제기된 주제가 학생들에게 적합해야 한다. 따라서 교사는 전체 학생의 수준을 감안하여 문제를 제기해야 한다. 문제제기식 수업 방식은 교사가 문제를 제기하여 학생이 스스로 문제를 해결할 수 있는 방책을 찾게 하는 것을 목적으로 한다.[65]

위와 같이 기독교야학연합회는 수업 방식의 특징을 설명했다. 그러나 이러한 수업 방식에 대한 설명에서 벗어나 파울로 프레이리가 제기하는 교육 방식을 되짚어 볼 필요가 있다. 기독교야학연합회가 제시한 수업 방식은 대체로 파울로 프레이리가 말하는 은행저금식 교육과 문제제기식 교육으로 구분되지만, 이러한 수업 방식의 특징을 보다 깊이 있게 분석할 필요가 있다. 따라서 은행저금식 교육과 문제제기식 수업 방식으로 크게 나누어 각각의 장단점을 살펴보고, 한국의 야학에서 어떠한 방식으로 수업을 진행했는지 개략적으로 살펴보고자 한다.

## 은행저금식 교육

교사와 학생의 관계는 근본적으로 설명적(narrative) 성격을 지닌다. 설명하는 주체(교사)와 인내심을 가지고 그 설명을 듣는 객체(학생)로 두 축을 이룬다. 교사의 임무는 학생들에게 자기 설명의 내용을 주입하는데 있으나, 그 내용은 현실과 무관하며 공허하고 구체성이 결여되어 있다.[66] 주입이라는 방식, 다시 말해 전달이라는 전통적인 방식은 교육자와 피교육자를 불평등한 관계로 만든다. 가르치는 사람과 배우는 사람 사이에 평등한 관계를 유지하기 어렵다. 가르치는 사람과 배우는 사람은 수직관계에서 한쪽은 지식의 전달자이고, 다른 한쪽은 지식을 전수받는 사람일뿐이다.

이와 같은 전달 모형(transmission model)은 "가르치는 사람과 배우는 사람이 따로 있고, 아는 사람과 모르는 사람이 구별되고, 한쪽은 전달하고 다른 쪽은 전달받는"[67] 관계를 형성하여 교육자와 피교육자를 속박한다. 전달형 교육(the transmission model of education)은 배우는 자가 무지하다는 것을 전제로 하기 때문에 배우는 자의 지식이나 잠재능력을 무시하게 된다. 전달형 교육은 교사가 학생들에게 내용물을 '주입'하는 '그릇'이나 '용기'로 만드는 역할을 하는데, 이를 파울로 프레이리는 '은행 저금식' 교육이라 명명하면서 다음과 같은 성격을 갖는다고 지적했다.

1. 교사는 가르치고 학생들은 배운다.

2. 교사는 모든 것을 알고 학생들은 아무것도 모른다.

3. 교사는 생각의 주체이고 학생들은 생각의 대상이다.

4. 교사는 말하고 학생들은 얌전히 듣는다.

5. 교사는 훈련을 시키고 학생들은 훈련을 받는다.

6. 교사는 자기 마음대로 선택하고 실행하며 학생들은 그에 순응한다.

7. 교사는 행동하고 학생들은 교사의 행동을 통해 행동한다는 환상을 갖는다.

8. 교사는 교육 내용을 선택하고 학생들은 (상담도 받지 못한 채) 거기에 따른다.

9. 교사는 지식의 권위를 자신의 직업상의 권위와 혼동하면서 학생들의 자유에 대해 대립적인 위치에 있고자 한다.

10. 교사는 학습 과정의 주체이고 학생들은 단지 객체일 뿐이다.[68]

은행저금식 교육의 가장 커다란 문제점은 학생의 비판적 의식을 약화시켜 수동적이고 순응하는 인간형으로 만든다는 것이다. 또한 학생의 창조성을 위축시키거나 소멸시킬 수 있는 위험이 있다. 은행저금식 교육을 실시하는 사람은 의도하든 그렇지 않든 저축하는 지식 자체가 현실에 대한 모순을 포함하고 있다는 것을 인식하지 못한다.[69]

은행저금식 교육관은 교육자의 행위를 두 단계로 구분한다. 첫째 단계에서 교육자는 서재나 연구실에서 강의를 준비하면서 인식 대상을 파악하며, 둘째 단계에서 학생들에게 그 대상에 관해 설명한다. 이 때 학생들은 그냥 암기하면 되고, 어떤 인식행위를 할 필요도 없다.[70] 이렇게 일방적 전달을 추구하는 전통적인 수업 방식인 은행저금식 교육은 지배자의 이데올로기를 주입하는 기능을 해 왔다는 것이 프레이리의 일관된 주장이다.

## 문제제기식 교육

설명적 성격을 지닌 주입식이나 은행저금식 교육의 틀을 벗어난 것이 대화식 교육이다. 대화식 교육은 모두가 가르치고 모두가 배운다는 것을 전제로 하기 때문에 전달 모형이 갖고 있는 속박의 틀에서 벗어나[71] 일방통행의 교육(one-way education)을 지양한다. 이리하여 '가르치면서 배우는 자(teacher-learner)', '배우면서 가르치는 자(learner-teacher)'를 기치로 내걸고 교육에 임한다. 가르치면서 배우는 사람은 이야기하는 것이 적고 대체로 "왜", "어떻게", "X와 Y 사이에 어떤 관련이 있는가" 등의 질문을 한다. 이러한 질문은 하나의 원인이나 정답을 요구하는 것이 아니며, 상대방을 꺾으려는 논쟁도 아니다.[72]

파울로 프레이리는 은행저금식 교육의 한계를 지적하면서 문제제기식 교육을 제안했다. 그는 문제제기식 교육은 일방적 주입을 거부하고 의사소통을 도모하는 것이라고 강조했다. 그리고 교사와 학생들이 진정으로 해방을 위해 헌신하고자 한다면 은행저금식 발상 전체를 거부해야 한다고 천명했다. 다시 말해 저축물을 만드는 교육의 목표를 버리고 그 대신 세계와의 관계 속에서 인간의 존재를 문제제기해야 한다는 것이다.[73]

문제제기식 교육 방법은 은행저금식 교육관에서 나타난 일방통행적인 방식을 지양한다. 교사는 학생들을 배려하여 자신의 성찰을 재형성하며, 학생들은 더 이상 유순한 강의 청취자가 아니라 교사와의 대화 속에서 비판적인 공동 탐구자가 되는 것이다. 이러한 교육 방식에 의해 학생들은 비판적으로 현실에 개입하기 위해 노력하며, 총체적 맥락 속에서 점차 비판적인 인식을 갖게 된다.

문제제기식 교육은 인간주의적이고 해방적인 프락시스(praxis)를 지향하므로, 지배에 종속된 민중이 해방을 위한 싸움에 나서도록 자극해야 하고, 교사와 학생들이 교육과정의 주체가 되어야 한다고 프레이리는 강조했다. 이러한 교육이 억압자의 이익에 기여하지 않고 또 기여할 수도 없기 때문이라는 것이다.[74]

문제제기식 교육에서 필요한 것은 대화다. 프레이리에 따르면, 대화는 사람들이 세계를 매개로 하여 세계를 이름 짓기 위해 만나는 행위로, 세계와 인간에 대한 원대한 사랑이 없으면 존재할 수 없다. 또한 대화자가 비판적 사고를 하지 않으면 진정한 대화는 성립되지 않는다.[75]

## 야학에서의 교육 방식

야학은 대체로 교육제도에 순응했지만, 저항한 측면도 있다. 저항과 순응의 역할은 시기마다 다르게 나타나거나 병존하기도 했다. 야학의 형태가 동일하더라도 저항과 순응의 역할이 일치하지는 않았다. 따라서 야학의 체제저항성, 체제 순응성을 일률적으로 혹은 도식적으로 평가하지 않도록 주의를 기울일 필요가 있다.

이훈도는 야학의 유형을 ①정부 주도 집단의식화 야학, ②민간 주도 집단의식화 야학, ③민간 주도 개인의식화 야학으로 분류했다. 정부 주도 집단의식화 야학은 군부 세력이 재건국민운동의 하나로 전개한 재건학교, 새마을청소년학교 등을 들 수 있으며 새마을운동의 일환으로 전개한 정부 주도 새마을교육도 이에 해당한다. 민간 주도 집단의식화 야학은 1950년대 말, 1960년대 주로 대학생들이 농촌이나 오지에 정착하여 전개한 야학을 말한다. 그리고 민간 주도 개인의식화 야학은 1970년대 말에 사회구조적 모순의 최대 피해자들인 농민,

빈민, 노동자들을 상대로 전개한 것을 일컫는다.[76]

이훈도가 분류한 야학의 유형에 따라 수업 방식이 어떻게 달라졌는지 파악하는 것은 지금까지의 연구 수준에서는 가능하지 않다. 노동야학이 나오기 전까지, 다시 말해 해방 이후부터 1970년대 중·후반까지의 야학을 치밀하게 분석한 연구가 없을뿐더러 야학에서 행한 수업 방식을 알 수 있는 자료도 찾아보기 어렵기 때문이다.

해방 이후 문해·계몽운동 과정에서 운영한 야학의 대다수는 교재 없이 임의로 교육하거나 교재를 자체 제작하여 사용한 것으로 보인다. 그런데 해방 3년기는 좌우 대립이 극심한 때였고, 좌익 세력과 우익 세력은 각각 자신들의 정치적 기반을 넓히기 위한 목적으로 문해교육을 실시했다. 당시 교육의 과제로 시급한 것은 민주적인 교육의 도입과 문맹을 퇴치하는 일이었다. 해방 후 남한의 12세 이상 문맹률은 78퍼센트였으며, 이러한 높은 문맹률은 민족민주국가 건설에 크나큰 걸림돌로 작용할 수 있었기 때문이다. 이에 따라 좌우를 막론하고 정당·사회단체에서는 문맹 퇴치의 중요성을 깊이 인식하여 문해교육에 적극적인 자세를 취했다. 그러나 대체로 문맹 퇴치를 위한 야학 운영에 정치적인 성격이 깊숙이 개입되었고, 수업 방식도 프레이리의 분류에 따른다면 은행예금식 교육이 대부분을 차지했다고 볼 수 있다.

야학에 대한 자료가 남아 있는 서둔야학에서 어떠한 수업 방식을 채택했는지 대략적으로 살펴볼 수 있다. 서둔야학에서는 정규적인 교육과 마찬가지로 교과목을 설명하고 이해시키는 강의식 교육을 주로 이용했다. 이러한 수업 방식뿐만 아니라 문학과 시 감상, 음악, 인생을 사는 방법, 학예회, 소풍, 체육대회, 영어 암송 대회, 교육 평가 등 다양한 교육 방법을 활용했다.[77] 비록 대부분의 교사들이 서울농대 1학년이나 2학년 학생들이어서 교수법이 능숙하지 않았지만 야학생에 대한 사랑, 그리고 교사로서의 열정 등이 이러한 미숙함을 상쇄시켰다.

대체로 1970년대 중·후반의 노동야학에서 은행저금식 수업 방식을 지양한 문제제기식 수업 방식을 부분적으로 받아들였다. 노동야학에서도 전적으로 문제제기식 수업 방식을 채택하지 않고 주입이라는 방식, 다시 말해 전달이라는 전통적인 은행예금식 방식과 결합하여 교육을 진행했다고 볼 수 있다. 그리고 1970년대 이전에도 문제제기식 수업 방식이 아예 채택되지 않은 것으로 볼 수는 없다. 은행예금식 교육을 비판하면서 그 대안으로써 문제제기식 수업 방식을 주장한 프레이리의 저서가 1970년대에 국내로 들어와 노동야학을 지향하던 교육자들에게 영향을 미쳤다는 점, 그리고 이를 직접 야학에서 적용시키려고 노력했다는 점에서 문제제기식 수업 방식이 일정 정도 채택되었을 것으로 볼 수 있다.

# 4

# 야학과
# 야학 문화

## 입학식과 졸업식

정규 중·고등학교에 진학하려는 학생들은 입시 관문을 통과해야 했
다. 1960년대 입시 관문은 점점 좁아져 갔고, 학부모의 극성스러운 교
육열로 인해 학생들은 시험공부와 과외공부에 시달리는 존재가 되었
다. 제도교육에 속박된 학생들은 입시에 시간을 빼앗겼고, 과열경쟁
에 따른 불안과 경쟁심, 시기심으로 학창시절을 보냈다.

중학교 입시제도는 1969년부터 폐지되기에 이르렀다. 1969년도부
터는 서울에서, 1970년부터는 부산, 대구, 광주, 인천, 전주시 등에서,
1971년에는 전국에 걸쳐 입시제도 폐지를 확대하기로 한 것이다. 그
렇지만 상급학교 진학을 위한 과열경쟁이 사라진 것은 아니었다.

야학생들은 대개 무시험으로 야학에 들어갔다. 그런데 서둔야학의 경우 야학 교사로 있던 이문한에 따르면 1967년부터 입학시험을 실시했다고 한다.[78] 입학시험에 통과했다는 자부심을 야학생에게 심어주기 위한 목적에서 입학시험을 실시했다는 것이다. 대체로 야학에서 입학시험을 치루지 않았을 것이지만, 서둔야학의 예에서 볼 수 있듯이 입학시험을 통해 야학생을 뽑은 경우도 존재했다.

또한 정규교육으로 인정받은 산업체 야간학교의 경우, 각 기업체는 지원자를 대상으로 시험을 보게 하여 야학생을 선발했다. 동남전기주식회사의 경우, 1979년의 산업체 야간학교 신입생 지원자 160명 중에서 15명을 선발했다는 사실에서 볼 수 있듯이 경쟁률이 만만치 않았다는 것을 알 수 있다.[79]

입학식은 소속감을 고취하거나 새로운 각오를 다질 수 있는 기회를 제공한다는 측면에서 중요한 행사였다. 정규교육기관과 달리 야학에 오는 학생은 교육의 공백기가 있어 학생들 사이의 나이 편차가 컸다. 이들은 정규교육과정을 밟고 있는 학생과 달리 부모의 지원을 받으며 공부만 하는 존재가 아니라 노동자로서 생계를 책임지면서 배움의 길을 걷는 존재였다. 따라서 이들은 경제적인 생활이 곤란하여 상급학교에 진학하지 못했다는 비슷한 공감대를 형성하고 있었으며, 노동자이면서 공부하는 존재로서의 동질감과 유대감을 갖고 있었다. 이런 이유로 입학식은 고향을 떠나 노동자로서 고단한 생활을 하면서도 배움의 길을 잊지 않은 사람들이 한곳에 모여 서로를 격려하는 자리가 되었다.

교회야학은 예배 형식으로 입학식을 진행했다. 입학예배 후에 학생과 교사, 졸업생, 교회 청년부 회원이 모여 레크레이션을 진행하기도 했다. 정동 제일교회 '배움의 집'의 경우, 입학식은 기도로 시작되었다. 이러한 입학식 상황에 대해 유용주는 자신의 자전적 소설《마린을 찾아서》에서 아래와 같이 표현했다.

입학식은 기도로 시작되었다. "자, 기도합시다." 고개 숙인 자세에서 실눈을 뜨고 기다란 의자에 앉아 있는 옆 사람들을 엿보았다. 동료들도 나처럼 교회 의식에 낯선 표정들이다. (…) '길 잃은 양떼를 저희에게 보내사…' 대목에 이르러서는 참을 수 없이 웃음이 터져 나왔다. 기도를 집전하는 목사님은 아랑곳하지 않고 열변을 토했다. 곱게 늙어 점잖은 장로님과 권사님과 집사님들은 '아멘'을 연발했다. 앞자리에 앉아 있던 남자 선생님 한 분이 가만히 다가와 입술에 손가락을 댔다. (…) 주기도문 낭독을 마지막으로 입학식은 끝이 났다. 어색하게 앉아 있는 우리에게 따뜻한 손들이 다가와 격려의 악수를 하고 자리를 떴다.

신경숙은 1979년 3월의 신길동 영등포여고 산업체 특별학급 입학식을 이렇게 표현했다. "우리는 석양의 운동장에 줄을 서서 입학식을 한다. 애국가를 부르는데 괜히 마음이 숙연해진다. 동복 칼라에 붙은 튤립 모양의 배지를 만져 본다. 지난 일 년 동안의 나의 꿈은 다시 교복을 입고 학생이 되는 것이었다. 교장선생님은 본관 삼층 화단에 심어진 라일락나무를 배경으로 단상에 서서 대통령 이야기를 한다. 산업체 특별학급을 세운 건 산업전사들에 대한 대통령의 특별한 마음이라 한다. 그 깊은 뜻을 받들어 (…) 늙은 교장의 훈시는 석양빛 아래서 길게 이어진다."[80]

입학식을 한 후에는 개별 면담을 했다. 입학한 후 한 달 동안에 인원이 가장 급격히 감소하기 때문에 교사는 학생과 친밀감 형성을 위해 야학이 시작된 지 보름 안에 개별 면담을 하는 것이 보통이었다.[81] 야학생이 몸담고 있는 공장의 실태나 가정형편 등을 파악하는 것이 급선무였기 때문이다. 야근이나 잔업, 가족의 질병은 야학을 지속하는데 방해가 되기 때문에 이를 먼저 파악하여 어려움을 극복할 수 있도록 하는 것이 중요했다. 개별면담은 점심시간이나 퇴근시간에 빵집, 다방, 공원 등 자연스럽게 대화할 수 있는 장소를 택하거나 학생이나 교사의 자취집으로 가기도 했다. 이렇듯 초기 면담은 교사와 학생 사이의 인간관계를 부드럽게 만들기 위한 목적에서 행해졌다.[82]

입학식은 야학생들에게 다시 배울 수 있다는 희망을 확인시켜 주는 자리였지만, 이것으로 정규학교에 다니는 학생을 바라보는 부러움을 가라앉히지는 못했다. 경제 형편으로 상급학교에 진학하지 못한 청소년들이 가장 부럽게 다가온 것은 자신의 나이 또래의 학생들이 교복을 입고 무거운 책가방을 들고 등교하는 모습이었다. 미싱사로 일하던 15세의 노동자 최순희는 "나도 다음 달에는 학생 코투(코트)를 꼭 해 입어야겠다. 아주 학생이 되고 싶다. 구정에 집에 가면서도 가짜 학생이 되어 가지고 갈 작정이다"라고 자신의 일기에 쓸 정도로 교복은 진학하지 못한 노동자에게는 선망의 대상이었던 것이다. 그녀는 1년 뒤에 "검정고시에 합격하겠다고 결심"하고, "그토록 부러워했던 교복을 입고 어엿한 고등학생이 되어 그 누구보다 인간처럼 살아보고 싶었다"[83]라고 적었는데, 이처럼 상급학교에 진학하지 못한 노동자들에게 교복은 "인간처럼" 살아가는 삶의 표상으로 다가왔던 것이다.

중학교, 고등학교 교복을 입는 것이 평생 소원인 노동자에게 야학의 입학식은 '구별 짓기'를 실감하는 자리가 되었을 수도 있다. 교복입고 입학식을 거행하는 '정상적인 행위'와 그렇지 못한 '비정상적인 행위'로 구별하던 세상의 시선으로부터 한없이 초라하고 작아지는 자신의 모습을 확인하는 자리가 되었을 수도 있다. 거의 대부분의 야학생과 달리 정규교육으로 인정받은 산업체 부설학교나 특별학급의 학생들은 교복을 입었다. 이것도 야학생 사이의 '구별 짓기'의 하나였다.

들불야학에서는 특이하게 입학식에서 연극 공연을 했다. 노동야학을 표명한 들불야학에 걸맞게 노동자들의 가혹한 노동조건, 생활상을 표현한 〈누가 아는가〉라는 제목의 연극을 상연했다.[84] 이러한 입학식은 노동자로서의 존재감 형성에 도움을 주었을 것으로 보인다.

정규교육기관의 학생들과 달리, 야학생에게 입학에서 졸업까지의 과정은 지난했다. 이들은 노동자로서 생계를 책임져야 했기에 하루하루 고통스런 노동의 일과를 보내야 했다. 녹초가 된 몸으로 배움터로 향하는 건 그리 쉬운 일이 아니었다. 또한 야학을 포기하도록 만든 가장 중요한 요인이 바로 공장의 야근이었다. 작업량이 몰려 적게는 한 두 달, 많게는 여러 달 야근을 하게 되면 어쩔 수 없이 야학을 포기할 수밖에 없었다. 그래서 야학생이 교과과정을 마치고 졸업하는 것은 그 어떤 것보다도 귀하고 값진 일이었다.

야학 졸업을 앞둔 학생에게 과거 국민학교 졸업식 때의 기억은 남다르게 다가왔을 것이다. 상급학교에 진학하는 다른 친구들을 한껏 부러워했던 과거 자신의 모습과 처지를 반추해 보기도 했을 것이다. 이러한 졸업생의 모습은 1980년 말 YMCA에서 주최한 제1회 전국 산업청소년 글짓기 대회에서 뽑힌 글을 통해 드러나는데, 이를 소개하면 아래와 같다.

국민학교 졸업식 날이 다가왔다. 우등상 개근상 교육감상 등 푸짐한 상을 받았지만 중학교 진학을 할 수 없는 나에게는 슬픈 졸업식이 되고 말았다. 다른 친구들은 하급생들의 힘찬 박수 속에 묻혀 교문을 나섰지만 난 도저히 나갈 수가 없어 슬그머니 교실로 들어와 칠판이며 책상 걸상을 들여다 보며 그만 눈물을 글썽이고 말았다. 이제 나에겐 학생이란 말은 영원히 어울리지 않는 것일까.(박계숙, 맥슨전자 근무)[85]

정동 제일교회 배움의 집에서는 졸업식이 아닌 수료식으로 행사를 치렀다. 입학식 때와 마찬가지로 수료식에도 기도로 시작했다. 유용주가 표현한 졸업식의 모습은 다음과 같다.

가을이 왔다. 이제 어쩔 수 없이 정든 교회를 떠날 때가 왔다. 장마와 무더위가 한풀 꺾이고 아침저녁으로 서늘한 바람이 불어오는 8월 30일, 배움의 집 3기 수료식이 있었다. 입학식과 마찬가지로 기도로 시작해서 기도로 끝났다. 입학식 때 넓은 예배당 안에 웃음파도를 만들었던 것과는 달리 수료식은 온통 울음바다였다. 특히 여학생들이 많이 울었다. (…) '네 처음은 미약했으되 네 나중은 창대하리라.' 기도가 끝났다. 부모형제나 일가친척들이 없는 우리만의 조촐한 수료식은 단체사진 찍는 것으로 끝이 나고 친구들과 굳게 약속을 했다. 대학가서 만나자. 자주 연락하자. 나는 씩씩하게 버스정류장으로 뛰어갔다.[86]

유용주는 졸업식을 "부모형제나 일가친척들이 없는 우리만의 조촐한 수료식"으로 표현했다. 보통 졸업식이란 대개 부모형제의 꽃다발 세례 속에 축하받는 장면을 연상하지만, 야학의 졸업식에서는 이러한 모습을 거의 찾아볼 수 없었다.

## 소풍과 수학여행

소풍이나 수행여행은 공동체 의식 형성과 신뢰감 조성에 중요한 역할을 했다. 정규학교에 다니는 학생도 가난 때문에 수학여행을 포기하기도 했다. 1970년 서울시교육위원회에서 '수학여행은 고등학생의 경우 3박 4일 코스에 4000원 한도에서, 중학교의 경우 가급적 수학여행을 억제하되 불가피할 경우 1박 2일 코스에 2500원 한도에서 실시하고, 재적학생의 2/3 이상이 희망할 경우에 실시하라'고 지침을 내렸다. 아마 학생들에게는 수학여행 경비가 가장 커다란 부담이었으며,[87] 수학여행 경비를 부담할 수 없는 학생도 일부 존재한 것으로 보인다.

한때 수학여행길에서 잇단 교통 참사가 발생해서 시·도교육위원회가 수학여행 중지령을 내리기도 했다. 수학여행은 대체로 2박 3일이나 1박 2일의 일정이 보통이었고, 여행지로는 경주 불국사와 석굴암, 설악산, 속리산이 인기가 높은 편이었으며, 울산공업단지를 찾기도 했다. 수행여행을 포기한 학생들은 버스나 기차를 타고 먼 길을 떠나는 친구들을 부러워하면서 학창시절의 추억을 박탈당한 자신의 처지를 원망했을 것이다.

야학에도 수행여행이 있었다. 그런데 야학에서 수학여행을 계획하는 것도, 수학여행을 다녀오는 것도 여러 가지 난관을 극복해야 가능한 일이었다. 1박 2일이나 2박 3일을 확보할 수 있는 야학생이 드물었기 때문에 수학여행을 아예 계획할 수 없는 처지에 놓인 야학도 많았을 것으로 보인다. 그렇지만 서둔야학에서는 2학년 때 수학여행을 1박 2일로 실시했다. 1974년 가을에는 계룡산으로 수학여행을 다녀

오기도 했다.[88]

1975년 6월에 충남 태안에서 농촌 야학으로 문을 열어 89명의 졸업생을 배출하고 1981년 8월에 폐교된 누동학원에서는 연중행사로 수학여행을 다녀왔다. 야학 문을 열던 1975년에는 공주·부여를 다녀왔으며, 매년 전교생이 학년별로 나뉘어 공주·대전·서울 등지를 다녀왔다. 수학여행지는 대체로 공주의 공산성·박물관·무령왕릉, 부여의 낙화암·고란사, 대전의 학생과학관·대전일보·코카콜라 공장·MBC·학생과학관, 온양의 현충사, 신탄진 연초제조창, 서울의 경복궁·KBS·창경원·학생과학관·어린이 대공원 등이었다.[89] 물론 모든 야학생이 수행여행을 가지는 못했다. 필요한 비용이 여비 정도에 불과했어도 단돈 몇 천 원이 부족해서 못 가는 학생들도 여러 명 있었다고 한다. 수학여행을 못 간 야학생의 글을 소개하면 다음과 같다.

오늘은 친구들이 서울로 수학여행을 떠났습니다. 저의 마음은 약간 가고 싶었습니다. 그러나 어머님께서는 저를 못 보낸 것을 마음 아파 하셨으므로 가고 싶다는 기미를 보이지 않았습니다. 어머님께서는 눈치는 채셨지만 그냥 그렇게 하루를 보냈습니다. 다음 날도 그 다음 날도 그렇게 그냥 보냈습니다. 하지만 친구들이 오는 날에 가보려고 했지만 그날은 타작을 했습니다. 가보고 싶은 마음은 많았지만 가지 못하고 시간이 흘렀습니다.

(이회창, 〈수학여행을 못 다녀온 하루〉, 1979년 3학년)

나는 이번 수학여행을 안 갔다. 집에 일거리가 많아서 못 갔다. 그래서 나는 다른 아이들이 수학여행을 간 뒤로 집에서 일을 했다. 처음에는 비바람과 우박 때문에 일을 못했다. 그러나 며칠 있다가 비와 우박이 그치고 바람만 불었다. 그러나 역시 비는 심술꾸러기, 우리가 보리 가는데 비가 주룩주룩 내려오지를 않는가. 그래서 보리를 갈을 때도 비를 맞아서 옷이 다 젖었다. (박도생, 〈수학여행을 못 가서〉, 1980년 2학년)[90]

정규학교에서 봄, 가을로 소풍을 가듯이 야학에서도 수업의 연장으로 소풍(야유회)을 교육프로그램의 하나로 포함시켰다. 아마도 대부분의 야학, 특히 소규모 영세 사업장에 다니는 노동자가 많은 야학에서는 평일보다는 일요일에 잠간 소풍이나 야유회를 갔다 왔을 것으로 보인다. 최순희의 1978년 8월 6일 자 일기에는 수락산으로 소풍을 다녀온 내용을 담고 있는데 이날은 일요일이었다. 18세의 요꼬노동자 오원희의 일기에서도 1978년 5월 7일에 강학과 학생 50명이 안양으로 소풍을 갔다고 했는데,[91] 이때도 일요일이었다.

그러면 소풍에서 무엇을 했는지 살펴보자. 최순희는 일기에 "점심시간은 끝나고 사진 찍기에 바쁜 시간이었다. (…) 자유시간도 끝나고 게임이 시작됐다. 프로그램을 짜긴 짧지만 사회 볼려니깐 뭔가 망설여진다. (…) 재미있는 게임이 되기 위해 온갖 최선을 다했는데 그래서 그런지 재미있었다"[92]라고 기록했다. 오원희는 일기에서 "우리가 소풍 간 장소는 안양의 어느 조그마한 산. 조금은 햇볕이 뜨거웠지만 거기엔 아랑곳없이 정말 재미있게 놀았다. 노래, 점심식사, 특기자랑, 대표자 노래, 엿 먹기 (…) 정말 너무 너무 재미있었다. (…) 또 강학오빠와 언니들이 연극을 벌인 그 장면은 아직까지도 내 눈에 선하다"[93]라고 했다.

일기의 내용에서 드러나듯이 소풍의 일정은 소풍지에 도착하자마자 자유시간과 점심시간, 그리고 이후 놀이시간을 갖다가 귀가하는 것이었다. 여기에 더해 장기자랑 같은 것을 포함시키기도 했는데, 안양으로 소풍 간 야학은 강학이 준비한 연극을 공연했다. 이를 본 야학생이 "연극이긴 하지만 우리 실정에 꼭 맞는 그런 것이었다"라고 할 정도로 강학들은 자신들의 열정을 쏟아 야학생을 위해 소풍행사를 준비했으며, 야학생과 공감대 형성을 위해 노력을 기울였다는 것을 엿볼 수 있다.

### 학예회

야학에서 학예회를 열기란 여간 쉽지가 않았다. 교사와 학생이 모여 학예회를 준비하려면 많은 시간이 소요되기 때문이었다. 또한 재정 형편이 좋지 않아 경비 마련에도 어려움을 겪었다. 그래서 교사들이 쌈지 돈을 털어 충당하거나 1일 찻집을 열고, 사회단체에 연락해서 지원금을 받기도 했다.

서울 동대문구 휘경동에는 1976년부터 문을 연 상록중학교라는 야간학교가 있었는데, 이곳에 자원해 모인 대학생 교사들은 어려운 재정 형편에서도 연말에 '상록의 밤'을 개최했다. 자매결연을 맺은 외국어대의 강당을 빌려 학생들이 연극, 합창, 문학작품 발표를 한 것이다.[94] 이러한 교사들의 노력은 야학생들의 정서 함양과 유대감, 수업에 대한 열의를 높여 주는 역할을 했다. 1979년에 상록중학교를 졸업하여 고입검정고시를 거쳐 대학에 들어간 한 학생은 "졸업식과 연말 '상록의 밤'이 끝나면 교사들과 학생들은 서로 부둥켜안고 울음을 터트리곤 했다"[95]라고 회고할 정도로 교사와 학생이 일체가 되는 축제였다. 서둔야학에서도 1960년대 초, 학예회를 개최했다. 농사원 소강당에서 크리스마스를 겸한 학예회를 개최했는데, 연극 제목은 찰스 디킨스Charles Dickens의 〈크리스마스 캐럴〉이었다.[96]

이러한 준비된 행사 외에도 즉흥적인 행사를 진행하기도 했다. 들불야학의 경우, 1979년 5월 8일 박관현의 제안으로 어버이날 행사를 치렀다. 특별히 사전준비를 하지 않은 채 즉흥적으로 이루어진 행사였다. 6명의 강학과 학생(노동자)이 한 팀이 되어 학생 집을 방문하여 부모님께 큰절을 올리고 '어버이 은혜'를 합창하는 것으로 간단하게 진행했다. 이러한 행사는 강학과 노동자 사이의 신뢰감을 강화시키기 위한 목적에서 행해진 것이었다.[97]

누동학원에서는 이틀에 걸쳐 졸업식과 졸업 공연을 했다. 하루는 졸업 공연을 하고, 하루는 졸업식 행사를 치르는 것이다. 공연 작품은 유치진柳致眞의 〈토막土幕〉, 천승세千勝世의 〈만선滿船〉 등 민중들의 삶을 보여 주는 작품을 택했고, 방과 후 1~2시간 씩 한 달 가량 연습하여 졸업식 전날에 연극을 공연했다. 누동학원의 연극 공연은 아래 글에서 잘 드러난다.

그러나 무엇보다도 이 학교의 질과 수준을 잘 말해 주는 것은 천승세 작 〈만선〉을 40여 일에 걸친 연습 끝에 졸업 공연으로 학생들과 지방민들에게 보여 준다는 예고다. 이 희곡은 상연시간이 2시간 20여 분이나 소요되는 대작大作이라고 한다. 연극이 얼마나 중요한 인간교육의 수단인가 하는 것은 누구나 아는 바다. 이런 교육은 수험준비교육이나 전시효과를 노리는 교육에 열을 올리기 예사인 정규학교에서는 생각할 수도 없는 것이 아닐까.[98]

이 연극은 그 후 1시간 40분짜리로 줄여서 공연되었다. 교사들은 대사를 잊어버리거나 실수를 하더라도 있는 모습을 그대로 보여 주는 것이 바람직하다고 판단하여 공연을 강행했다고 한다.

## 체육대회

근대 문명의 하나로 들어온 스포츠는 개화의 선구자였다. 근대적인 학교는 스포츠를 받아들여 운동회를 개최했으며 이러한 전통이 현재까지 이어지고 있다. 누구나 초등학교나 중·고등학교 때의 운동회에 대한 기억은 아직도 강렬할 것이다. 촘촘히 짜여진 교실 수업에서 벗어나 해방감을 느끼는 축제의 장이었기 때문에 이때의 기억은 깊이 각인되어 있다. 하늘에 만국기가 펄럭이고 그 사이로 고무풍선이 날리고 총출동한 온 가족의 응원으로 축제의 흥을 한껏 올렸던 가을운동회에 대한 추억을 누구나가 간직하고 있을 것이다.

야학생에게 체육대회에 대한 감흥은 더욱 각별했을 것이다. 전태일은 대구 청옥고등공민학교에서의 체육대회에 대한 설레는 감정을 다음과 같이 표현했다.

그렇게도 마음 설래(설레)이면서 기다리던 체육대회가 경대 사대에서 열리는 날이 온 것이다. 너무 흥분한 나는 4시도 되기 전에 일어나서 준비운동을 하고 부엌에서 설쳤다. 사대 운동장에 모인 우리 선수들은 너나 할 것 없이 가벼운 기대와 흥분에 가슴을 설래(설레)이고 다른 학교 학생들과도 같이 사진도 찍고 내가 출전할 종목인 마라톤 경기가 오기를 기다렸다. 이윽고 나는 가슴에도 선명하게 다이아몬드 행(형)의 청옥마크를 달고 빤쓰는 우리 집에서 아버지께서 손수 만들어 주신 것을 입었다. 아버지께서 그때 우리 삼총사인 철이, 원섭이 나, 셋은(에게) 다 선수로써 똑같은 모양의 빤쓰를 만들어 주시고 꼭 일등하기를 당부하셨다.[99]

이러한 경험은 전태일뿐만이 아니라 모든 야학생이 체육대회를 앞두고 공통으로 체험했다고 보아도 틀림없을 것이다. 정규학교의 학생

그리고 노동과 배움을 병행하는 야학생 모두 체육대회를 맞이하는 감흥은 거의 비슷할 수도 있겠지만, 노동이라는 무거운 짐을 내려놓고 해방의 날을 만끽하는 야학생에게 다가온 설렘, 기대감, 흥분은 더욱 각별했을 것이다.

그렇지만 체육대회를 생략한 야학이 많았을 것으로 보인다. 야학생의 수기나 일기를 뒤져보면 체육대회에 대한 내용을 발견하기 어려운데, 이는 대부분의 야학에서 체육대회를 생략했기 때문에 나타난 현상이 아닌가 추측해 볼 수 있다. 경비도 만만치 않을뿐더러 행사를 치를 넓은 운동장을 빌리기도 어려웠던 사정을 반영한 것일 수도 있다. 어쩌면 야유회나 소풍을 가서 간단히 놀이를 하는 것으로 체육대회를 대신했을 가능성이 크다.

## 맺음말

일제시기 야학의 흐름은 해방 후 문해운동으로 계승되었다. 식민주의 교육 체제의 유산으로 높은 문맹률을 보였는데, 이는 민족민주국가 건설에 치명적인 걸림돌이 될 수 있었기에 미군정이나 우익 세력, 그리고 좌익 세력은 모두 문맹 퇴치의 중요성을 인식하고 있었다. 이와 함께 해방이라는 열려진 공간에서 대중의 향학열이 고조되어 갔으며, 이를 배경으로 문해운동이 대대적으로 전개되었다.

좌익 세력은 전평, 농총, 부총, 청총을 중심으로 독서회와 학습회 등을 조직하여 사상 의식화 운동과 문해교육 운동을 조직적으로 전개한 반면, 우익 세력은 미소공위 휴회 전까지 조직적으로 활동을 펼치지는 못했다. 우익 세력이 본격적으로 계몽·문해운동을 본격적으로 추진한 시기는 미소공위 휴회 이후였으며, 이때 미군정의 지원과 막대한 물리력을 바탕으로 문해운동을 전개했으며, 이 운동에 우익의 청년·학생 세력을 대대적으로 동원했다.

우익 세력의 문해·계몽운동은 미군정-우익 세력-우익 학생 단체라는 선상에서 복합적인 관계를 맺으며 전개되었다. 특히 9월 총파업과 10월 항쟁 이후 좌익 세력이 점차 기세를 잃어 가기 시작하자 우익 세력은 조직을 확대하면서 세력을 넓히는 일환으로 문해운동을 전개했다. 여기서 주목할 점은 남조선 과도입법의원의 〈입법의원의원선거법〉 제정 과정이다. 〈입법의원의원선거법〉의 자서투표 규정은 우익 세력에 의한 문해운동과 관련성이 깊다. 〈입법의원의원선거법〉이 본회의를 통과하고 자서투표 규정이 발표된 1947년 6월 말 이후 문해운동은 더욱더 가속도가 붙었으며, 전국학련은 미군정 경찰이나 현지의 우익 청년 단체의 지원을 받으며 활동을 전개해 나갔다. 또한 한국 문제가 유엔으로 이관되고 유엔총회에서 유엔 감시 아래 남북총선거안이 통과되자 미군정은 성인교육을 통한 문해운동을 강력하게 전개했다. 이에 부응하여 전국학련도 문해교육과 함께 계몽운동에 집중했다.

이어 유엔 소총회에서 남한만의 단독선거안이 가결되자, 우익 세력은 우익 청년 단체, 부인 단체, 학생 단체 등을 동원하여 선거 계몽에 매진했다. 남한만의 총선거 준비 과정에서 자서투표 방식의 입법의원 선거법이 표식투표의 국회의원선거법으로 발포되었지만 이것이 문해교육을 기피하는 결정적인 요인은 되지 못했다. 이 시기 우익 세력은 문해 활동보다는 선거 참여를 독려하는 계몽운동에 치중했다.

문교부는 1950년 5·30 총선을 앞두고 '문맹 퇴치 5개년 사업'을 추진하기로 결정했다. 그러나 전란으로 인해 정상적인 교육행정은 불가능했으며, 예산 문제로 문해교육은 뒷전으로 밀려나는 처지로 몰려 중지될 수밖에 없었다. 이후 문해교육은 1951년에 와서 문맹 장병에 대한 교육과 정신 계몽 사업 실시로 재개되었으며, 1952년에는 전국 국민학교에 공민학교 성인반을 설치하여 실시했다. 그러나 빈약한 예산으로 성인교육은 실효를 거두기 어려웠다. 또한 성인반 학생이 소집이나 징집을 당할까 염려하여 출석을 기피한 것도 문해교육을 어렵게 한 원인 중의 하나였다. 한편 한국전쟁으로 군에 동원된 장정 중에서 많은 문맹자가 존재하고 있었기 때문에 군에서도 문해교육을 실시했다.

이승만 정권은 '작대기식 기호투표 일소'라는 구호 아래 문해교육을 정치적으로 적극 활용했다. 1954년부터 1958년에 시행된 문맹 퇴치 사업을 실시한 기간을 보았을 때 권력의 의도를 명확히 읽어 낼 수 있다. 또한 문맹 퇴치 사업에 동원된 조직을 통해서도 이승만·자유당 정권의 정치적인 의도를 파악할 수가 있다. 1950년대 이승만 정권은 권력 유지와 강화를 위해 반관반민의 관제 단체를 적절히 활용했는데, 문맹 퇴치 사업에도 국민회, 대한부인회 등 사회단체와 학도호국단 조직을 대대적으로 동원했다. 이들 조직은 문맹 퇴치 사업 과정에서 이승만의 통치 이념이기도 했던 반공주의를 주입시키고, 집권 여당이 선거에 승리할 수 있도록 적극적으로 활동을 전개했을 가능성이 크다.

결국 1950년대 문맹 퇴치 사업은 이승만 정부가 정치적인 목적을 실현하기 위해 전개한 관제 운동의 성격이 강했다. 이러한 맥락에서 문맹 퇴치 사업이 민주국가 건설이라는 국정 과제 해결이나 국민들의 정치 수준을 제고하는 데 기여했다고 평가하는 것은 재고해 볼 여지가 있다. 오히려 민주시민으로서 권리를 억압한 역기능적인 역할을 한 측면이 있다고 볼 수도 있다.[1]

민주당 정부에서는 1950년대의 지역사회학교 논의를 수렴하고, 국토건설사업을 뒷받침하려는 의도에서 향토학교 운동을 전개했다. 이 운동에서 정부는 노작학교를 중시했으며, 주로 추진한 사업 내용은 녹화 사업과 문맹 퇴치였다. 그런데 향토학교 운동이라는 명목으로 학생이나 교사를 동원했으며, 이 과정에서 지역사회학교 본래의 이념에 맞지 않는, 권력층에 의해 굴절된 형태의 운동이 전개되었다.

5·16 쿠데타 이후 군부 세력은 민주당 정부의 향토학교 운동을 계승하여 추진했지만, 이 운동은 민주당 정부의 운동보다 더욱 왜곡·굴절된 형태로 전개되었다. 향토학교운동을 재건국민운동과 결합·흡수시켜 전개하고자 했던 군부 세력의 의지가 작용한 이 운동에서는 동원방식이나 통제가 강화되었다. 재건국민운동과 향토학교 운동의 최상급 기관인 재건국민운동본부와 문교부가 공조하여 대대적으로 국민을 동원하여 선거 계몽이나 문맹 퇴치 운동을 전개했으며, 각 일선

학교의 교사나 학생들은 상부의 지시에 따라 획일적으로 이 운동에 동원되었다.[2]

재건국민운동의 하나로 추진되던 중요 사업으로는 자매결연 사업을 들 수 있다. 이 운동은 "도시의 집단과 농어촌 간에 지역적으로 자매의 인연을 맺어 상부상조하는 협동 정신을 발휘케"할 목적으로 추진된 것이었다. 그러나 관제성을 띠고 하향적으로 추진되어 소기의 성과를 거두지도 못했을 뿐더러 물질적 지원에 치중하여 여러 가지 폐해를 발생시키기도 했다. 이 운동은 문맹 퇴치 교육에 기여한 측면도 있었다. 자매결연 운동의 일환으로 야학이 운영되었으며, 대학생들도 재건국민운동본부가 추진한 선거 계몽과 문맹 퇴치 운동에 동원되었다. 한편 우범소년을 정착시킨다는 명목으로 근로자 합숙소를 운영했으며, 넝마주이를 집단적으로 수용하여 근로재건대를 조직했는데, 이러한 근로자 합숙소나 근로재건대에서도 야학을 운영했다.

재건국민운동본부가 1964년에 민간단체로 변화함으로써 다시 조직된 재건국민운동중앙회는 재건학교 규정을 제정하고 핵심 사업으로 사회교육을 실시하여 상급학교에 진학하지 못한 학생들에게 교육적인 욕구를 충족시켜 주는 역할을 했다. 그러나 1960년대 후반에 들어서 중학교 평준화가 시작되면서 교육 운동은 하락의 길로 접어들었다. 재건학교와 더불어 1960년대 도시의 빈민촌에서는 빈민야학이 생겨나기 시작했다. 야학생은 대체로 신문팔이, 구두닦이, 껌팔이, 고아, 넝마주이 등 다양했다. 교사는 대부분 천막을 치고 바닥에 가마니를 깔았는데, 이러한 이유로 천막학교로 불렸다. 이들 야학의 대부분은 검정고시야학이었다.

1970년대는 새마을운동과 공장 새마을운동으로 야학이 확산된 시기였다. 새마을운동에 대학생을 비롯하여 중·고교에 재학 중인 청년 학생들이 동원되어 농어촌 봉사활동이나 계몽 활동을 전개했다. 이러한 활동에서 농어촌의 부녀자와 아동을 대상으로 한 문해교육의 비중도 커져 갔다. 새마을운동이 시작되면서 재건학교라는 이름으로 운영된 야학도 '새마을재건학교', '새마을공민학교' 등 새마을이라는 이름이 붙여지기 시작했으나, 1960년대의 재건학교 간판을 1970년대에도 그대로 사용하는 경우도 있었다. 새마을학교에는 정부가 운영한 것과 민간에서 운영한 것으로 구분할 수 있다. 정부는 전국 초·중·고교에 새마을학교를 설치하여 운영했으며, 서울시에서는 새마을 어머니 교실을 운영했다. 민간에서 자발적으로 운영한 새마을학교는 대부분 소규모였으며, 젊은 청년들이 운영했다.

그런데 이러한 학교(야학)도 정부가 추진하는 새마을운동에 적극 참여하여 새마을정신을 국민에게 주입시키려는 의도로 운영되었다. 그리고 정부도 청소년 범죄를 해결하기 위한 범국민운동의 차원에서 운영되도록 독려하기도 했으며, 1976년에는 새마을청소년학교로 재편하여 이를 후원하기도 했다. 한편 1970년대에는 무허가 판자촌이 심각한 문제로 떠올랐는데, 이를 반영하여 판자촌이나 영세민이 모여 사는 빈민촌에서 운영된 야학이 자리를 잡아 나갔다. 대체로 종교 단체에서 민중선교 차원의 야학을 직접 운영하거나 간접적으로 지원하는 활동을 했다.

공장 새마을운동의 일환으로 1970년대 중반기에 이르러 산업체 부설 특별학교와 산업체 특별학급을 운영했다. 노동자들에게 배우겠다는 욕구를 충족시켜 주기만 한다면 노사협조가 잘되어 공장 새마을운동도 성공할 것이라는 인식이 작용하여 추진된 것이다. 특히 산업체 특별학급은 학교로부터 축출된 대학생의 야학 활동을 축소하고 제어하기 위한 것으로, 중학교를 갓 졸업한 청소년을 국가에서 대대적으로 펼쳤던 경제개발 정책에 동원하여 바람직한 노사 관계를 정립하겠다는 취지에서 운영되었다.

그러나 산업체 특별학급과 산업체 부설학교의 운영 과정은 순탄한 길만을 걷지는 않았다. 기업주들은 야간 연장 근로에 지장이 있으며 학비를 보조해야 하는 부담 때문에 노동자들의 취학을 꺼렸으며, 사업체 내에 취학자와 비취학자 사이의 갈등 관계가 형성되기도 했다. 또한 기존학교에 마련된 특별학급의 경우 더부살이 취급을 당하기도 했다. 그렇지만 회사 측에서 노동이동 억제와 노동력 확보라는 장점을 누릴 수 있었기 때문에 산업체 부설학교와 야간 특별학급은 꾸준히 증가했다. 한편으로 산업체 특별학급과 산업체 부설학교에 다니는 노동자는 노동조합 가입과 활동에서 제약을 받았다. 이러한 사실에서 산업체 특별학급과 산업체 부설학교는 노동자들을 회사 측에 순응하는 인간으로 만드는 하나의 무기로 활용되었다는 것을 확인할 수 있다.

전태일 분신 사건은 야학에도 커다란 영향을 미쳤다. 사건에 영향을 받은 학생운동권에서 민중을 새롭게 발견하면서 야학의 성격도 변화해 갔던 것이다. 검정고시야학은 사회의 불평등 구조를 은폐하고 사회 안정에 어느 정도 기여한 측면이 있었는데, 이러한 검정고시야학에 대한 반성이 일어났다. 또한 파울로 프레이리의 민중교육론이 도입됨으로써 민중야학에 대한 논의도 활성화되었다. 그 결과 노동야학이 운영되기도 했다. 그렇지만 적어도 1970년대 중후반기까지는 노동야학이나 민중야학이 쉽사리 활성화되지는 못했다. 서둔야학에서 보는 바와 같이 검정고시야학에 집중할 것을 주창하는 일파와 야학을 민중운동으로 전화시키려는 일파 사이에 갈등 구조가 형성되었으며 이러한 갈등 구조는 1970년대 말까지도 지속되었다. 청계피복 노조의 노동교실은 교육 수준이 낮은 노동자들을 의식화시키는 도구로서 기능했지만 정부의 탄압으로 강제 폐쇄당했다. 1970년대 말 설립될 때부터 노동야학을 표방했던 들불야학도 얼마 안 있어 정부 당국의 탄압으로 시련을 겪게 되고 광주항쟁을 계기로 침체의 길로 들어섰다.

1970년대 후반기 학생운동에서 '현장준비론'을 주창하는 세력은 노동 현장에 투신하거나 야학 교사로 참여했으며, 이들은 야학을 통해 노동자들을 의식화하여 변혁 운동의 주체로 내세우고자 했다. 물론 이들은 노동야학을 지향했지만 직접적으로 표방하지 않은 경우가 많았다. 검시야학이나 생활야학을 절충하다가 노동야학으로 변화시키는 방식을 채택하기도 했고, 처음부터 노동야학을 표방한 경우도 있었다. 1980년대 들어서 학생운동 세력은 운동 노선을 둘러싸고 '단계적 투쟁론'과 '전면적 투쟁론'으로 갈라졌는데, '단계적 투쟁론'은 1970년대 후반기의 현장준비론을 잇는 학생운동 노선이었다. 이들은 사회변혁을 위해 노동자들을 조직해야 하며 이를 위해 노동 현장에 투신해야 한다고 주장했다. 그리고 노동야학에도 참여함으로써 야학 운동을 활성화시켰다. 그러나 국가권력의 야학 탄압이 강화되고 특히 야학연합회 사건이 발생함으로써 다수의 야학이 해체되었으며, 이후 소모임으로 변모했다.

야학은 제도권교육에서 소외된 사람들에게 배움의 길을 열어 주기 위해 문해교육, 계몽교육, 검정고시교육, 의식화교육 등을 전개했다. 특히 1970년대부터 1980년대 전반기에 걸쳐 전개된 민중야학이나 노동야학은 산업화라는 압축성장 과정에서 소외된 계급에 주목하여 이들을 민중으로 명명하고 변혁 운동의 주체로 내세웠다는 특징이 있다. 이러한 야학이 1980년대 중반 이후 급격히 쇠퇴하면서 또 다른 대안을 마련할 필요가 생겨났다. 이것이 바로 '민주시민교육'이다. 민중야학이나 노동야학은 보수적이고 지식인 중심적인 전통적인 교육 패러다임을 해체하고자 했다는 점에서 교육사에서 소중한 경험과 자산이 되었는데,[3] 이를 계승·발전시키기 위한 대안으로 나온 것이 '민주시민교육'이라 할 수 있다.

민주시민은 애국적이며 국가에 충성하는 고전적 의미에서의 '선善한 시민'을 말하는 것이 아니라,[4] 사회 발전을 위해 비판자로 참여할 수 있는 민주적 역량을 갖춘 사람으로 이해할 필요가 있다. 역사적으로 시민은 오랫동안 민주주의 구현을 위해 노력하는 과정에서 형성되었기에 시민성을 갖춘 사회의 구성원을 시민이라 할 수 있다. 따라서 시민은 민주주의 발전의 주체로서 중요한 요인이 된다.[5] 신광영은 사회적 민주화는 민주주의 제도를 도입함으로써 이루어지는 것이 아니라 사회 성원들이 권위주의 문화를 개혁함으로써 이루어질 수 있는 것이라고 밝혔다. 이는 민주적 인성의 형성을 통한 대중의 정치 참여를 강조한 것이라 할 수 있다.[6]

민주주의가 사회에서 뿌리를 내리고 올바른 방향으로 작동되려면 민주주의 이념과 가치를 인식하고 실천하는 민주시민을 육성할 필요가 있다. 존 듀이John Dewey는 오래 전에 "시민이 민주적 가치체계를 이해하고 존중하지 않는 곳에서는 독재체제의 종식만으로 진정한 의미의 영속적인 민주주의를 실현할 수 없다"고 강조했는데,[7] 이는 현재의 시점에서도 유효하며, 의미심장한 경구라 할 수 있다. 개방적인 안목으로 민주 가치를 인식하면서 사회적으로 제기되는 쟁점들을 비판할 수 있는 능력을 갖춘 시민을 키워야 하는 것이다.[8] 신형식의 글을 빌리자면, 민주주의는 다양한 경로와 방법을 통해서 이루어지며, 그 내용적인 진전은 민주주의 문화와 의식을 정착시키기 위한 지속적이고도 일상적인 노력으로 확보된다.[9] 따라서 민주주의의 내용적인 진전을 위해서는 민주시민교육이 절실히 필요하다.

심익섭에 따르면, 민주시민교육은 민주주의와 법치주의의 기반을 확립하기 위한 구체적 대안이며, 권위주의 정권 아래에서 정권 획득이나 정권연장을 위한 수단으로 전락했던 "국민운동적 정치교육"을 극복하기 위한 수단이라 할 수 있다.[10] 민주시민교육은 ① 정치체제의 정당성과 효율성을 높일 수 있으며, ② 사회적 통합기능을 수행하며, ③ 정치 발전과 참여 자치를 위한 역할을 하며, ④ 민주시민을 양성하는 기능을 한다. 따라서 민주시민교육은 시민의 비판적 의식화 및 조직화 과정이 풀뿌리 차원에서부터 일어날 수 있도록 적극 돕는 정치적 지원 행위를 총칭한다.[11]

1987년 이후 민중운동으로 불리는 기존의 운동 목표와 방식을 비판하고 합법적인 영역에서 대안을 제시하는 시민운동이 등장했다. 학생운동과 노동운동 중심이었던 정치 지향적 급진적 운동은 새로 마련된 합법적인 활동 공간을 적극 활용하며 대안을 제시하는 사회운동으로 변화했다. 운동 소재도 환경운동, 소비자운동, 여성운동 등 다양화했다.[12] 이러한 변화상은 1990년대에 들어서 두드러지게 나타났는데, 이에 따라 민주시민교육의 내용과 방식, 주체와 대상도 바뀌었다. 따라서 야학이라는 소중한 자산을 계승하기 위해서는 21세기를 살아가는 오늘날의 민주시민교육이 어떠한 지향점을 갖고 어떠한 방향을 잡아야 할 것인지에 대해 진지하게 고민할 필요가 있다.

## 머리말

1   천성호,《한국야학운동사》, 학이시습, 2009, 29쪽.

2   이훈도,《야학의 한국 교육문화 사상사적 연구》, 경북대 박사학위논문, 1997, 15쪽.

3   이장원,《야학비판》, 학이시습, 2009, 3~7쪽.

4   韓國敎育問題硏究所,《文敎史 1945~1973》, 중앙대학교출판국, 1974, 107쪽.

5   천성호,《한국야학운동사》, 학이시습, 2009, 207~209쪽, 211쪽.

6   천성호,《한국야학운동사》, 학이시습, 2009, 229~232쪽.

## 1. 해방 후~1950년대 문해교육과 전국문맹 퇴치 5개년 사업

1   오욱환,《한국 사회의 교육열》, 교육과학사, 2000, 198~199쪽, 210쪽.

2   金宗西,〈韓國 文盲率의 檢討〉,《敎育學硏究》2, 1964.

3   윤복남,《한국 문해교육의 사회사적 고찰》, 고려대 박사학위논문, 1991, 86쪽.

4   윤복남,《한국 문해교육의 사회사적 고찰》, 고려대 박사학위논문, 1991, 109~110쪽.

5   韓國敎育十年史刊行會 編,《韓國敎育十年史》, 豊文社, 1960, 110쪽.

6   이에 대해서는 김기석 · 유성상,〈미군정기 남한에서의 문맹 퇴치 운동, 1945~1948〉, 김종서 편,《한국 문해교육 연구》, 교육과학사, 2001, 51쪽 참조.

7   《매일신보》1945년 9월 19일,〈건준, 인공 중앙인민위 결정 선언 정강 시정방침 발표〉; 宋南憲,《解放 三年史》1, 1985, 52~53쪽.

8    건국부녀동맹에는 좌·우를 망라한 다양한 여성운동가들이 결집되어 있었으나 좌우
     갈등으로 우익 여성운동가들이 대거 탈퇴하여 9월 10일 한국애국부인회, 9월 14일 조
     선여자국민당을 결성했다. 한국애국부인회와 조선여자국민회는 1946년 1월 10일에
     결성된 독립촉성중앙부인단에 참여했다. 이후 1946년 4월 5일 한국애국부인회와 독립
     촉성중앙부인단이 통합하여 독립촉성애국부인회를 결성했다. 양동숙, 〈해방 후 독립
     촉성애국부인회의 조직과 활동 연구〉, 《한국민족운동사연구》 62, 2010, 380~385쪽.

9    《서울신문》 1945년 12월 23일, 〈전국부녀총동맹 결성대회. 자유와 평등을 주장. 건국
     사업에 적극적으로 협력〉; 《서울신문》 1945년 12월 25일, 〈문맹 퇴치 문제 등 토의.
     조선부녀총동맹 결성대회 폐막〉.

10   이희수, 《미군정기 성인교육의 정치 사회화 기능》, 중앙대 박사학위논문, 1996,
     148~150쪽.

11   《자유신문》 1945년 11월 13일, 〈독립민주국 실현할 추진역할 결의. 12일 인민당의
     결당식〉; 광주부, 《해방전후회고》, 돌베개, 1984, 165~167쪽.

12   宋南憲, 《解放 三年史》 1, 1985, 155쪽.

13   《매일신보》 1945년 11월 6일, 〈근로대중 단결하자. 조선노동조합전국평의회 결성대
     회〉.

14   조선노동조합전국평의회, 〈조선노동조합전국평의회 결성대회 회의록〉(안병욱 편, 《한
     국 사회운동의 새로운 인식》 1, 1992, 대동에 수록), 361쪽.

15   《서울신문》 1945년 12월 9일, 〈전국농민조합총연맹 각 군 대표 670명이 참석. 작일
     천도교당에서 결성대회〉.

16   이우재, 《한국농민운동사연구》, 한울, 1991, 102~103쪽.

17   《중앙신문》 1945년 12월 11일, 〈전국농민조합총연맹 결성〉.

18   《서울신문》 1945년 12월 12일, 〈滿堂에 건국의 열의. 전국청총 결성대회〉.

19   조선청년총동맹, 〈조선청년총동맹 결성대회 회의록〉(안병욱 편, 1992, 《한국 사회운동의
     새로운 인식》 1, 대동에 수록), 387쪽.

20   宋南憲, 《解放 三年史》 1, 1985, 126쪽.

21   宋南憲, 《解放 三年史》 1, 1985, 133쪽.

22   宋南憲, 《解放 三年史》 1, 1985, 186~188쪽.

23   《새한》 창간호, 1946년 1월 17일(이응호, 《미군정기의 한글운동사》, 성청사, 1974,

202∼204쪽에서 재인용).

24  《매일신보》1945년 9월 6일, 〈지식인도 배우라 11일부터 강습회 개최〉.

25  《매일신보》1945년 9월 8일, 〈240시간 教授할 한글입문의 교재. 어학회서 인쇄 준비〉.

26  조선어학회는 1945년 10월 26일 간사회를 열어 "순수한 학술단체로서 어떠한 정치단체에도 가담하지 않고 불편부당의 태도를 엄수"하기로 결의했다. 이응호, 《미군정기의 한글운동사》, 성청사, 1974, 207∼208쪽.

27  이응호, 《미군정기의 한글운동사》, 성청사, 1974, 208쪽.

28  《매일신보》1945년 9월 26일, 〈한글문화보급회 결성〉; 《매일신보》1945년 10월 28일, 〈한글 강습회 개최. 한글문화보급회에서〉. 한글문화보급회 임원은 다음과 같다. 명예회장 李熙昇, 회장 李邦翼, 총무부장 李元傑, 사업부장 李甲斗.

29  《매일신보》1945년 10월 23일, 〈국사, 국문을 보급. 조선사회교육협회 창립〉.

30  《동아일보》1946년 3월 30일, 〈成人을 再教育 中央成人啓蒙協會 結成〉.

31  이응호, 《미군정기의 한글운동사》, 성청사, 1974, 237∼239쪽.

32  안태정, 《조선노동조합전국평의회》, 현장에서 미래를, 2002, 213∼214쪽.

33  이광호, 〈미군정의 교육정책〉, 《분단시대의 학교교육》, 푸른나무, 1989, 32쪽.

34  吳天錫, 《韓國新教育史》, 현대교육총서출판사, 1964, 381쪽.

35  한준상, 〈미국의 문화침투와 한국교육〉, 《해방전후사의 인식》 3, 한길사, 1987, 573쪽.

36  학무국은 1946년 1월에 다시 개편이 되었으며, 1946년 2월에는 중앙행정기구 개편에 따라 학무국이 문교부로 개편되었다. 吳天錫, 《韓國新教育史》, 현대교육총서출판사, 1964, 384∼386쪽.

37  한준상, 〈미국의 문화침투와 한국교육〉, 《해방전후사의 인식》 3, 한길사, 1987, 561∼562쪽.

38  韓國教育問題研究所, 1974, 《文教史 1945∼1973》, 중앙대학교출판국, 7∼9쪽.

39  유억겸, 현상윤, 백낙준, 김활란, 김성수 등의 친일 행적에 대해서는 친일인명사전편찬위원회, 《친일인명사전》 1·2·3, 민족문제연구소, 2009 참고.

40  《매일신보》1945년 10월 6일, 〈군정장관 고문관에 十一氏를 임명 발표. 각층 각계 대표자 망라〉. 군정고문관에 임명된 인사는 김성수, 전용순, 김동원, 이용설, 구영수, 송

진우, 김용무, 강병순, 윤기익, 여운형, 조만식 등이다.

41 吳天錫, 《韓國新敎育史》, 현대교육총서출판사, 1964, 383쪽.

42 손인수, 《미군정과 교육정책》, 민영사, 1992, 220~221쪽.

43 최혜월, 〈미군정기 국대안 반대 운동의 성격〉, 《역사비평》 1, 1988, 10쪽. 조선교육
위원회 위원에 대한 친일파 논쟁에 대해서는 한준상, 〈미국의 문화침투와 한국교육〉,
《해방전후사의 인식》 3, 한길사, 1987, 574~575쪽 참고.

44 손인수, 《미군정과 교육정책》, 민영사, 1992, 231쪽.

45 韓國敎育問題硏究所, 《文敎史 1945~1973》, 중앙대학교출판국, 1974, 48쪽.

46 최혜월, 〈미군정기 국대안 반대 운동의 성격〉, 《역사비평》 1, 1988, 13쪽.

47 이광호, 〈미군정의 교육정책〉, 《분단시대의 학교교육》, 푸른나무, 1989, 51쪽.

48 김기석·유성상, 〈미군정기 남한에서의 문맹 퇴치 운동, 1945~1948〉, 김종서 편, 《한
국 문해교육 연구》, 교육과학사, 2001, 54쪽.

49 宋南憲, 《解放 三年史》 1, 까치, 1985, 101쪽.

50 김기석·유성상, 〈미군정기 남한에서의 문맹 퇴치 운동, 1945~1948〉, 김종서 편, 《한
국 문해교육 연구》, 교육과학사, 2001, 56쪽.

51 韓國敎育問題硏究所, 《文敎史 1945~1973》, 중앙대학교출판국, 1974, 98~99쪽.

52 韓國敎育問題硏究所, 《文敎史 1945~1973》, 중앙대학교출판국, 1974, 99쪽.

53 이희호, 〈미군정기 《한글 첫걸음》 교재에 대한 맥락 연구〉, 《겨레어문학》 48, 2012 참
고.

54 11월 20일 중앙청 제1회의실에서 《한글첫걸음》과 《국어독본》을 증정하는 식이 거행
되었다. 吳天錫, 《韓國新敎育史》, 현대교육총서출판사, 1964, 390~392쪽.

55 吳天錫, 《韓國新敎育史》, 현대교육총서출판사, 1964, 394쪽.

56 이길상, 〈미군정의 국가적 성격과 교육정책〉, 《정신문화연구》 47, 1992, 199~201쪽.

57 吳天錫, 《韓國新敎育史》, 현대교육총서출판사, 1964, 396쪽; 韓國敎育問題硏究
所, 《文敎史 1945~1973》, 중앙대학교출판국, 1974, 33쪽.

58 《동아일보》 1946년 1월 29일, 〈군정청 학무국, 성인계몽운동 전개목적으로 각도에 강
사 파견 결정〉.

59 稻葉斷雄, 〈美軍政下에 있어서 言語政策의 展開〉, 阿部洋 編, 《解放後 韓國의 敎
育改革》, 韓國硏究院, 1987, 149~150쪽.

60  이길상, 〈미군정의 국가적 성격과 교육정책〉, 《정신문화연구》 47, 1992, 201쪽; 이길상, 〈해방 전후 한국 교육 관련 미국 자료 연구〉, 《해방 전후사 사료 연구》 2, 선인, 2002, 216~217쪽.

61  이희수, 《미군정기 성인교육의 정치 사회화 기능》, 중앙대 박사학위논문, 1996, 112쪽. 공민학교 설치·요령은 1946년 5월 29일 자로 언론에 보도되었다.

62  鄭泰秀, 《美軍政期 韓國敎育史資料集》 上, 弘芝苑, 1992, 858~860쪽. 《美軍政期 韓國敎育史資料集》은 재미 역사연구가 방선주가 NARA (National Archives and Record Administration)에서 오랜 동안 수집한 자료 중에서 정태수에게 제공한 주한 미군정 교육관계 자료를 편저 형식으로 발간한 것이다. 鄭泰秀, 《美軍政期 韓國敎育史資料集》 上, 弘芝苑, 1992, 16~17쪽 〈해제〉 참고.

63  鄭泰秀, 《美軍政期 韓國敎育史資料集》 上, 弘芝苑, 1992, 858~860쪽.

64  《동아일보》 1947년 12월 10일, 〈문맹 퇴치 공민교 375 無문맹 86촌〉.

65  《동아일보》 1947년 12월 13일, 〈암흑에서 광명으로 전인구 65%가 해득. 明春까지 一掃계획〉.

66  임송자, 《대한민국 노동운동의 보수적 기원》, 선인, 2007, 130~131쪽.

67  《동아일보》 1947년 9월 20일, 〈일하며 배우는 우리 生産場 2백여 공원 한글 해득〉.

68  《동아일보》 1947년 8월 3일, 〈형무소 내서도 문맹 퇴치 운동〉.

69  稻葉斷雄, 〈美軍政下에 있어서 言語政策의 展開〉, 阿部洋 編, 《解放後 韓國의 敎育改革》, 韓國硏究院, 1987, 150~151쪽.

70  미군정 초기 교육을 주도했던 단체와 주요 인물에 대해서는 한준상, 〈미국의 문화침투와 한국교육〉, 《해방전후사의 인식》 3, 한길사, 1987, 554쪽 참고.

71  유억겸, 현상윤, 백낙준, 김활란, 김성수 등의 친일 행적에 대해서는 친일인명사전편찬위원회, 《친일인명사전》 1·2·3, 민족문제연구소, 2009 참조.

72  한민당에는 민족주의 세력과 사회주의 세력도 참여하고 있었다. 김약수 등 전향한 좌익의 일부가 가담했으며, 원세훈·김병로·정노식 등 중망이 있는 민족주의자들도 참여했다. 서중석, 《한국현대민족운동연구》, 역사비평사, 1991, 265쪽.

73  이경남, 《분단시대의 청년운동》 上, 삼성문화개발, 1989, 41쪽; 임송자, 《대한민국 노동운동의 보수적 기원》, 선인, 2007, 40쪽.

74  韓國反託·反共學生運動記念事業會, 《韓國學生建國運動史》, 韓國反託·反共學

生運動記念事業會出版局, 1986, 130쪽; 鮮于基聖,《韓國靑年運動史》, 錦文社, 1973, 813~814쪽.

75 《동아일보》1946년 1월 20일, 〈남녀 학생 40명 총상. 중상자는 입원가료 중〉; 韓國反託·反共學生運動記念事業會,《韓國學生建國運動史》, 韓國反託·反共學生運動記念事業會出版局, 1986, 139~140쪽.

76 1946년 5월 15일, 미군정 경찰은 조선정판사에 근무하는 조선공산당원이 조선은행권 평판平版을 사용하여 근택빌딩 지하실에서 위조지폐를 발행했다고 발표했다. 이에 대해 조선공산당은 미소공동위원회 휴회를 이용하여 조선공산당의 위신을 추락시킬 목적에서 고의로 날조한 것이며, 위조지폐사건이 조선공산당과 전혀 관련이 없다고 주장했다.

77 서중석,《한국현대민족운동연구》, 역사비평사, 1991, 441쪽.

78 《동아일보》1946년 4월 16일, 〈태평부녀계몽협회 조직〉.

79 《동아일보》1922년 3월 29일, 〈여자기독청년회 신진녀자로 조직〉;《동아일보》1925년 2월 16일, 〈여자노동야학 재경 여자기독=청년회 연합 주최〉;《동아일보》1927년 5월 29일, 〈각 방면 망라 근우회 창립〉.

80 친일인명사전편찬위원회,《친일인명사전》2, 민족문제연구소, 2009, 574~575쪽.

81 보성전문학교 교장 유성준은 개화파의 대표적인 인물인 유길준과 형제 사이였으며, 유각경의 아버지였다. 또한 미군정 학무국장 유억겸은 유길준의 아들이었다. 따라서 유각경과 유억겸은 사촌 사이였다. 친일인명사전편찬위원회,《친일인명사전》2, 민족문제연구소, 2009, 574쪽, 601쪽.

82 《동아일보》1946년 4월 6일, 〈오직 조국애로 결합. 독립촉성애국부인회 進發〉.

83 양동숙, 〈해방 후 독립촉성애국부인회의 조직과 활동 연구〉,《한국민족운동사연구》62, 2010, 389쪽.

84 《동아일보》1946년 5월 24일 자에는 김태호金泰浩로 기록되어 있다.

85 이응호,《미군정기의 한글운동사》, 성청사, 1974, 202쪽.

86 《동아일보》1946년 5월 24일, 〈한국청년회. 진용 정비·하기 계몽대 파견 결정〉.

87 《동아일보》1946년 6월 16일, 〈정기 시국강좌 개최. 女國民黨서 여성계몽에 궐기〉.

88 韓國反託·反共學生運動記念事業會,《韓國學生建國運動史》, 韓國反託·反共學生運動記念事業會出版局, 1986, 159~161쪽.

89  《동아일보》 1946년 6월 9일, 〈반탁학생연맹서 지방계몽대를 파견〉: 《동아일보》 1946년 7월 9일, 〈탁치반대전국학생총연맹, 하기 학생 계몽대 파견〉.

90  이응호, 《미군정기의 한글운동사》, 성청사, 1974, 242쪽.

91  《동아일보》 1946년 6월 12일, 〈연극 브나로드운동실천위원회 총본부, 실천대 모집〉. 브나로드운동실천대는 학도대, 청년대, 여성대, 소년대로 구성되었다.

92  이응호, 《미군정기의 한글운동사》, 성청사, 1974, 244쪽.

93  《동아일보》 1946년 6월 23일, 〈농산어촌의 계몽운동. 문교부에 본부 두고 학도대 파견〉.

94  《서울신문》 1946년 6월 30일, 〈29일 현재 하기 학생봉사대 신청자 수 천오백 명〉.

95  《서울신문》 1946년 7월 5일, 〈문맹 퇴치 학생 계몽대 출동식〉.

96  《동아일보》 1946년 6월 23일, 〈학도여 함께 참가하자 농산어촌의 계몽운동〉.

97  《대동신문》 1946년 7월 9일(韓國反託·反共學生運動記念事業會, 《韓國學生建國運動史》, 韓國反託·反共學生運動記念事業會出版局, 1986, 163~164쪽에서 재인용).

98  《동아일보》 1946년 6월 12일, 〈하기학생봉사대 참가자 모집〉.

99  《동아일보》 1946년 7월 23일, 〈독립에 불타는 학도의 결합. 강력한 통일전선을 조직〉.

100 《동아일보》 1946년 8월 2일, 〈독립전취에 봉기. 전국학생총련 결성대회〉: 鮮于基聖, 《韓國靑年運動史》, 錦文社, 1973, 825~826쪽.

101 韓國反託·反共學生運動記念事業會, 《韓國學生建國運動史》, 韓國反託·反共學生運動記念事業會出版局, 1986, 189~191쪽.

102 반탁학련, 경성대학동지회, 독립학생전선, 서북학생원호회, 유학생동맹 등 우익 학생 단체는 통합에 합의하고, 1946년 7월 31일 전국학련 결성대회를 개최했다. 韓國反託·反共學生運動記念事業會, 《韓國學生建國運動史》, 韓國反託·反共學生運動記念事業會出版局, 1986, 186~189쪽.

103 李哲承, 《대한민국과 나》 1, 시그마북스, 2011, 125~126쪽.

104 韓國反託·反共學生運動記念事業會, 《韓國學生建國運動史》, 韓國反託·反共學生運動記念事業會出版局, 1986, 222쪽.

105 임송자, 《대한민국 노동운동의 보수적 기원》, 선인, 2007, 86~87쪽.

106 최혜월, 〈미군정기 국대안 반대 운동의 성격〉, 《역사비평》 1, 1988, 21쪽.

107 서중석, 《한국현대민족운동연구》, 역사비평사, 1991, 535~536쪽.

108 김영미, 〈미군정기 南朝鮮過渡立法議院의 성립과 활동〉, 《한국사론》 32, 1994, 283쪽.

109 《동아일보》 1947년 3월 14일, 〈남조선의 민주화 위해 보선법 제정을 立議에 지시〉.

110 《조선일보》 1947년 5월 11일, 〈普選法과 叛逆處斷 何者를 先議? 70차 立議에 重大論戰〉.

111 《조선일보》 1947년 5월 11일, 〈普選法 제정 遷延은 何故. 民統 담화〉; 《조선일보》 1947년 5월 11일, 〈民議서 항의문〉.

112 《조선일보》 1947년 5월 14일, 〈보선법 遂 상정. 전문 10장 62조로 구성〉. 전문 10장 62조로 보통선거법안의 골자는 ① 총 의원 수는 266명이며 이 중에서 여자 대의원의 최저인원 22명이 특별조례로 포함되었으며, ② 선거권은 성별 구별 없이 만 25세 이상, 피선거권은 30세 이상이며, ③ 특별선거구를 설치하여 38 이북에 적籍을 둔 동포나 해외에 재류在留하고 있는 동포도 현 주소지에서 선거할 수 있도록 고려했다.

113 《조선일보》 1947년 5월 16일, 〈보선법 조속 통과하라 이박사 담화 발표〉.

114 《조선일보》 1947년 5월 23일, 〈연령문제로 一大激論. 보선법 상정 중의 78차 立議〉.

115 《조선일보》 1947년 6월 4일, 〈선거법 연령문제로 立議 大波瀾. 正副의장 사표 제출〉; 宋南憲, 《解放 三年史》 1, 1985, 405쪽.

116 《조선일보》 1947년 6월 5일, 〈25세는 러 장관 거부. 85차 立議에 서한 보고〉; 《조선일보》 1947년 6월 5일, 〈立議 선거 연령 가결 反響〉.

117 《조선일보》 1947년 6월 10일, 〈金박사 의장석에 등단 백지로 환원, 노력을 언약〉.

118 《조선일보》 1947년 7월 1일, 〈立議 통과한 보선법. 연령은 23·25세로〉.

119 金赫東, 《美軍政下의 立法議院》, 汎友社, 1970, 91쪽.

120 《조선일보》 1947년 7월 25일, 〈적산불하안 不철회, 보선법 문제는 再토의. 헬믹 군정 장관 대리 기자단에 발표〉.

121 《조선일보》 1947년 7월 27일, 7월 29일, 〈보선법안에 대해 헬믹 代將 立議에 서한〉 1·2.

122 金赫東, 《美軍政下의 立法議院》, 汎友社, 1970, 91~92쪽; 南朝鮮過渡立法議院, 《南朝鮮過渡立法議院 速記錄》 3, 여강출판사, 1984, 275~283쪽.

123 《조선일보》 1947년 9월 5일, 〈보선법 遂 공포. 헬믹 代將 계획대로 추진 언명〉. 이후 시행세칙은 11월 18일 조직된 중앙선거준비위원회에서 기초했다.

336

124 《조선일보》1947년 6월 5일, 〈성인교육대회 성황〉.

125 《동아일보》1947년 8월 3일, 〈서울의 문맹은 반수가 開眼. 남어지 반수도 금년 내로 는 퇴치〉.

126 《동아일보》1947년 4월 16일, 〈國民皆學을 목표코 경기도서 '문맹 퇴치주간' 설정〉.

127 《동아일보》1947년 4월 30일, 〈경기도서 문맹 급속 퇴치코저 국문단기강습회 개최〉.

128 《경향신문》1947년 6월 6일, 〈성인교육에 전력 경기도서 적극추진운동〉.

129 《동아일보》1947년 5월 28일, 〈국민개학에 총진군 각 동에 한글 강습회〉.

130 《동아일보》1947년 7월 30일, 〈문맹 퇴치의 進軍 하계국학운동 전개〉;《경향신문》 1947년 7월 30일, 〈배우자·가르치자 하계국민개학운동 전개〉.

131 《조선일보》1947년 4월 27일, 〈학도 책임 완수. 學生總聯서 결의〉.

132 《동아일보》1947년 7월 3일, 〈문맹 퇴치와 위생상황 조사, 학련서 실시〉;《동아일보》 1947년 7월 6일, 〈학생총연맹 계몽대 조직〉.

133 韓國反託·反共學生運動記念事業會,《韓國學生建國運動史》, 韓國反託·反共學 生運動記念事業會出版局, 1986, 223쪽.

134 박창원,《해방기(1945~1948) 대구·경북 진보적민족주의 세력의 영화·연극운동 연 구》, 계명대 박사학위논문, 2012, 145쪽.

135 《조선일보》1947년 8월 13일, 〈좌익 계열에 검거선풍. 수도청 형사대 총 출동코 各 署別로〉.

136 《조선일보》1947년 8월 14일, 〈各 署에 기관총 배치코 경계. 좌익간부 검거에 당국 책임자들의 담화〉.

137 《조선일보》1947년 8월 23일, 〈수도청 발표, 좌익 검거는 시내만 125명〉;《조선일보》 1947년 8월 23일, 〈좌익 검거 총수 전역에 2천여〉.

138 鮮于基聖,《韓國靑年運動史》, 錦文社, 1973, 819~821쪽.

139 《동아일보》1947년 7월 13일, 〈건설학생연맹서 하계계몽대 조직〉.

140 李哲承,《대한민국과 나》1, 시그마북스, 2011, 136~137쪽. 이철승은 전국건설학생 연맹이 1947년 6월까지 활동하고 해체되었다고 밝히고 있으나 선우기성은 1947년 7월 국대안 반대 운동이 수습되는 과정에서 자연 해체 상태에 있었다고 기술했다. 鮮 于基聖,《韓國靑年運動史》, 錦文社, 1973, 820쪽.

141 김득중,《制憲國會의 構成過程과 性格》, 성균관대 석사학위논문, 1994, 8~10쪽.

142 김득중, 《制憲國會의 構成過程과 性格》, 성균관대 석사학위논문, 1994, 17~18쪽.

143 《조선일보》 1947년 11월 16일, 〈국련에 감사와 총선거 촉진. 봉축식 후에 국민대회〉.

144 《조선일보》 1947년 11월 18일, 〈남조선 선거 요청. 독촉談〉.

145 《조선일보》 1947년 11월 27일, 〈총선거 실시하라. 이박사 경고문 발표〉.

146 《조선일보》 1947년 12월 2일, 〈남조선 선거 추진. 이박사·김구 씨 연설〉; 《조선일보》 1947년 12월 2일, 〈국련 결정 지지. 김구 씨 중대 견해 발표〉.

147 《조선일보》 1947년 11월 18일, 〈南北別 선거 반대. 정당협의회 노선 7요인 협의〉.

148 《조선일보》 1947년 8월 26일, 〈皆學운동 추진. 경기도 성인교육 성과 多大〉.

149 《동아일보》 1948년 1월 21일, 〈전국학련 계몽대 15만 문맹을 퇴치〉.

150 《동아일보》 1947년 12월 17일, 〈학도계몽대 全鮮에 파견〉; 《동아일보》 1948년 1월 7일, 〈학련 계몽대 문맹 퇴치에〉; 《경향신문》 1948년 1월 7일, 〈학련 문맹 퇴치 운동〉; 《조선일보》 1948년 1월 7일, 〈문맹을 퇴치, 학련 계몽대 출발〉.

151 《동아일보》 1947년 12월 23일, 〈총선거에 대비 단기 국문 강습회〉; 《동아일보》 1948년 2월 25일, 〈경기도 국문 강습 3월 말까지 개최〉.

152 《경향신문》 1947년 12월 23일, 〈"민족적 자주정신으로" 민련 결성식에 김 박사 개회사〉.

153 《조선일보》 1948년 1월 9일, 〈조선독립의 역사적 거보! 국련위원단 作日 入京〉.

154 《조선일보》 1948년 2월 28일, 〈조선총선거 계획을 추진. 소총회, 美案 31대 2표로 가결〉.

155 《조선일보》 1948년 2월 28일, 〈美案 통과와 국내〉.

156 《조선일보》 1948년 3월 6일, 〈'立議선거법'을 채택. 하 주장 총선거 실시를 포고〉. 4월 2일 하지 중장으로부터 선거 실시일을 하루 연기하여 5월 10일로 정하는데 동의해 달라는 요청을 받고 국련 조선위원단은 이를 채택 가결했다. 연기 이유는 5월 9일 정오경 남조선 일대에 일식이 발생할 것이라는 것이었다. 《경향신문》 1948년 4월 4일, 〈선거기일 이제야 확정. 5월 10일에 단행〉; 《조선일보》 1948년 4월 4일, 〈선거일 5월 10일로 연기. 하 중장 요청, 朝委 채택〉; 《조선일보》 1948년 4월 7일, 〈하 중장 발표, 9일은 일식! 선거일자 연기 이유〉; 임명삼 역, 《유엔조선위원단 보고서》, 돌베개, 1984, 109쪽.

157 《조선일보》 1948년 3월 12일, 〈선거법 금일 발표 예정. 연령 21세로 낙착〉. 유엔 조

선 임시 위원단이 입법의원의원선거법을 검토하여 군정장관에게 건의하기까지의
과정은 김득중, 《制憲國會의 構成過程과 性格》, 성균관대 석사학위논문, 1994,
34~35쪽 참고.

158  《조선일보》 1948년 3월 13일, 〈선거법은 立議案을 수정 후 채용. 朝委 '슈' 고문 기
자단에 설명〉; 《경향신문》 1948년 3월 13일, 〈朝委 통과한 총선거법 수정건의 전문
발표〉.

159  金赫東, 《美軍政下의 立法議院》, 汎友社, 1970, 92쪽. 입법의원의원선거법과 국회
의원선거법 비교는 김득중, 《制憲國會의 構成過程과 性格》, 성균관대 석사학위논
문, 1994, 38~39쪽의 〈표 2-1〉 참고.

160  《경향신문》 1948년 5월 7일, 〈기호투표맴에 성인교육 저하〉.

161  김득중, 《制憲國會의 構成過程과 性格》, 성균관대 석사학위논문, 1994, 71쪽.

162  임명삼 역, 《유엔조선위원단 보고서》, 돌베개, 1984, 95쪽, 110쪽.

163  양동숙, 〈해방 후 독립촉성애국부인회의 조직과 활동 연구〉, 《한국민족운동사연구》
62, 2010, 414~415쪽; 이희수, 《미군정기 성인교육의 정치 사회화 기능》, 중앙대 박
사학위논문, 1996, 414~415쪽.

164  《동아일보》 1948년 3월 28일, 〈학련 대의원대회 선거시까지 중지〉.

165  韓國反託·反共學生運動記念事業會, 《韓國學生建國運動史》, 韓國反託·反共學
生運動記念事業會出版局, 1986, 348쪽.

166  우익 조직의 여러 가지 등록 강요 행태는 김득중, 〈1948년 제헌국회의원 선거 과정〉,
《成大史林》 10, 1994, 18~20쪽 참조.

167  《경향신문》 1948년 4월 13일, 〈선거등록 결산. 8백5만8천명이 완료〉.

168  자료 한계로 인해 전국학련의 구성원이 5·10선거에서 어떠한 인물을 당선시키려고
선거운동을 했는지는 구체적으로 파악하기 어렵다.

169  《경향신문》 1948년 7월 29일, 〈전국학련에서 하계계몽운동〉; 韓國反託·反共學生
運動記念事業會, 《韓國學生建國運動史》, 韓國反託·反共學生運動記念事業會
出版局, 1986, 227~228쪽.

170  이광호는 안호상이 문교부장관으로 등용될 수 있었던 것은 이범석 총리의 제안의 소
산이거나 이승만과의 개인적 관계에 기인한 것이지만, 조선교육연구회를 통해 그의
정치 성향과 교육 성격이 크게 고려된 결과로 보았다. 이광호, 〈미군정의 교육정책〉,

《분단시대의 학교교육》, 푸른나무, 1989, 61쪽.

171 《경향신문》 1948년 10월 6일, 〈國會本會議 法務 文敎 兩部 施政方針 演說〉.

172 《동아일보》 1948년 11월 19일, 〈國民開學運動을 長湍郡에서 展開〉.

173 《경향신문》 1948년 12월 21일, 〈指導者講習會 開催〉.

174 《동아일보》 1949년 1월 28일, 〈文盲退治 奏效 京畿道民 八割 國文解讀〉.

175 《경향신문》 1949년 6월 22일, 〈新生韓國에 羞恥〉.

176 《경향신문》 1949년 12월 29일, 〈農地改革의 緊急性(上)〉.

177 《동아일보》 1950년 1월 9일, 〈문맹 퇴치에 暗影 새해예산 사정 6천만 원〉.

178 국회사무처, 《국회 임시회의 속기록》, 국회사무처, 1949년 10월 28일. 교육법 제1독
회에서 문교사회위원장 이영준이 "작년 5월 초에" 상정했다고 발언했으나 이는 잘못
된 것이다. 제헌국회가 1948년 5·10선거에 따라 출범했다는 사실 하나만 봐도 잘못
된 발언이라는 것을 알 수 있다. 교육기본법, 교육법, 사회교육법은 당시 신문기사를
보면 1949년 5월 초에 국회에 상정된 것으로 보인다.

179 韓國敎育十年史刊行會 編, 《韓國敎育十年史》, 豊文社, 1960, 57쪽.

180 국회사무처, 《국회 임시회의 속기록》, 국회사무처, 1949년 10월 28일.

181 《동아일보》 1949년 5월 4일, 〈成人敎育을 完遂〉.

182 《동아일보》 1949년 8월 1일, 〈民衆大學校도 開設. 文盲退治에도 拍車. 文敎部서
成人敎育 成案〉.

183 국회사무처, 《국회 임시회의 속기록》, 국회사무처, 1949년 10월 28일.

184 국회사무처, 《국회 임시회의 속기록》, 국회사무처, 1949년 10월 31일.

185 국회사무처, 《국회 임시회의 속기록》, 국회사무처, 1949년 11월 26일.

186 韓國敎育十年史刊行會 編, 《韓國敎育十年史》, 豊文社, 1960, 338~349쪽: 국가
법령정보센터(http://law.go.kr). 교육법안을 공포할 때, 제137조에 공민학교 "성인반
의 수업기간은 200시간 이상으로 한다"라는 내용을 추가했다.

187 공민학교 수업연한은 소년과 2년 또는 3년, 성년과 1년 또는 2년, 보수과 1년이었다.
입학 자격과 연령은 소년과가 국민학교 미취학자로서 13세 이상인 자, 성년과가 국민
학교 미취학자로서 18세 이상인 자, 그리고 보수과는 국민학교를 졸업한 13세 이상
인 자였다. 韓國敎育十年史刊行會 編, 《韓國敎育十年史》, 豊文社, 1960, 111쪽.

188 《경향신문》 1949년 7월 22일, 〈成人敎育 活潑. 工都 永登浦의 實態〉.

189 黃宗建,《韓國의 社會敎育》, 敎育科學社, 1985, 201쪽.

190 《경향신문》 1949년 6월 22일, 〈新生韓國에 羞恥〉;《동아일보》 1949년 7월 11일, 〈눈 뜨게 된 文盲 四百八十萬名〉;《경향신문》 1949년 7월 12일, 〈解放 德分에 눈뜬 文 盲 無慮 四百八十萬名〉.

191 《경향신문》 1949년 12월 29일, 〈農地改革의 緊急性(上)〉.

192 국가법령정보센터(http://www.law.go.kr).

193 黃宗建,《韓國의 社會敎育》, 敎育科學社, 1985, 209쪽; 최운실·백은순·최돈민, 《한국 사회교육의 과거·현재·미래 탐구》, 한국교육개발원, 1993, 35쪽.

194 黃宗建,《韓國의 社會敎育》, 敎育科學社, 1985, 200쪽; 韓國敎育十年史刊行會 編,《韓國敎育十年史》, 豊文社, 1960, 516쪽. 공민학교는 1950년에 1만 3072개로 최대치를 기록했으나 한국전쟁의 영향으로 1953년 3215개, 1954년 2976개로 급감 했다. 학생 수도 1950년 77만 7868명에서 1953년 18만 8801명, 1954년 22만 2200명 으로 크게 줄었다. 정부는 1953년 3월 행정조치로 전국 국민학교에 공민학교를 병설 하도록 했으나 공민학교의 지속적인 감소 현상을 줄이지는 못했다.

195 黃宗建,《韓國의 社會敎育》, 敎育科學社, 1985, 202~203쪽. 공민학교 수와 학생 수 감소는 1950년대 내내 계속되었는데, 이는 부분적으로 국민학교 취학률이 증가한 데서 나타난 현상으로 파악할 수도 있다.

196 《조선일보》 1950년 1월 9일, 〈文盲一掃에 五個年計劃 公民校 增設하여 退治에 注 力〉;《동아일보》 1950년 4월 24일, 〈문맹 퇴치 운동 3백40만 대상으로 문교부 5년계 획 수립〉.

197 한준상·정미숙, 〈1948~1953년 문교정책의 이념과 특성〉,《解放前後史의 認識》 4, 한길사, 1989, 347쪽.

198 韓國敎育十年史刊行會 編,《韓國敎育十年史》, 豊文社, 1960, 48~49쪽.

199 한준상·정미숙, 〈1948~1953년 문교정책의 이념과 특성〉,《解放前後史의 認識》 4, 한길사, 1989, 355쪽.

200 韓國敎育十年史刊行會 編,《韓國敎育十年史》, 豊文社, 1960, 161쪽.

201 유네스코韓國委員會,《유네스코 韓國總攬》, 三協文化社, 1957, 142쪽;《조선일보》 1952년 10월 27일, 〈壯丁文盲을 一掃 當局 成人敎育方案에 合意〉.

202 《동아일보》 1952년 8월 18일, 〈높이자!! 文化의 尺度 文盲 無慮 三百餘萬. "成人

教育"이란 이름뿐〉.

203 《동아일보》 1952년 5월 29일, 〈文盲退治에 學生動員 夏期放學 利用해서 全國的
으로〉; 《경향신문》 1952년 5월 30일, 〈문맹 퇴치 대운동을 전개. 하계휴가 이용코 농
촌에 학도〉.

204 《동아일보》 1952년 8월 18일, 〈하계 방학을 이용. 각 대학생 농촌 계몽에 활약〉.

205 《경향신문》 1952년 8월 18일, 〈2백만 문맹 퇴치. 성인교육에 더욱 박차〉.

206 《조선일보》 1953년 6월 25일, 〈文盲退治에 學徒를 動員. 休暇를 利用, 鄕土啓蒙班
을 組織〉; 《자유신문》 1953년 11월 12일, 〈文盲 一掃에 學生動員. 文敎部서 要領
등 示達〉.

207 1950년대 한국 원조를 위해 세워진 국제연합 산하기구인 국제연합한국재건단 운크
라(UNKRA, United Nations Korean Reconstruction Agency)와 유네스코의 연합기관.

208 유네스코·운크라 敎育計劃使節團, 《韓國의 敎育狀況 豫備調査報告書》, 1952,
29쪽, 69쪽.

209 윤복남, 《한국 문해교육의 사회사적 고찰》, 고려대 박사학위논문, 1991, 121쪽.

210 《동아일보》 1953년 11월 20일, 〈冬將軍 앞둔 百五十五哩 戰線을 橫斷하고 (6) 한
글敎育〉.

211 《경향신문》 1953년 12월 4일, 〈성인교육은 말뿐인가… 아직도 일선 사병 중엔 대상
자 약 1할〉.

212 《동아일보》 1954년 3월 11일, 〈1年間에 20萬餘 入隊文盲者 退治〉; 《동아일보》
1960년 10월 16일, 〈줄어가는 '까막눈' 군대서만 10만 명이나〉.

213 韓國敎育十年史刊行會 編, 《韓國敎育十年史》, 豊文社, 1960, 49쪽; 손인수, 《한
국교육 운동사》 1, 문음사, 1994, 207쪽.

214 韓國敎育十年史刊行會 編, 《韓國敎育十年史》, 豊文社, 1960, 338쪽.

215 韓國敎育十年史刊行會 編, 《韓國敎育十年史》, 豊文社, 1960, 59쪽.

216 1953년 문교부에서 작성한 〈文盲國民完全退治計劃〉에는 문맹국민이 280만여 명
에 달한다고 되어 있다. 《동아일보》 1953년 11월 23일, 〈全國的 文盲退治事業〉; 《경
향신문》 1953년 11월 24일, 〈文盲退治에 拍車〉.

217 《동아일보》 1953년 11월 23일, 〈전국적 문맹 퇴치 사업. 문교부서 5개월 동안 실시계
획〉; 《경향신문》 1953년 11월 24일, 〈문맹 퇴치에 박차. 12월부터 대대적 계몽운동

전개〉.

218 《자유신문》1953년 12월 13일, 〈文盲退治計劃 水泡化 豫算問題로 實施不可能〉.

219 《조선일보》1954년 2월 22일, 〈文盲退治에 拍車. 19歲 以上 남녀에 90時間 敎育. 3月 18日부터 한 달間 全國一齊實施〉; 《경향신문》1954년 3월 14일, 〈講習所 四萬 設置. 選擧 앞두고 全國文盲退治運動〉; 《조선일보》1954년 3월 20일, 〈文盲退治 에 착수. 18日부터 市內에 '가갸거겨'소리〉.

220 《경향신문》1954년 4월 7일, 〈文盲退治 映畵와 講演會〉.

221 《경향신문》1954년 5월 17일, 〈成果 낸 文盲退治. 170萬이 한글 習得〉.

222 《동아일보》1954년 2월 10일, 〈二十六名 九日 正午 現在 辭任公務員數〉

223 정재환은 한글맞춤법 간소화 문제를 놓고 이승만과 뜻을 달리하여 사임한 것으로 보 았다. 정재환,《한글의 시대를 열다》, 경인문화사, 2013, 345~346쪽.

224 《경향신문》1954년 4월 22일, 〈文敎部長官에 李선根氏 發令〉; 손인수,《한국교육 운동사》1, 문음사, 1994, 218쪽.

225 《동아일보》1954년 10월 7일, 〈"눈뜬장님" 아직도 백여만 명. 문화민족의 일대 수치. 국가재정 기울어 완전퇴치 긴요〉.

226 《조선일보》1954년 10월 18일, 〈文盲退治運動 文敎部서 二次計劃〉; 《경향신문》 1954년 10월 18일, 〈문맹 퇴치 운동 전개. 대상자 117만 명〉; 《조선일보》, 1954년 11월 28일, 〈符號選擧 防止 文盲退治方案 입안〉.

227 《동아일보》1955년 3월 12일, 〈오늘부터 실시. 3부 합동 문맹 퇴치〉.

228 《조선일보》1956년 1월 20일, 〈20日부터 一齊히 文盲退治運動 3月 末까지 50萬名 敎育計劃〉.

229 《경향신문》1956년 1월 19일, 〈50만 명의 문맹자 12세부터 45세까지 일소〉. 동 기사 는 교육 대상자를 50만 명으로 기술한 반면, 《동아일보》1956년 1월 25일 자는 100만 명이라고 했다.

230 《동아일보》1956년 4월 1일, 〈從前대로 '작대기'. 正副統領選擧 標記方式 決定〉.

231 《동아일보》1956년 4월 10일, 〈符號 順位를 決定. 正副統領 立候補者 抽籤 實施〉; 《경향신문》1956년 4월 10일, 〈正副統領 候補 記號 決定〉.

232 문교부,《문교행정시정업적》, 1957, 269쪽; 문교부,《문교행정업적》, 1958, 233쪽; 韓國敎育十年史刊行會 編,《韓國敎育十年史》, 豊文社, 1960, 194~195쪽; 《조

선일보》1957년 1월 9일, 〈20日부터 實施 文盲退治運動〉;《동아일보》1958년 1월 8일, 〈99만 중 50만 대상. 제5차 문맹 퇴치 운동 21일부터〉;《조선일보》1958년 1월 13일, 〈選擧 앞서 强力實施 文盲退治 21日부터 開始〉;《동아일보》1958년 1월 22일, 〈명년까지 문맹 완전 퇴치. 올해 대상은 50만 명. 어제부터 제5차로〉.

233 《조선일보》1958년 11월 30일, 〈文盲退治教育 1年間으로 새해부터 教育方針을 變更〉;《동아일보》1958년 11월 30일, 〈문맹 아직 56만 명. 문교부서 명년을 完退年度로 설정〉.

234 《동아일보》1954년 3월 11일, 〈1年間에 20萬餘 入隊文盲者 退治〉.

235 《동아일보》1954년 7월 19일, 〈一等兵되기까지의 訓練. 文盲新兵은 먼저 한글學校로〉.

236 박효선, 〈한국군의 문해교육 전개 과정에 관한 연구〉,《圓光 軍事論壇》5, 2009, 267쪽에서 재인용.

237 박효선, 〈한국군의 문해교육 전개 과정에 관한 연구〉,《圓光 軍事論壇》5, 2009, 266~267쪽.

238 공보처를 공보실로 오기誤記하여 이를 바로잡았다. 공보처는 1956년 2월에 폐지되고, 대신에 대통령 소속 공보실이 설치되었다.

239 金宗西, 〈韓國 文盲率의 檢討〉,《教育學研究》2, 1964, 15쪽;《조선일보》1960년 9월 8일, 〈文盲 22%. 시골은 都市의 二倍 女子는 男子의 三倍〉.

240 金宗西, 〈韓國 文盲率의 檢討〉,《教育學研究》2, 1964, 22~23쪽.

241 《조선일보》1954년 3월 15일, 〈(사설) 文盲退治에 完璧을 期하라〉.

242 《동아일보》1954년 4월 30일, 〈집단행동 엄금. 민병대 훈련도 총선거까지 중지. 申사령관 담화〉.

243 《동아일보》1955년 2월 26일, 〈(사설) 문맹 퇴치 노력에의 반성〉.

244 1945년 성인교육 사업 단체가 서울 및 각 도 단위로 조직되었고 시·군 단위의 지부와 읍·면 단위의 분회가 설치되었다. 이들 조직의 사업 추진에 대한 원조와 각 지방 단체 간의 상호 연락 및 정보 교환, 성인교육 관련 시설, 교재와 기타 출판물의 간행·배포, 지도자 양성 등을 효과적으로 추진하기 위해 중앙에 설치한 것이 대한성인교육회이다. 최운실·백은순·최돈민,《한국 사회교육의 과거·현재·미래 탐구》, 한국교육개발원, 1993, 40쪽.

245 서중석은 이러한 현상을 '파시즘적 두령 체제의 지향'으로 규정했다. 서중석, 《이승만 의 정치이데올로기》, 역사비평사, 2005, 144~145쪽.

246 김민남·조정봉, 〈해방 후 문해교육에 대한 비판적 이해〉, 《중등교육연구》 45, 2000, 33쪽; 오혁진·허준, 〈1950년대 '전국문맹 퇴치 교육'의 사회교육사적 의미〉, 《평생교육연구》 17-4, 2011, 281쪽.

247 오혁진·허준, 〈1950년대 '전국문맹 퇴치 교육'의 사회교육사적 의미〉, 《평생교육연구》 17-4, 2011, 280~281쪽.

248 《경향신문》 1960년 7월 7일, 〈記號는 첫·끝이 유리〉.

249 《경향신문》 1955년 2월 25일, 〈餘滴〉.

250 中央選擧管理委員會, 《大韓民國選擧史》 1, 中央選擧管理委員會, 1973, 88쪽.

## 2. 산업화 시기 야학의 역사

1 李榮德, 〈이것이 鄕土學校다〉, 《새교육》 13-2, 1961, 16쪽.

2 京畿道敎育委員會, 《鄕土學校十年 58~67》, 京畿道敎育委員會, 1968, 49쪽.

3 李榮德, 〈이것이 鄕土學校다〉, 《새교육》 13-2, 1961, 17쪽.

4 韓國敎育問題硏究所, 《文敎史 1945~1973》, 중앙대학교출판국, 1974, 424쪽.

5 손인수, 《한국교육 운동사》 2, 문음사, 1994, 138~139쪽.

6 《경향신문》 1960년 9월 24일, 〈國民校 敎科書 大幅 改編할 方針〉; 《동아일보》 1960년 9월 25일, 〈國民學校 敎科書를 改編〉.

7 京畿道敎育委員會, 《鄕土學校十年 58~67》, 京畿道敎育委員會, 1968, 49쪽.

8 韓國敎育問題硏究所, 《文敎史 1945~1973》, 중앙대학교출판국, 1974, 424~425쪽.

9 《조선일보》 1961년 2월 15일, 〈鄕土學校를 세워야 한다〉.

10 《조선일보》 1961년 2월 15일, 〈鄕土學校를 세워야 한다〉.

11 金永善, 〈民主黨 腹案의 骨子〉, 《思想界》, 1960, 145쪽.

12 金永善, 〈國土建設計劃과 失業者對策〉, 《思想界》, 1961, 205쪽; 車均禧, 〈國土建設事業의 基本構想과 展望〉, 《식량과 농업》 5-3, 1961, 36쪽.

13 민주당 정권기 국토건설사업에 대해서는 임송자, 〈민주당 정권기 국토건설사업의 추진과정〉,《史林》6, 2013 참조.

14 《경향신문》1961년 2월 17일, 〈吏道刷新에 全力토록. 첫 全國地方長官會議서 指示〉.

15 《경향신문》1961년 3월 30일, 〈鄕土學校 指導者養成 講習會 終了〉.

16 《경향신문》1961년 2월 20일, 〈鄕土學校 建設 推進委를 구성〉.

17 《경향신문》1961년 3월 24일, 〈鄕土學校 指導者를 講習〉;《동아일보》1961년 3월 24일, 〈鄕土學校 建設 指導者講習會〉.

18 《경향신문》1961년 3월 30일, 〈鄕土學校 指導者養成 講習會 終了〉.

19 《동아일보》1961년 2월 15일, 〈鄕土開發에 學徒를 動員. 各級學生 2百60萬 동원〉;《경향신문》1961년 2월 15일, 〈全國學徒들도 呼應. 擧族的 國土開發運動〉.

20 《조선일보》1961년 2월 20일, 〈國民生活 改善을 위한 鄕土 學校의 建設計劃〉. 이 밖에도 문맹 퇴치 사업이라는 공통과제와 더불어 향토마다 지니고 있는 특수 과제를 조사하여 해결하는 것을 향토학교의 당면 임무로 규정했다.

21 《동아일보》1961년 3월 7일, 〈鄕土敎育 開發事業과 連結. 有實綠化運動도 推進〉.

22 李勳度,《夜學의 韓國敎育 文化思想史의 硏究 –勞動夜學을 중심으로–》, 경북대 박사학위논문, 1997, 71쪽.

23 문맹률은 조사 기관마다 다르게 나타나고 있어 어느 수치가 보다 신빙성이 있는지 파악하기 어렵다. 중앙교육연구소에서는 1959년 12월 말 현재 22.1퍼센트로 보았으며, 1960년 국세조사에서는 27.9퍼센트로 제시하고 있다. 金宗西, 〈韓國 文盲率의 檢討〉,《敎育學硏究》2, 1964, 15쪽;《조선일보》1960년 9월 8일, 〈文盲 22%. 시골은 都市의 二倍 女子는 男子의 三倍〉; 임송자, 〈이승만 정권기 문해교육 정책과 문맹 퇴치 5개년 사업〉,《史林》50, 2014, 55쪽.

24 《경향신문》1961년 3월 3일, 〈우리말 깨우치기. 올해는 文盲一掃의 해. 四月부터 三百20萬名에〉.

25 李榮德, 〈이것이 鄕土學校다〉,《새교육》13-2, 1961, 16쪽.

26 《동아일보》1961년 6월 3일, 〈鄕土學校建設 講習會를 開催 來七日부터〉.

27 《조선일보》1961년 6월 11일, 〈最高會議法 公布. 全文 34條 附則으로 형성〉;《경향신문》1961년 6월 11일, 〈國家再建最高會議法 公布〉.

28  《조선일보》1961년 6월 11일, 〈新生活體制를 確立. 中央에 本部·各 道에 支部 設置. 各 機關·團體에는 促進會 두고〉.

29  홍인근은 쿠데타 직후 강상욱이 국가재건최고회의 부의장 박정희의 명을 받고 공무원훈련원에서 김용건, 박태현, 김동규, 김삼준 등과 함께 기구 설치를 위한 대강을 만들었으며, 이것이 입법화 과정을 거쳐 재건국민운동본부가 탄생된 것으로 보았다. 洪仁根, 〈再建國民運動〉, 《신동아》, 1965, 155쪽.

30  洪仁根, 〈再建國民運動〉, 《신동아》, 1965, 156쪽;《조선일보》1961년 6월 11일, 〈兪鎭午氏를 任命 再建國民運動本部長에〉.

31  허은, 〈5·16군정기 재건국민운동의 성격 -'분단국가 국민운동' 노선의 결합과 분화-〉, 《역사문제연구》 11, 2003, 16쪽.

32  국가법령정보센터(http://law.go.kr).

33  새마을금고聯合會, 《새마을금고二十五年史》上, 1989, 87쪽;《조선일보》1961년 6월 25일, 〈60對 1의 競爭場 再建國民運動 要員 試驗 개막〉;《조선일보》1961년 7월 2일, 〈소나기 맞으며 15對 1. 再建運動 要員 1次 합격자 發表〉.

34  《동아일보》1961년 7월 26일, 〈國民運動 第1次 實踐事項 발표. 再建運動本部 國民의 自發的 創意 호소〉.

35  《동아일보》1961년 8월 8일, 〈强制動員은 不可. 兪本部長, 純粹한 民間運動으로 性格 轉換 言明〉.

36  洪仁根, 〈再建國民運動〉, 《신동아》, 1965, 156쪽.

37  洪仁根, 〈再建國民運動〉, 《신동아》, 1965, 156~157쪽.

38  새마을금고聯合會, 《새마을금고二十五年史》上, 1989, 86쪽.

39  정재걸, 〈현대 한국 군정교육의 역사적 평가: 5·16군정의 교육이념·교육 내용의 분석을 중심으로〉, 《한국교육사학》 13, 1991, 150~151쪽.

40  손인수, 《한국교육 운동사》 2, 문음사, 1994, 290쪽.

41  손인수, 《한국교육 운동사》 2, 문음사, 1994, 290쪽.

42  손인수, 《한국교육 운동사》 2, 문음사, 1994, 589쪽, 703쪽.

43  《경향신문》1961년 6월 22일, 〈새敎師型을 만들어달라. 文敎長官 全國再敎育擔當 協議會서 강조〉.

44  《경향신문》1961년 7월 7일, 〈文社局長會議서 16項目 指示 中高敎師 人事刷新토

록〉.

45 문교부, 《향토학교 사례집》, 1961, 〈발간사〉.

46 《경향신문》1961년 7월 15일, 〈九五年度 中學 등 入試要綱 發表〉.

47 《경향신문》1961년 8월 4일, 〈文敎長官談 文敎施策에 違背〉.

48 국가법령정보센터(http://law.go.kr).

49 국가법령정보센터(http://law.go.kr).

50 《조선일보》1961년 9월 8일, 〈柳達永氏를 任命. 再建運動本部長〉; 《조선일보》1961년 9월 8일, 〈學園으로 復歸 兪鎭午氏 辭任談〉.

51 당시 최고회의 내무위원회 조재근 소령이 김형욱 대령에게 유달영을 소개했고, 김형욱이 박정희 의장에게 추천함으로써 유달영이 본부장으로 임명되었다고 한다. 洪仁根, 〈再建國民運動〉, 《신동아》, 1965, 157쪽.

52 《조선일보》1961년 9월 8일, 〈(社說) 國民運動의 再檢討〉.

53 허은, 〈5·16군정기 재건국민운동의 성격 -'분단국가 국민운동' 노선의 결합과 분화-〉, 《역사문제연구》11, 2003, 16~18쪽.

54 柳達永, 〈勞作敎育의 再認識 -敎育의 當面課題-〉, 《새교육》13-2, 1961, 15쪽.

55 《경향신문》1961년 9월 11일, 〈純粹 民間運動으로. 柳本部長 就任辭. 機構는 多少 變更〉; 《동아일보》1961년 9월 12일, 〈再建運動 民間運動으로 轉換〉; 《조선일보》1961년 9월 11일, 〈民間運動으로 轉換. 柳 再建國民運動本部長, 關係 法律 改正도 言明〉.

56 《경향신문》1961년 9월 28일, 〈本部 機構도 改編〉·〈月末까지 組織을 再整備〉.

57 재건국민운동본부는 1962년 1월에 〈재건국민운동에 관한 법률 중 개정 법률〉과 〈재건국민운동에 관한 법률 시행규칙 개정안〉에 따라 또 한 차례 기구가 5부部 1실室 1소所에서 2부 1실 1원院으로 축소하여 개편되었다. 이때 본부에는 총무실, 지도부, 운영부, 재건국민교육원을 두었으며, 차장보제도를 없애고 교육원에 전임강사제도를 신설했다. 《동아일보》1962년 1월 18일, 〈機構를 縮小. 再建運動本部〉.

58 국가법령정보센터(http://law.go.kr).

59 韓國敎育問題硏究所, 《文敎史 1945~1973》, 중앙대학교출판국, 1974, 147~148쪽; 《경향신문》1957년 10월 18일, 〈技術敎育으로 擴充. 全國에 綜合高等學校 設置計劃〉.

60 《동아일보》1961년 10월 12일,〈토끼 기르기 運動 國民學校 4年 이상 한 名 한 마리씩 生産意慾 북돋기 위해 5年計劃으로〉;《경향신문》1961년 10월 12일,〈'一人一養兎' 文敎部서 計劃樹立〉.

61 《동아일보》1961년 8월 13일,〈朴議長, 政權 民間移讓時期·方法을 明示〉;《경향신문》, 1961년 8월 13일,〈政權移讓時期에 關한 重大聲明을 보고〉.

62 1961년 11월에 발표된《혁명 과업 완수를 위한 향토학교 교과 과정 임시 운영 요강》의 내용은 서주연,《1960년대 박정희 정부의 향토학교 정책》, 한국교원대 석사학위논문, 2015 참조.

63 成來運,〈鄕土를 外面하면서 二十年 -鄕土學校建設運動을 中心으로-〉,《새교육》16-12, 1964, 38쪽.

64 허은,〈5·16군정기 재건국민운동의 성격 -'분단국가 국민운동' 노선의 결합과 분화-〉,《역사문제연구》11, 2003, 32쪽.

65 《경향신문》1961년 11월 30일,〈눈뜬장님 退治운동 재건본부에서 展開〉;《동아일보》1961년 11월 30일,〈洞別로 文盲退治. 三百萬名 對象 明年 四月까지. 再建運動本部 發表〉. 당시 전국문맹자조사통계는 1959년 말 현재 중앙교육연구소가 작성한 것이 가장 최근의 것이며, 19세 이상 문맹자를 316만 명으로 추산하고 있었다. 물론 이 수치는 신뢰하기 어렵다.

66 《조선일보》1961년 12월 13일,〈文盲退治에 協調. 柳本部長, 歸鄕學生들에 당부〉.

67 《경향신문》1961년 12월 24일,〈겨울방학을 利用 大學계몽대 出動 가자! 農·漁村으로〉.

68 《동아일보》1962년 7월 8일,〈學生과 勤勞를 通한 自己修練〉;《동아일보》1962년 7월 26일,〈"健康하고 보람있게" 金文敎, 啓蒙運動 등 放學談話〉.

69 《경향신문》1962년 7월 26일,〈再建의 放學〉되게. 金文敎, 學生들에 당부〉.

70 《동아일보》1962년 7월 8일,〈(社說) 學生과 勤勞를 通한 自己修練〉.

71 《동아일보》1962년 7월 18일,〈全國的으로 奉仕活動計劃 서울 28個 大學서 七千名 動員〉.

72 中央敎育硏究所,《향토학교 건설의 문제점》, 배영사, 1963, 57쪽.

73 李榮德,〈이것이 鄕土學校다〉,《새교육》13-2, 1961, 18쪽.

74 《경향신문》1963년 8월 26일,〈시들해졌나 姉妹結緣. 28日 두 돌 맞아 반성해 본다.

꿈으로 돌아간 瑞光. 4,990군데의 姉妹部落 생겼건만 物質依存으로 금가기 시작〉.

75 《경향신문》 1962년 8월 3일, 〈姉妹結緣運動 成果와 是正點〉.

76 《경향신문》 1962년 8월 3일, 〈姉妹結緣運動 成果와 是正點〉.

77 《경향신문》 1962년 3월 5일, 〈(社說) 再建國民運動에 붙인다. 形式보다 實質的인 것으로 나아가라〉.

78 《경향신문》 1962년 3월 13일, 〈柳 再建本部長, "農民의 依他心 안 생기게 姉妹結 緣의 方法 고칠터"〉.

79 《경향신문》 1962년 5월 28일, 〈餘滴〉.

80 《경향신문》 1962년 11월 27일, 〈姉妹結緣運動은 再檢討되어야겠다. ‒姉妹關係의 一部 解緣說을 듣고‒〉.

81 《경향신문》 1962년 11월 27일, 〈姉妹結緣運動은 再檢討되어야겠다. ‒姉妹關係의 一部 解緣說을 듣고‒〉.

82 《경향신문》 1963년 8월 26일, 〈시들해졌나 姉妹部落. 28日 두 돌 맞아 反省해 본다. 꿈으로 돌아간 瑞光. 4,990군데의 姉妹部落 생겼건만 物質依存으로 금가기 시작〉.

83 《경향신문》 1962년 4월 2일, 〈山間前線에 ‘사랑의 敎室’. 士兵들이 先生노릇. 밤마 다 交代로 文盲退治〉.

84 《동아일보》 1962년 12월 7일, 〈忠南 ‘제빗골’에 文明의 빛. 姉妹結緣할 團體 찾아. 등잔불 켜놓고 夜學하려고〉.

85 《동아일보》 1962년 12월 10일, 〈‘제로클럽’서 姉妹結緣 응낙. 제빗골 呼訴에〉.

86 《경향신문》 1961년 7월 4일, 〈文盲 一掃에 앞장선 學徒들〉.

87 《경향신문》 1961년 7월 18일, 〈放學과 우리計劃(4) 各 大學別로 본 實踐 프랜〉.

88 《경향신문》 1961년 9월 16일, 〈農村啓蒙에 크게 寄與〉.

89 《경향신문》 1961년 12월 24일, 〈겨울방학을 利用 大學계몽대 出動 가자! 農·漁村 으로〉.

90 《경향신문》 1962년 1월 13일, 〈"눈뜬 장님 없애자" 市廳앞 廣場서 文盲敎育봉사단 을 結團〉; 《동아일보》 1962년 1월 14일, 〈文盲敎育奉仕團 結團式 擧行〉.

91 《경향신문》 1962년 4월 23일, 〈눈뜬 장님의 ‘한글교실’ = 校服 입은 敎師 서울師範 校生들〉.

92 《조선일보》 1962년 9월 16일, 〈熱意 하나로 이룬 夜學. 勤勞者合宿所의 職業少年

들. 잠자리자敎室 大學生 도움 얻어 女警 李警查가 주선. 冊床은 없지만 向學의 불
길〉.

93 《동아일보》1962년 5월 23일, 〈來日에 산다. '넝마' 속에 꿈 담은 勤勞再建隊〉.

94 《조선일보》1962년 2월 24일, 〈넝마주이 福祉에 새計劃. "왕초" 作弊를 一掃. 夜學
實施, 合同結婚도〉.

95 《경향신문》1962년 5월 12일, 〈勤勞再建隊 發足 14日 서울市廳 앞서〉.

96 《경향신문》1962년 5월 14일, 〈勤勞再建隊로 발족. 千5百 넝마주이들 制服 制帽
쓰고〉.

97 《동아일보》1964년 7월 20일, 〈새機構 創立을 準備〉;《경향신문》1964년 7월 21일,
〈再建國民運動 發足〉.

98 《동아일보》1964년 8월 5일, 〈새 再建國民運動 發會式〉;《경향신문》1964년 8월
5일, 〈국민운동 民間機構로 發足 市民會館서 會長 柳達永씨〉.

99 새마을금고聯合會, 《새마을금고二十五年史》上, 1989, 310쪽.

100 《동아일보》1964년 11월 3일, 〈國民運動 어떻게 할 것인가〉.

101 새마을금고聯合會, 《새마을금고二十五年史》上, 1989, 310쪽.

102 천성호, 《한국야학운동사》, 학이시습, 2009, 230쪽.

103 천성호, 《한국야학운동사》, 학이시습, 2009, 232쪽.

104 새마을금고聯合會, 《새마을금고二十五年史》上, 1989, 311쪽.

105 《동아일보》1965년 7월 28일, 〈배우며 일하고 일하며 배우자. 다시 번지는 再建學校
運動〉.

106 《경향신문》1966년 9월 12일, 〈"青年奉仕隊·再建學校의 正體를 밝혀내라" 野, 統
班長 활동규제 立法을 준비〉;《동아일보》1966년 9월 12일, 〈"3·15와 비슷한 處事"
野, 統班長 政治活動 계속 追窮〉.

107 새마을금고聯合會, 《새마을금고二十五年史》上, 1989, 311쪽.

108 전남일·손세관·양세화·홍현옥, 《한국 주거의 사회사》, 돌베개, 2008, 163쪽.

109 전남일·손세관·양세화·홍현옥, 《한국 주거의 사회사》, 돌베개, 2008, 166쪽.

110 전남일·손세관·양세화·홍현옥, 《한국 주거의 사회사》, 돌베개, 2008, 185쪽.

111 《조선일보》1961년 1월 13일, 〈天幕學校에 二萬圜 喜捨. 醫療院 外人들이〉.

112 《경향신문》1961년 6월 20일, 〈벌써 敎會와 天幕敎室까지. 새生活 꾸민 撤去民들〉.

113 《경향신문》1975년 11월 21일, 〈폐허의 쓰레기터에 세운 不遇청소년 배움터. 水色동 새마을국민고등학교〉.

114 《경향신문》1963년 2월 12일, 〈(가십) 돋보기〉.

115 《동아일보》1964년 5월 15일, 〈逆境 무릅쓰고 不遇少年 일깨워. 梨光中서 大統領 寄贈 校舍 傳達式〉.

116 《동아일보》1964년 6월 17일, 〈갖은 苦楚 겪으며 밝힌 燈불 知性이 가꾼 천막 교실〉.

117 《동아일보》1965년 12월 23일, 〈麻浦 甲子公民校와 열세大學生. 百餘名 키워 취직, 一流校 進學도 넷〉.

118 《경향신문》1964년 10월 2일, 〈天幕 속의 寶園中學. 4.19 횃불 이은 黎明클럽〉.

119 《경향신문》1964년 10월 2일, 〈天幕 속의 寶園中學. 4.19 횃불 이은 黎明클럽〉.

120 《동아일보》1966년 3월 10일, 〈永登浦區 撤去民村 私設 冠岳校 개교〉.

121 《경향신문》1966년 6월 25일, 〈어머니 15명 힘모아 學園淨化 밑거름 '靑江배움의 집'. 住民 어린이 가르쳐〉.

122 《경향신문》1966년 11월 23일, 〈버려진 '氷點下人生' 품도 못 팔아 生計 막막. 길 멀 어 學校못가는 어린이들은 나무꾼 돼〉.

123 《동아일보》1966년 6월 10일, 〈天幕의 배움터 '靑永學園 高等公民學校로 새出發〉.

124 《경향신문》1966년 9월 29일, 〈이 사람을 본받자 국민이 주는 희망의 賞. '讚揚의 賞' 받는 얼굴들(中) 議政府경찰서 金良洙경사〉.

125 《경향신문》1966년 12월 7일, 〈陽地 第21話 浮浪兒들의 길잡이. 東豆川의 除隊軍 人 김성근씨〉.

126 《조선일보》1962년 8월 16일, 〈'希望學院' 難關에. 배움의 길 잃게 될 三百餘 極貧 兒童〉.

127 《조선일보》1962년 8월 18일, 〈"배움의 길 열어 주오" 希望 잃은 '希望學院' 弟子와 스승이 血書〉.

128 《조선일보》1964년 4월 7일, 〈三陽洞 산골짜기를 밝힌 배움의 등불 '新生地域社會 學校'. 大學生 20名이 無報酬奉仕〉.

129 《조선일보》1962년 7월 16일, 〈精誠이 열매 맺은 '廣野의 授業'. 쳐놓은 天幕 도둑 맞고 밤이면 國民學校敎室 빌려들어 남포 밑에서 배우는 東山學校〉.

130 《조선일보》1962년 7월 16일, 〈精誠이 열매 맺은 '廣野의 授業'. 쳐놓은 天幕 도둑

맞고 밤이면 國民學校敎室 빌려들어 남포 밑에서 배우는 東山學校〉.

131 임송자, 《한국의 노동조합과 노동운동의 역사》, 선인, 2016 참조.

132 임경택, 《한국 권위주의체제의 동원과 통제에 대한 연구 -새마을운동을 중심으로-》, 고려대 박사학위논문, 1991.

133 박진도·한도현, 〈새마을운동과 유신 체제 -박정희 정권의 농촌 새마을운동을 중심으로-〉, 《역사비평》 47, 1999.

134 유병용·최봉대·오유석, 《근대화 전략과 새마을운동》, 백산서당, 2001.

135 김대영, 〈박정희 국가동원 메커니즘에 관한 연구〉, 《경제와사회》 61, 2004.

136 고원, 〈박정희 정권 시기 농촌 새마을운동과 '근대적 국민 만들기'〉, 《경제와사회》 69, 2006.

137 김영미, 《그들의 새마을운동》, 푸른역사, 2009.

138 대통령비서실, 《새마을운동 박정희대통령 연설문 선집》, 1978, 37쪽.

139 대통령비서실, 《새마을운동 박정희대통령 연설문 선집》, 1978, 90~91쪽.

140 대통령비서실, 《새마을운동 박정희대통령 연설문 선집》, 1978, 111~112쪽.

141 대통령비서실, 《새마을운동 박정희대통령 연설문 선집》, 1978, 236, 295, 335쪽.

142 대통령비서실, 《새마을운동 박정희대통령 연설문 선집》, 1978, 349~352쪽.

143 최장집, 《한국의 노동운동과 국가》, 열음사, 1988, 184쪽.

144 《조선일보》 1972년 2월 27일, 〈朴 大統領 서울大 卒業式서 致辭 "올바른 國家觀의 確立을"〉; 《조선일보》 1972년 3월 8일, 〈박 대통령 지방장관 순시 자조부락 우선 지원. 경제계획 역점은 '새마을운동'〉; 대통령비서실, 《새마을운동 박정희대통령 연설문 선집》, 1978, 182, 209쪽.

145 《경향신문》 1972년 2월 12일, 〈차차 알찬 보람 大學生 봉사활동. 이번 冬季활동을 통해본 實態와 成果〉.

146 《경향신문》 1972년 2월 12일, 〈차차 알찬 보람 大學生 봉사활동. 이번 冬季활동을 통해 본 實態와 成果〉.

147 《매일경제》, 1972년 3월 18일, 〈올 大學生 지도指針 시달. 文敎部, 全國大學總學長 회의〉.

148 《경향신문》 1972년 3월 23일, 〈새學期에 심는 보람찬 大學生像 캠퍼스에도 새마을 물결〉; 《경향신문》 1972년 3월 24일, 〈(사설) 大學街의 새마을運動을 보고〉.

149 《매일경제》1972년 5월 6일, 〈全國 農業系 大學生에 篤農家 실습 義務化〉.

150 《동아일보》1972년 5월 19일, 〈放學中의 農漁村봉사 大學 正規科目으로〉; 《경향신문》1972년 5월 19일, 〈奉仕활동 敎科로 師大에 新設·敎大는 義務化. 문교부, 大學에 권장〉.

151 《동아일보》1972년 5월 20일, 〈(사설) 農漁村活動의 大學科目化〉.

152 《경향신문》1972년 6월 23일, 〈大學生 奉仕활동의 새 方向〉.

153 《경향신문》1972년 6월 24일, 〈"가난한 農村의 實相 인식토록" 大學연합奉仕團 結團에 붙여-會長 金相淶〉.

154 《매일경제》1972년 7월 5일, 〈夏季봉사활동 펴기로. 全國 1백25개 市·郡에 걸쳐 각 大學마다 준비 한창〉; 《동아일보》1972년 8월 31일, 〈大學生 農村봉사 報告 '잘 살 수 있다'는 自信感 심어야〉.

155 《매일경제》1973년 6월 7일, 〈새마을事業에 2萬여 명 動員〉.

156 《경향신문》1973년 6월 8일, 〈(사설) 學生奉仕活動 계획에 期待함〉.

157 《경향신문》1974년 2월 25일, 〈凍土 녹이는 '젊은 熱氣〉.

158 《경향신문》1974년 7월 30일, 〈(사설) 農村은 生動하는 修鍊場 大學生들의 夏季奉仕活動에 붙여〉.

159 《경향신문》1975년 8월 5일, 〈(사설) 暴炎下 대학생의 奉仕活動〉.

160 《경향신문》1974년 7월 30일, 〈(사설) 農村은 生動하는 修練場 大學生들의 夏季奉仕活動에 붙여〉.

161 《동아일보》1974년 6월 19일, 〈閔文敎, 高大 '靑虎재건學校' 방문. 大學生과 時局 문제 등 意見 나눠. "學生운동의 올바른 評價를" "무조건 批判·否定 是正해야"〉.

162 《경향신문》1975년 5월 21일, 〈閣議, 學徒護國團 설치령 의결. "文敎部長官 승인 못 얻으면 현 學生단체 해산으로 간주"〉.

163 《동아일보》1975년 5월 21일, 〈"배우면서 나라를 지키자" 學海에 이는 새學風. 15年 만에 復活한 學徒護國團〉; 《경향신문》1975년 5월 21일, 〈安保觀 강화·戰力체제로. 學徒護國團·軍事훈련 强化를 살펴본다〉.

164 《경향신문》1975년 5월 20일, 〈現役·豫備役 망라 大學生 군사敎育 대폭 强化 2學期부터 實施〉.

165 《경향신문》1975년 8월 5일, 〈暴炎下 대학생의 奉仕活動〉.

166 《동아일보》1976년 1월 29일,〈精神敎育의 體系化에 力點 文敎部의 올해 施策〉.

167 《동아일보》1976년 3월 10일,〈農村奉仕活動 都市로 轉換 文敎部, 學校새마을 積極 推進〉.

168 《동아일보》1976년 7월 12일,〈活氣띠는 大學生 農村봉사〉.

169 《경향신문》1976년 6월 11일,〈새생활 새바람 새마을 都市에도 불은 붙고 있다(10) 大學街〉.

170 《경향신문》1976년 7월 8일,〈大學生이 理論·실천 앞장〉.

171 《경향신문》1977년 7월 11일,〈대학생 여름봉사 百96校 2萬4千9百명 참가〉;《매일경제》1977년 7월 11일,〈196개校 2만5천명 참가. 大學生 夏季奉仕團 결단〉.

172 《경향신문》1978년 12월 15일,〈(사설) 겨울放學〉.

173 《경향신문》1979년 7월 10일,〈農村奉仕活動과 學習〉.

174 《경향신문》1979년 7월 10일,〈農村奉仕活動과 學習〉.

175 《동아일보》1972년 1월 31일,〈朴大統領, 地方官署 年頭순시. 江原地方 總力安保·새마을開發施策 報告 청취〉;《매일경제》1972년 1월 31일,〈生産性 增大에 주력. 崔江原知事 里·洞單位로 새마을運動〉.

176 《경향신문》1972년 3월 7일,〈部別 시책 시달. 地方長官 회의〉.

177 《동아일보》1972년 3월 8일,〈道마다 새마을學校 설치. 內務部 계획〉.

178 《매일경제》1972년 6월 3일,〈地域지도자 養成. 學區單位로 새마을學校 初·中·高校에 倂設〉;《동아일보》1972년 6월 3일,〈새마을學校 新設. 初中高에 農閑期 住民교육〉.

179 《동아일보》1972년 8월 7일,〈새마을학교 일제 開校 전국에 一六一六곳〉.

180 《조선일보》1972년 11월 8일,〈(社說) 새生活意識의 契機로 -겨울 새마을學校 設置에 붙여-〉.

181 《경향신문》1972년 11월 6일,〈겨울 새마을學校 설치. 전국 2,208개 初·中·高에 放學동안〉;《동아일보》1972년 11월 6일,〈文敎部 2,280개 초중고에 새마을學校〉.

182 《동아일보》1972년 12월 15일,〈어머니敎室 94개所 늘려 市, 동창교실·시범동制 신설도〉.

183 《매일경제》1975년 2월 7일,〈'敎育維新'을 강화. 柳文敎보고 市·郡에 새마을校 상설〉.

184 《동아일보》1975년 3월 13일, 〈柳文敎, 校長 權限 대폭 强化. 大學 反共써어클活動 助長도〉.

185 《경향신문》1976년 3월 10일, 〈새마을敎室을 운영. 所得증대 교육 중점〉.

186 《경향신문》1972년 11월 23일, 〈行商으로 일군 새마을學校. 不遇소년에 向學 심는 두 靑年〉.

187 《경향신문》1973년 8월 1일, 〈고향에 새마을學校 세운 防衛소집 豫備軍〉；《동아일보》1973년 8월 1일, 〈외딴섬 不遇어린이에 배움터. 防衛소집 李德明씨, 야간中 설립〉.

188 《경향신문》1973년 4월 3일, 〈새마을 3年 本社 地方取材網이 포착한 綜合리포트〉.

189 《경향신문》1975년 11월 21일, 〈폐허의 쓰레기터에 세운 不遇청소년 배움터. 水色동 새마을국민고등학교〉.

190 《동아일보》1975년 7월 16일, 〈不遇어린이에 배움길 열어준 '지팡이'〉.

191 《동아일보》1978년 8월 4일, 〈배움터 잃게 된 晝耕夜讀. 下一洞 그리인벨트 內 천막 敎室〉.

192 《경향신문》1978년 12월 23일, 〈歲暮 거리에 溫情을 사는 露店. 關東大學生들, 火災복구基金 마련 위해〉；《경향신문》1979년 3월 28일, 〈金泉署長 유가족에 朴大統領이 금일봉〉；《동아일보》1979년 3월 29일, 〈朴대통령, 山불 鎭火하다 殉職 署長 유족에 慰勞金〉.

193 《경향신문》1976년 3월 26일, 〈(社說) 急增하는 靑少年 犯罪〉. 사설에서는 52퍼센트가 증가했다고 기술했으나, 이는 잘못된 계산이어서 66퍼센트로 정정했다.

194 《경향신문》1976년 3월 26일, 〈(社說) 急增하는 靑少年 犯罪〉.

195 《조선일보》1971년 6월 20일, 〈무작정 上京으로 亂立한 서울의 板子村. 延世大 조사…零細民 실태〉.

196 《조선일보》1974년 10월 9일, 〈(社說) 판자촌 撤去와 融通性 –公과 私의 摩擦을 極小化하는 市政을–〉.

197 《조선일보》1975년 1월 26일, 〈즐거운 '콩나물 敎室' 奉天동 YWCA새마을학교. 大學生 13명 발벗고 나서 工員 –불우소년 등 70명에 中學과정〉.

198 최장집, 1988, 《한국의 노동운동과 국가》, 열음사, 184쪽.

199 《조선일보》1972년 2월 27일, 〈朴 大統領 서울大 卒業式서 致辭 "올바른 國家觀의

確立을">;《조선일보》1972년 3월 8일,〈박 대통령 지방장관 순시 자조부락 우선 지원. 경제계획 역점은 '새마을운동'〉; 대통령비서실,《새마을운동 박정희대통령 연설문 선집》, 1978, 182쪽, 209쪽.

200 《조선일보》1972년 8월 13일,〈박 대통령 지시 "기업인도 새마을 참여">.

201 《조선일보》1972년 8월 13일,〈정부-경제계 '8 · 3조처' 후 첫 공식 회합〉.

202 임송자,《한국의 노동조합과 노동운동의 역사》, 선인, 2016 참조.

203 최장집,《한국의 노동운동과 국가》, 열음사, 1988, 183~187쪽.

204 신원철,〈경영혁신운동으로서의 공장새마을운동 : 대한조선공사사례〉,《산업노동연구》9-2, 2003.

205 장상철,〈작업장통제전략으로서의 공장새마을운동 : 성과와 한계〉,《1960~1970년대 노동자의 작업장 문화와 정체성》, 한울아카데미, 2006.

206 천성호,《한국야학운동사》, 학이시습, 2009, 276쪽.

207 《매일경제》1973년 11월 2일,〈勞使密着의 새契機. 工場새마을운동의 意義〉. 상공부가 제시한 공장 새마을운동 계획의 내용은 다음과 같다. ① 1단계 필수과제: 새마을교육과 환경위생정화 및 인간관계 개선 / 선택 과제: 생산성 향상, 원가 절감 품질 향상 실천, 일반관리비 원가 절감 목표, 임금제도 개선, 종업원 교육 ② 2단계 필수과제: 주변 환경 정화 및 보수, 이웃 주민 돕기 운동 / 선택 과제: 공장 주변 교육 사업(새마을장학운동, 계몽 활동, 야간학교 설립), 농촌소득 증대 사업 지원.

208 《경향신문》1973년 11월 19일,〈血族時代서 經營者時代로 韓國財閥 새構圖(19) 韓一合纖 그룹〉.

209 《매일경제》1974년 1월 31일,〈翰曉學園을 설립. 韓一合纖 여자기능공 양성 목적〉;《매일경제》1974년 8월 29일,〈産業人脈(163) 化纖工業(10) 아크릴릭纖維〉.

210 《동아일보》1976년 3월 10일,〈"晝耕夜讀 … 고달프지 않아요" 女工의 배움터 馬山 韓一女實校〉.

211 《동아일보》1976년 7월 24일,〈朴大統領 指示, 工團勤勞者 위해 夜間中學 開設〉.

212 《경향신문》1976년 9월 9일,〈朴大統領, 새마을 指導者들과 점심 나누며 歡談 "企業人은 번 돈 有益하게 써야">.

213 《경향신문》1977년 2월 16일,〈産業體 부설學校 無試驗 · 공납금 免除. 閣議의결 종업원 千명 이상에 설치 許容〉;《동아일보》1977년 2월 16일,〈閣議議決 千名 以上

의 業體에 中·高校 設置를 許可〉.

214 《동아일보》1977년 2월 21일, 〈産業體 附設 中·高校 116學級 3月부터 開校〉.

215 《경향신문》1977년 3월 29일, 〈"일하면서 배우자" 業體종업원 特別學級 취학식. 서울·仁川지구〉.

216 《매일경제》1979년 3월 30일, 〈배우며 일하는 靑丘木材〉. 1979년 현재, 청구목재부설여중의 학생 수는 1학년 110명, 2학년 76명, 3학년 64명 등 총 240명이었다.

217 국무총리행정조정실, 《청소년 백서》, 1982, 47쪽: 서진호, 《근로 청소년의 사회교육에 관한 조사연구 -야간 특별학급 및 산업체 부설학교를 중심으로-〉, 단국대 석사학위논문, 1983, 20쪽.

218 《경향신문》1977년 4월 9일, 〈활짝 핀 근로청소년 學業의 길. 종업원 萬千여 명 學校에〉.

219 《경향신문》1977년 4월 9일, 〈활짝 핀 근로청소년 學業의 길. 종업원 萬千여 명 學校에〉; 〈산업체근로자교육을 위한 특별학급 등의 설치기준령 시행규칙〉.

220 《경향신문》1977년 4월 27일, 〈새보람 工團學校(7) "門戶 더욱 넓혀야" 進學희망자 1/8 就學〉.

221 《동아일보》1978년 3월 11일, 〈(사설) 勤勞靑少年들의 就學〉.

222 《경향신문》1979년 1월 15일, 〈새해엔 꼭…(6) 各界에 들어본 새 所望 女工〉.

223 《경향신문》1977년 4월 27일, 〈새보람 工團學校(7) "門戶 더욱 넓혀야" 進學희망자 1/8 就學〉.

224 《매일경제》1977년 8월 9일, 〈中高校부설 企業에 혜택. 政府·與黨 敎育投資 免稅 방침〉.

225 《동아일보》1978년 1월 18일, 〈朴大統領 年頭會見 요지〉.

226 《매일경제》1978년 2월 2일, 〈內務部보고 8백억 들여 農家 5만棟 개량. 91년까지 中學義務敎育 문교부 보고〉.

227 1979년에 신설될 산업체부설 학교는 충남방적 부설 충일여중과 충일여고(충청남도 대덕군), 국제방직부설 여중과 여자실업고(충청남도 아산), 코오롱 부설 실업고(경상북도 구미), 동일방직 부설 여중(인천) 등 6개교이다. 《동아일보》1978년 7월 5일, 〈6개 産業體 附設校 인가〉; 《경향신문》1978년 7월 5일, 〈産業體부설 6개 中高 인가〉.

228 《매일경제》1979년 1월 31일, 〈섬유業界 등 中卒 스카우트 熱風〉.

229 국가법령정보센터(http://www.law.go.kr) 참고.

230 《매일경제》1979년 4월 4일, 〈文敎部, 총 4만2천명 집계 勤勞청소년敎育 큰 성과〉.

231 천성호, 《한국야학운동사》, 학이시습, 2009, 278쪽.

232 신경숙, 《외딴방》, 문학동네, 1995, 94~95쪽.

233 신경숙, 《외딴방》, 문학동네, 1995, 122~123쪽.

234 신경숙, 《외딴방》, 문학동네, 1995, 130쪽.

235 《매일경제》1979년 8월 6일, 〈문교부, 敎育 확대 위해 夜間特別學級에도 大入豫試를 면제〉; 《경향신문》1979년 8월 6일, 〈豫試 면제 검토. 산업체 附設高 야간特別학급〉.

236 《경향신문》1979년 8월 16일, 〈衡平잃은 大學入門 豫備고사 例外규정 너무 많다. 특혜 10가지나…합격선 亂脈〉; 《동아일보》1979년 8월 17일, 〈大入豫試特例의 再檢討〉.

237 《경향신문》1979년 9월 8일, 〈文敎部 大入豫試 3개 市道 지원제 실시〉; 《동아일보》1979년 9월 8일, 〈文敎部 豫試 3市道 지원 가능〉.

238 《경향신문》1979년 10월 17일, 〈80學年度 大學入試(8) 豫試 면제대상 확대〉.

239 《경향신문》1979년 11월 15일, 〈崔대통령 權限代行 施政연설 要旨〉.

240 《동아일보》1979년 11월 16일, 〈근로靑少年 就學기회 확대〉.

241 《동아일보》1980년 10월 30일, 〈全大統領 새해 施政演說 要旨〉; 《경향신문》1980년 10월 30일, 〈全대통령 施政演說 要旨〉; 《매일경제》1980년 10월 30일, 〈大統領 施政演說 요지〉.

242 李勳度, 《夜學의 韓國敎育 文化思想史的 硏究 -勞動夜學을 중심으로-》, 경북대 박사학위논문, 1997, 10쪽.

243 기독교야학연합회, 《민중야학의 이론과 실천》, 풀빛, 1985, 27쪽.

244 강준만, 〈피에르 부르디외, 왜 중요한가?〉, 《한국언론정보학보》5, 1995, 292쪽.

245 유용주, 《마린을 찾아서》, 한겨레신문사, 2002, 172쪽.

246 유용주, 《마린을 찾아서》, 한겨레신문사, 2002, 171~172쪽.

247 기독교야학연합회, 《민중야학의 이론과 실천》, 풀빛, 1985, 27쪽.

248 기독교야학연합회, 《민중야학의 이론과 실천》, 풀빛, 1985, 28쪽.

249 기독교야학연합회, 《민중야학의 이론과 실천》, 풀빛, 1985, 28쪽.

250 최진희, 〈80년대 한국노동운동의 흐름과 전망〉, 서둔야학사편찬위원회, 《서둔야학사》, 1999, 163~164쪽.

251 최진희, 〈80년대 한국노동운동의 흐름과 전망〉, 서둔야학사편찬위원회, 《서둔야학사》, 1999, 164쪽.

252 수원고등농림학교의 역사는 다음과 같다. 1904년 서울에서 농상공학교가 세워지고 1906년 10월 농림학교로 분리되었다. 1907년 1월에 교사를 수원시 서둔동으로 옮겼고, 1918년에 농업 관련 전문학교로 승격되었다. 1922년에 수원고등농림학교로 이름이 바뀌었고, 1946년 8월에 서울대학교에 편입되어 농과대학이 되었다. 서둔야학사편찬위원회, 《서둔야학사》, 1999, 29쪽, 43쪽.

253 서둔야학사편찬위원회, 《서둔야학사》, 1999, 29쪽, 31쪽. 서둔야학은 1980년에 폐교했다가 1990년에 다시 재창설되었다.

254 농사원은 1962년에 농촌진흥청 체제로 바뀌었다. 농촌진흥청은 1946년의 농사개량원, 1949년의 중앙농업기술원, 1957년의 농사원을 이어받은 기구이다. 서둔야학사편찬위원회, 《서둔야학사》, 1999, 49쪽.

255 서둔야학사편찬위원회, 《서둔야학사》, 1999, 48~51쪽.

256 서둔야학사편찬위원회, 《서둔야학사》, 1999, 57쪽.

257 〈서둔야학 교지 〈서둔〉지 기사 발췌〉(1971년 6월호), 서둔야학사편찬위원회, 《서둔야학사》, 1999, 165쪽.

258 서둔야학사편찬위원회, 《서둔야학사》, 1999, 71쪽.

259 서둔야학사편찬위원회, 《서둔야학사》, 1999, 99쪽.

260 서둔야학사편찬위원회, 《서둔야학사》, 1999, 58~61쪽.

261 최장집, 《한국의 노동운동과 국가》, 열음사, 1988, 135쪽.

262 한국노동조합총연맹, 《사업보고》, 1973, 171~174쪽.

263 임송자, 〈1970년대 한국노총의 공장새마을운동 전개양상과 특징〉, 《한국근현대사연구》 52, 2010, 212~213쪽.

264 유경순, 〈청계피복 노동조합의 활동과 특징〉, 《1970년대 민중운동 연구》, 민주화운동기념사업회, 2005, 126~129쪽.

265 청계피복노동조합, 《영원한 불꽃 청계노조 20년 투쟁사》, 1990, 61~63쪽.

266 임낙평 저, 故박관현열사추모사업회 편, 《광주의 넋 박관현 그의 삶과 죽음》, 사계절,

1987, 54~55쪽.

267 임낙평 저, 故박관현열사추모사업회 편,《광주의 넋 박관현 그의 삶과 죽음》, 사계절, 1987, 55쪽.

268 임낙평 저, 故박관현열사추모사업회 편,《광주의 넋 박관현 그의 삶과 죽음》, 사계절, 1987, 56쪽, 68쪽.

269 임낙평 저, 故박관현열사추모사업회 편,《광주의 넋 박관현 그의 삶과 죽음》, 사계절, 1987, 71쪽.

## 3. 학출 운동가의 야학 활동과 국가 권력의 억압

1   姜光夏,〈경제개발 5개년 계획〉,《經濟論集》 36-1, 1997, 34쪽.

2   大韓民國政府,《第一次經濟開發五個年計劃(槪要)》, 1962.1, 20~30쪽.

3   姜光夏,〈경제개발 5개년 계획〉,《經濟論集》 36-1, 1997, 39쪽; 이완범,《박정희와 한강의 기적》, 선인, 2006, 118~119쪽.

4   기미야 다다시(木宮正史),《韓國의 內包的 工業化戰略의 挫折-5·16軍事政府의 國家自律性의 構造的 限界-》, 고려대 박사학위논문, 1991, 55쪽.

5   박태균,《원형과 변용》, 서울대학교출판부, 2007, 326~336쪽; 姜光夏,〈경제개발 5개년 계획〉,《經濟論集》 36-1, 1997, 37~38쪽.

6   이완범,《박정희와 한강의 기적》, 선인, 2006, 206쪽.

7   大韓民國政府,《第2次經濟開發5個年計劃》, 17쪽, 1966.7.

8   姜光夏,〈경제개발 5개년 계획〉,《經濟論集》 36-1, 1997, 40쪽.

9   이원보,《한국노동운동사》 5, 지식마당, 2004, 46~47쪽.

10  허병섭,《스스로 말하게 하라》, 한길사, 1987, 7~8쪽.

11  한숭희,《민중교육의 형성과 전개》, 교육과학사, 2001, 149쪽, 151~152쪽.

12  한숭희,《민중교육의 형성과 전개》, 교육과학사, 2001, 114쪽.

13  한숭희,《민중교육의 형성과 전개》, 교육과학사, 2001, 115쪽.

14  한숭희,《민중교육의 형성과 전개》, 교육과학사, 2001, 175쪽, 177~178쪽.

15  한숭희,《민중교육의 형성과 전개》, 교육과학사, 2001, 195쪽.

16  1971년 5·25총선 이후 정부의 강경책으로 인해 운동을 새로운 단계로 전환시킬 필요성이 있자 6월 12일 민주수호전국청년학생연맹과 연세대 중심의 범대학민권쟁취청년단을 통합하여 '전국학생연맹'을 결성하여 조직을 단일화했다. 한국기독교사회문제연구원,《1970년대 민주화운동과 기독교》, 한국기독교사회문제연구원, 1983, 105쪽.

17  차성환,〈1971년 사회운동의 재평가〉,《1970년대 민중운동 연구》, 민주화운동기념사업회, 2005, 42~43쪽.

18  71동지회 편,《나의 청춘 나의 조국》, 나남출판, 2001, 597~599쪽.

19  이재오,《해방 후 한국 학생운동사》, 형성사, 1984, 308쪽.

20  한국기독교교회협의회 인권위원회,《1970년대 민주화운동》, 한국기독교교회협의회 인권위원회, 1987, 94~95쪽.

21  한국기독교교회협의회 인권위원회,《1970년대 민주화운동》, 한국기독교교회협의회 인권위원회, 1987, 102~103쪽.

22  한국기독교사회문제연구원,《1970년대 민주화운동과 기독교》, 한국기독교사회문제연구원, 1983, 99~100쪽.

23  정윤광,《저항의 삶 내가 살아온 역사》, 백산서당, 2005, 35쪽.

24  정윤광,《저항의 삶 내가 살아온 역사》, 백산서당, 2005, 14~17쪽.

25  정윤광,《저항의 삶 내가 살아온 역사》, 백산서당, 2005, 14~17쪽.

26  정윤광,《저항의 삶 내가 살아온 역사》, 백산서당, 2005, 32~33쪽.

27  정윤광,《저항의 삶 내가 살아온 역사》, 백산서당, 2005, 34~35쪽.

28  유경순,《1980년대 변혁적 노동운동의 형성과 분화에 관한 연구》, 고려대 박사학위논문, 2011, 75쪽.

29  유경순,《1980년대 변혁적 노동운동의 형성과 분화에 관한 연구》, 고려대 박사학위논문, 2011, 75~77쪽.

30  유경순,《1980년대 변혁적 노동운동의 형성과 분화에 관한 연구》, 고려대 박사학위논문, 2011, 69쪽.

31  김용기·박승옥 편,《한국 노동운동 논쟁사》, 현장문학사, 1989, 15쪽. 학생운동권에서는 1980년 12월 이후 무림-학림논쟁이 전개되었으며, 이러한 논쟁은 1984년 이후에 깃발-반깃발논쟁으로 이어졌다. 무림과 학림이라는 용어는 경찰 수사과정에

서 명명한 것인데, 무림사건은 1980년 12월 11일 서울대의 시위와 시위에서 뿌려진 '반제반파쇼투쟁선언'이라는 유인물이 발단이 된 사건이다. 학림사건은 1981년 '전민학련·전민노련 사건'을 말한다. 일송정편집부, 《학생운동 논쟁사》, 일송정, 1988, 29~34쪽.

32 김용기·박승옥 편, 《한국 노동운동 논쟁사》, 현장문학사, 1989, 15쪽.

33 황광우, 《젊음이여 오래 거기 남아있거라》, 창비, 2007, 99~100쪽

34 황광우, 《젊음이여 오래 거기 남아있거라》, 창비, 2007, 101쪽.

35 김용기·박승옥 편, 《한국 노동운동 논쟁사》, 현장문학사, 1989, 16쪽.

36 천성호, 《한국야학운동사》, 학이시습, 2009, 396~400쪽.

37 일송정편집부, 《학생운동 논쟁사》, 일송정, 1988, 37~38쪽.

38 천성호, 《한국야학운동사》, 학이시습, 2009, 405쪽.

39 김용기·박승옥 편, 《한국 노동운동 논쟁사》, 현장문학사, 1989, 46쪽.

40 한완상, 〈민중과 의식화교육〉, 《한국 민중교육론》, 학민사, 1985, 64쪽.

41 천성호, 《한국야학운동사》, 학이시습, 2009, 413쪽.

42 유경순, 《1980년대 변혁적 노동운동의 형성과 분화에 관한 연구》, 고려대 박사학위논문, 2011, 75쪽.

43 황광우, 《젊음이여 오래 거기 남아있거라》, 창비, 2007, 103~105쪽.

44 천성호, 《한국야학운동사》, 학이시습, 2009, 414~415쪽.

45 천성호, 《한국야학운동사》, 학이시습, 2009, 415, 428~430쪽.

46 한국기독청년협의회 야학문제대책위 1983.12.11. 성명서(천성호, 《한국야학운동사》, 학이시습, 2009, 432~434쪽에서 재인용).

47 천성호, 《한국야학운동사》, 학이시습, 2009, 424~427쪽.

48 천성호, 《한국야학운동사》, 학이시습, 2009, 435쪽.

49 《경향신문》 1983년 11월 17일, 〈政府, 상위 答辯 行事동원 最大限 억제〉.

50 《경향신문》 1984년 1월 7일, 〈産業體 침투 "左傾組織" 적발. 治安本部 '근로夜學會' 351명 系譜 파악 수사 확대〉.

51 《조선일보》 1984년 1월 8일, 〈姜萬吉·李泳禧씨 등 조사. 治安본부 敎師 모임서 高麗聯邦制 찬양 등 혐의〉.

52 《경향신문》 1984년 1월 11일, 〈大學街 불온유인물이 端緒〉.

53  천성호, 《한국야학운동사》, 학이시습, 2009, 438~441쪽.

54  천성호, 《한국야학운동사》, 학이시습, 2009, 442~443쪽.

55  정관호, 《전남유격투쟁사》, 선인, 2008, 60~61쪽.

56  《경향신문》 1982년 2월 3일, 〈大學街의 陰影(19) 노동夜學. 工團서 자취…勤勞者
    에 意識化교육〉.

57  천성호, 《한국야학운동사》, 학이시습, 2009, 431쪽에서 재인용.

58  《경향신문》 1984년 1월 9일, 〈(社說) 어쩌자고 이러는가 -左傾知識人들의 勤勞者
    意識化事件을 듣고〉.

59  《경향신문》 1984년 1월 11일, 〈解職교수 李泳禧·姜萬吉씨 구속. 基督社會研 趙承
    赫 목사도. 治安本部 保安法 위반 혐의로〉.

60  《조선일보》 1984년 1월 11일, 〈趙承赫·李泳禧·姜萬吉 씨 구속. '高麗연방제' 찬양
    … 保安法 위반 혐의〉.

61  《경향신문》 1984년 1월 11일, 〈"정신적 오염 驚愕할 일" 李치안본부장〉.

62  《조선일보》 1985년 5월 22일, 〈어둠에 가려진 청소년 '夜學'. '檢夜' 검정고시 매달려
    교양 소홀. '勞夜' "意識化" 치중…向學熱에 찬물〉.

## 4. 야학생의 삶과 희망, 그리고 야학 문화

1   신경숙, 《외딴방》, 문학동네, 1995, 10쪽, 23쪽, 34쪽.

2   천성호, 《한국야학운동사》, 학이시습, 2009, 257~258쪽.

3   천성호, 《한국야학운동사》, 학이시습, 2009, 257쪽.

4   박세윤, 〈(회고담) 지역사회연구회 활동과 관련한 단상〉, 서둔야학사편찬위원회, 《서
    둔야학사》, 1999, 151쪽.

5   한윤수 편, 《비바람 속에 피어난 꽃》, 청년사, 1979, 23~24쪽.

6   한윤수 편, 《비바람 속에 피어난 꽃》, 청년사, 1979, 34~35쪽.

7   유용주, 《마린을 찾아서》, 한겨레신문사, 2002, 146~147쪽.

8   유용주, 《마린을 찾아서》, 한겨레신문사, 2002, 150쪽, 155쪽.

9   천성호, 《한국야학운동사》, 학이시습, 2009, 274~276쪽.

10  박세윤, 〈(회고담) 지역사회연구회 활동과 관련한 단상〉, 서둔야학사편찬위원회, 《서둔야학사》, 1999, 149~151쪽.

11  박세윤, 〈(회고담) 지역사회연구회 활동과 관련한 단상〉, 서둔야학사편찬위원회, 《서둔야학사》, 1999, 150쪽.

12  신경숙, 《외딴방》, 문학동네, 1995, 167~168쪽.

13  신경숙, 《외딴방》, 문학동네, 1995, 22~23쪽.

14  천성호, 《한국야학운동사》, 학이시습, 2009, 284쪽.

15  마이클 애플 저, 박부권·이혜영 역, 《교육과 이데올로기》, 한길사, 1985, 11쪽.

16  마이클 애플 저, 박부권·이혜영 역, 《교육과 이데올로기》, 한길사, 1985, 19쪽.

17  마이클 애플 저, 박부권·이혜영 역, 《교육과 이데올로기》, 한길사, 1985, 28쪽.

18  기독교야학연합회, 《민중야학의 이론과 실천》, 풀빛, 1985, 28쪽.

19  유용주, 《마린을 찾아서》, 한겨레신문사, 2002, 161쪽.

20  유용주, 《마린을 찾아서》, 한겨레신문사, 2002, 171쪽.

21  기독교야학연합회, 《민중야학의 이론과 실천》, 풀빛, 1985, 27쪽.

22  기독교야학연합회, 《민중야학의 이론과 실천》, 풀빛, 1985, 28쪽.

23  기독교야학연합회, 《민중야학의 이론과 실천》, 풀빛, 1985, 28쪽.

24  한완상, 〈민중과 의식화교육〉, 《한국 민중교육론》, 학민사, 1985, 59~61쪽. 한완상은 지식인을 민중으로 규정했다.

25  강명구·이상규, 〈이론과 현실 사이에서 : 부르디외 이론의 적용과 변용, 혹은 생성〉, 《언론과 사회》 19-4, 2011, 99쪽.

26  강준만, 〈피에르 부르디외, 왜 중요한가?〉, 《한국언론정보학보》 5, 1995, 284쪽.

27  강준만, 〈피에르 부르디외, 왜 중요한가?〉, 《한국언론정보학보》 5, 1995, 294쪽; 강명구·이상규, 〈이론과 현실 사이에서 : 부르디외 이론의 적용과 변용, 혹은 생성〉, 《언론과 사회》 19-4, 2011, 100쪽.

28  현택수·정선기·이상호·홍성민, 《문화와 권력》, 나남, 1998, 7~9쪽.

29  서둔야학사편찬위원회, 《서둔야학사》, 1999, 81쪽.

30  김영수, 〈(회고담) 마지막 교장의 뒤늦은 '폐교 고별사'〉, 서둔야학사편찬위원회, 《서둔야학사》, 1999, 156쪽.

31  서둔야학사편찬위원회, 《서둔야학사》, 1999, 77쪽.

32  서둔야학사편찬위원회, 《서둔야학사》, 1999, 82쪽.

33  박애란, 〈(회고담) 내 영혼이 따뜻했던 날들〉, 서둔야학사편찬위원회, 《서둔야학사》, 1999, 158~159쪽.

34  박세윤, 〈(회고담) 지역사회연구회 활동과 관련한 단상〉, 서둔야학사편찬위원회, 《서둔야학사》, 1999, 152쪽.

35  강옥동, 〈(회고담) 대한민국의 명문, 서둔야학〉, 서둔야학사편찬위원회, 《서둔야학사》, 1999, 160~161쪽.

36  천성호, 《한국야학운동사》, 학이시습, 2009, 285쪽.

37  유용주, 《마린을 찾아서》, 한겨레신문사, 2002, 157쪽.

38  유용주, 《마린을 찾아서》, 한겨레신문사, 2002, 158~159쪽.

39  한윤수 편, 《비바람 속에 피는 꽃》, 청년사, 1979, 168쪽.

40  한윤수 편, 《비바람 속에 피는 꽃》, 청년사, 1979, 178~179쪽.

41  앤서니 기든스 저, 김미숙 외 역, 《현대 사회학》, 을유문화사, 1997, 433~434쪽.

42  앤서니 기든스 저, 김미숙 외 역, 《현대 사회학》, 을유문화사, 1997, 434쪽.

43  성내운·한기호·김삼봉, 《세 학교의 이야기》, 학민사, 1983, 207~209쪽.

44  천성호, 《한국야학운동사》, 학이시습, 2009, 274쪽.

45  천성호, 《한국야학운동사》, 학이시습, 2009, 274쪽.

46  《경향신문》 1977년 4월 9일, 〈새보람 工團學校(1) 가슴 벅찬 向學熱〉.

47  《경향신문》 1977년 4월 15일, 〈3部制수업 4개반 편성〉.

48  물론 산업체에서 작업시간을 연장해 학생들이 결석, 지각하는 사례가 속출하고 있기도 했다. 《경향신문》 1977년 4월 27일, 〈새보람 工團학교(7) "門戶 더욱 넓혀야" 進學희망자 1/8 就學〉.

49  신경숙, 《외딴방》, 문학동네, 1995, 163쪽.

50  신경숙, 《외딴방》, 문학동네, 1995, 163~164쪽.

51  신경숙, 《외딴방》, 문학동네, 1995, 166쪽.

52  한윤수 편, 《비바람 속에 피어난 꽃》, 청년사, 1979, 44쪽.

53  한윤수 편, 《비바람 속에 피어난 꽃》, 청년사, 1979, 50쪽.

54  천성호, 《한국야학운동사》, 학이시습, 2009, 277쪽.

55  박세윤, 〈(회고담) 지역사회연구회 활동과 관련한 단상〉, 서둔야학사편찬위원회, 《서

둔야학사》, 1999, 151쪽.

56  성내운·한기호·김삼봉, 《세 학교의 이야기》, 학민사, 1983, 261쪽.

57  서둔야학사편찬위원회, 《서둔야학사》, 1999, 73쪽.

58  이문한, 〈(회고담) 함께 나눈 기쁨과 슬픔, 그 짧은 얘기〉, 서둔야학사편찬위원회, 《서둔야학사》, 1999, 143쪽.

59  김영수, 〈(회고담) 마지막 교장의 뒤늦은 '폐교 고별사'〉, 서둔야학사편찬위원회, 《서둔야학사》, 1999, 156쪽.

60  박세윤, 〈(회고담) 지역사회연구회 활동과 관련한 단상〉, 서둔야학사편찬위원회, 《서둔야학사》, 1999, 149쪽.

61  이미숙, 〈현단계 민중교육에 대한 검토〉, 《한국 민중교육론》, 학민사, 1985, 32쪽.

62  한완상, 〈민중과 의식화교육〉, 《한국 민중교육론》, 학민사, 1985, 56쪽.

63  한완상, 〈민중과 의식화교육〉, 《한국 민중교육론》, 학민사, 1985, 57~58쪽. 한완상은 의식화 단계를 세 단계로 나눈 다음, 의식화에 따라 행동이 촉발되는 세 번째 단계를 두 가지 수준으로 구분했다. 그 하나는 전략적으로 승산이 있을 때만 행동하려는 민중의 의식화 수준이고, 다른 하나는 승부에 대한 공리적 계산을 초월하여 결단과 행동이 옳다고 믿기에 행동하는 수준이다.

64  기독교야학연합회, 《민중야학의 이론과 실천》, 풀빛, 1985, 47~48쪽.

65  기독교야학연합회, 《민중야학의 이론과 실천》, 풀빛, 1985, 47~59쪽.

66  파울로 프레이리 저, 남경태 역, 《페다고지》, 그린비, 2002, 89쪽.

67  브리안 위렌 저, 김쾌상 역, 〈正義를 위한 교육〉, 《民衆敎育論 : 제3세계의 時角》, 한길사, 1979, 203쪽.

68  파울로 프레이리 저, 남경태 역, 《페다고지》, 그린비, 2002, 90~92쪽.

69  파울로 프레이리 저, 남경태 역, 《페다고지》, 그린비, 2002, 94쪽.

70  파울로 프레이리 저, 남경태 역, 《페다고지》, 그린비, 2002, 102쪽.

71  브리안 위렌 저, 김쾌상 역, 〈正義를 위한 교육〉, 《民衆敎育論 : 제3세계의 時角》, 한길사, 1979, 203쪽.

72  브리안 위렌 저, 김쾌상 역, 〈正義를 위한 교육〉, 《民衆敎育論 : 제3세계의 時角》, 한길사, 1979, 204~206쪽.

73  파울로 프레이리 저, 남경태 역, 《페다고지》, 그린비, 2002, 100쪽.

74 파울로 프레이리 저, 남경태 역, 《페다고지》, 그린비, 2002, 109~110쪽.

75 파울로 프레이리 저, 남경태 역, 《페다고지》, 그린비, 2002, 113~118쪽.

76 이훈도, 《夜學의 韓國教育 文化思想史的 研究 -勞動夜學을 중심으로-》, 경북대 박사학위논문, 1997, 14~15쪽.

77 서둔야학사편찬위원회, 《서둔야학사》, 1999, 77쪽.

78 이문한, 〈(회고담) 함께 나눈 기쁨과 슬픔, 그 짧은 얘기〉, 서둔야학사편찬위원회, 《서둔야학사》, 1999, 144쪽.

79 신경숙, 《외딴방》, 문학동네, 1995, 107쪽.

80 신경숙, 《외딴방》, 문학동네, 1995, 143~144쪽.

81 기독교야학연합회, 《민중야학의 이론과 실천》, 풀빛, 1985, 72쪽.

82 기독교야학연합회, 《민중야학의 이론과 실천》, 풀빛, 1985, 75쪽.

83 한윤수 편, 《비바람 속에 피어난 꽃》, 청년사, 1979, 10쪽, 25쪽.

84 임낙평 저, 故박관현열사추모사업회 편, 《광주의 넋 박관현 그의 삶과 죽음》, 사계절, 1987, 68쪽.

85 《동아일보》 1980년 12월 3일, 〈생생한 生活體驗 詩로 手記로 YMCA 主催 근로靑少年 글짓기大會〉

86 유용주, 《마린을 찾아서》, 한겨레출판, 2002.

87 《경향신문》 1970년 10월 7일, 〈修學여행 러쉬〉.

88 윤한철, 〈(회고담) 잊지 못할 계룡산 수학여행〉, 서둔야학사편찬위원회, 《서둔야학사》, 1999, 147쪽.

89 성내운·한기호·김상봉, 《세 학교의 이야기》, 학민사, 1983, 169~170쪽.

90 성내운·한기호·김상봉, 《세 학교의 이야기》, 학민사, 1983, 169~170쪽.

91 한윤수 편, 《비바람 속에 피어난 꽃》, 청년사, 1979, 83쪽.

92 한윤수 편, 《비바람 속에 피어난 꽃》, 청년사, 1979, 46쪽.

93 한윤수 편, 《비바람 속에 피어난 꽃》, 청년사, 1979, 83~84쪽.

94 《경향신문》 1981년 4월 16일, 〈勤勞청소년들에 夜學 봉사 펴는 大學生 교사들. '삶의 現場學習' … 배움을 주고받는다〉.

95 《경향신문》 1981년 4월 16일, 〈勤勞청소년들에 夜學 봉사 펴는 大學生 교사들. '삶의 現場學習' … 배움을 주고받는다〉.

96 백상덕, 〈그 찬란한 밤의 추억〉, 서둔야학사편찬위원회, 《서둔야학사》, 1999, 128쪽.

97 임낙평 지음, 故박관현열사추모사업회 편, 《광주의 넋 박관현 그의 삶과 죽음》, 사계절, 1987, 61쪽.

98 성내운·한기호·김상봉, 《세 학교의 이야기》, 학민사, 1983, 169~170쪽.

99 전태일 저, 전태일기념사업회 편, 《내 죽음을 헛되이 말라》, 돌베개, 1988, 47쪽.

## 맺음말

1 임송자, 〈이승만 정권기 문해교육 정책과 문맹 퇴치 5개년 사업〉, 《사림》 50, 2014.10, 60~61쪽.

2 임송자, 〈민주당 정권기와 군정기의 향토학교 운동과 동원의 교육정치〉, 《한국민족운동사연구》 84, 2015, 293~294쪽.

3 한승희, 《民衆敎育의 형성과 전개》, 교육과학사, 2001, 268쪽.

4 앵글과 오초아 저, 정세구 역, 《民主市民敎育》, 敎育科學社, 1995, 15쪽.

5 박재창, 〈민주화 이론과 시민교육의 전략〉, 《민주시민교육의 전략과 과제》, 도서출판 오름, 2007, 26쪽.

6 신형식, 〈시민사회와 민주시민교육〉, 《한국민주시민교육학회보》 13-2, 2012, 33쪽.

7 심익섭, 〈민주시민교육의 논리와 발전전망〉, 《민주시민교육의 전략과 과제》, 도서출판 오름, 2007, 75쪽.

8 앵글과 오초아 저, 정세구 역, 《民主市民敎育》, 敎育科學社, 1995, 17쪽.

9 신형식, 〈시민사회와 민주시민교육〉, 《한국민주시민교육학회보》 13-2, 2012, 43쪽.

10 심익섭, 〈한국 민주시민교육의 기본논리〉, 《한국민주시민 교육론》, 엠-애드, 2004, 12~15쪽.

11 심익섭, 〈민주시민교육의 논리와 발전전망〉, 《민주시민교육의 전략과 과제》, 도서출판 오름, 2007, 77쪽.

12 정수복, 〈사회운동: 시민개혁과 시민운동〉, 한완상·권태환 편저, 《전환기 한국의 사회문제》, 민음사, 1996, 304쪽(한승희, 《民衆敎育의 형성과 전개》, 교육과학사, 2001, 281~282쪽에서 재인용).

# 참고문헌

## 자료

국가법령정보센터(http://law.go.kr)

《국회 임시회의 속기록》

《경향신문》《동아일보》《매일경제》《매일신보》《서울신문》《조선일보》《중앙신문》

남조선 과도입법의원,《南朝鮮過渡立法議院 速記錄》3, 여강출판사, 1984

대통령비서실,《새마을운동 박정희대통령 연설문 선집》, 대통령비서실, 1978

대한민국정부,《第1次經濟開發五個年計劃(槪要)》, 大韓民國政府, 1962

_____,《第2次經濟開發5個年計劃》, 大韓民國政府, 1966

문교부,〈國務會議 附議事項 : 文盲國民完全退治計劃〉, 문교부, 1953

_____,《문교행정시정업적》, 문교부, 1957

_____,《문교행정업적》, 문교부, 1958

_____,《향토학교 사례집》, 문교부, 1961

유네스코·운크라 敎育計劃使節團,《韓國의 敎育狀況 豫備調査報告書》, 1952

유네스코 한국위원회,《유네스코 韓國總攬》, 1957

임명삼 역,《유엔조선위원단 보고서》, 돌베개, 1984

정태수,《美軍政期 韓國敎育史資料集》上, 弘芝苑, 1992

중앙선거관리위원회,《大韓民國選擧史》1, 中央選擧管理委員會, 1973

한국노동조합총연맹,《사업보고》, 한국노동조합총연맹, 1973

## 단행본

71동지회 편, 《나의 청춘 나의 조국》, 나남출판, 2001

경기도교육위원회, 《鄕土學校十年 58~67》, 京畿道敎育委員會, 1968

고 박관현열사 추모사업회 편, 임낙평 저, 《광주의 넋 박관현 그의 삶과 죽음》, 사계절, 1987

광주부, 《해방전후회고》, 돌베개, 1984

국무총리행정조정실, 《청소년 백서》, 國務總理行政調整室, 1982

기독교야학연합회, 《민중야학의 이론과 실천》, 풀빛, 1985

김영미, 《그들의 새마을운동》, 푸른역사, 2009

김용기·박승옥 편, 《한국 노동운동 논쟁사》, 현장문학사, 1989

김혁동, 《美軍政下의 立法議院》, 汎友社, 1970

마이클 애플 저, 박부권·이해영 역, 《교육과 이데올로기》, 한길사, 1985

박태균, 《원형과 변용》, 서울대학교출판부, 2007

새마을금고聯合會, 《새마을금고二十五年史》上, 1989

서둔야학사편찬위원회, 《서둔야학사》, 서둔야학회, 1999

서중석, 《이승만의 정치이데올로기》, 역사비평사, 2005

_____, 《한국현대민족운동연구》, 역사비평사, 1991

鮮于基聖, 《韓國靑年運動史》, 錦文社, 1973

성내운·한기호·김삼봉, 《세 학교의 이야기》, 학민사, 1983

손인수, 《미군정과 교육정책》, 민영사, 1992

_____, 《한국교육 운동사》 1·2, 문음사, 1994

宋南憲, 《解放 三年史》 1, 까치, 1985

신경숙, 《외딴방》, 문학동네, 1995

안병욱 편, 《한국 사회운동의 새로운 인식》 1, 대동, 1992

안태정, 《조선노동조합전국평의회》, 현장에서 미래를, 2002

앤서니 기든스 저, 김미숙 외 역, 《현대 사회학》, 을유문화사, 1997

앵글과 오초아 저, 정세구 역, 《民主市民敎育》, 敎育科學社, 1995

오욱환, 《한국 사회의 교육열》, 교육과학사, 2000

吳天錫,《韓國新敎育史》, 현대교육총서출판사, 1964

유병용·최봉대·오유석,《근대화 전략과 새마을운동》, 백산서당, 2001

유용주,《마린을 찾아서》, 한겨레신문사, 2002

이경남,《분단시대의 청년운동》상, 삼성문화개발, 1989

이완범,《박정희와 한강의 기적》, 선인, 2006

이우재,《한국농민운동사연구》, 한울, 1991

이원보,《한국노동운동사》5, 지식마당, 2004

이응호,《미군정기의 한글운동사》, 성청사, 1974

이장원,《야학비판》, 학이시습, 2009

이재오,《해방 후 한국 학생운동사》, 형성사, 1984

이철승, 2011,《대한민국과 나》1, 시그마북스.

일송정편집부,《학생운동 논쟁사》, 일송정, 1988

임송자,《대한민국 노동운동의 보수적 기원》, 선인, 2007

_____,《한국의 노동조합과 노동운동의 역사》, 선인, 2016

전남일·손세관·양세화·홍형옥,《한국 주거의 사회사》, 돌베개, 2008

전태일 저, 전태일기념사업회 편,《내 죽음을 헛되이 말라》, 돌베개, 1988

정관호,《전남유격투쟁사》, 선인, 2008

정윤광,《저항의 삶 내가 살아온 역사》, 백산서당, 2005

정재환,《한글의 시대를 열다》, 경인문화사, 2013

中央敎育研究所,《향토학교 건설의 문제점》, 배영사, 1963

천성호,《한국야학운동사》, 학이시습, 2009

청계피복노동조합,《영원한 불꽃 청계노조 20년 투쟁사》, 1990

최운실·백은순·최돈민,《한국 사회교육의 과거·현재·미래 탐구》, 한국교육개발원, 1993

최장집,《한국의 노동운동과 국가》, 열음사, 1988

친일인명사전편찬위원회,《친일인명사전》1·2·3, 민족문제연구소, 2009

파울로 프레이리 저, 남경태 역,《페다고지》, 그린비, 2002

韓國敎育問題硏究所,《文敎史 1945~1973》, 중앙대학교출판국, 1974

韓國敎育十年史刊行會 編,《韓國敎育十年史》, 豊文社, 1960

한국기독교교회협의회 인권위원회,《1970년대 민주화운동》, 한국기독교교회협의회 인권

위원회, 1987

한국기독교사회문제연구원, 《1970년대 민주화운동과 기독교》, 한국기독교사회문제연구
    원, 1983

韓國反託·反共學生運動記念事業會, 《韓國學生建國運動史》, 韓國反託·反共學生運
    動記念事業會出版局, 1986

한숭희, 《민중교육의 형성과 전개》, 교육과학사, 2001

한윤수 편, 《비바람 속에 피어난 꽃》, 청년사, 1979

허병섭, 《스스로 말하게 하라》, 한길사, 1987

현택수·정선기·이상호·홍성민, 《문화와 권력》, 나남, 1998

황광우, 《젊음이여 오래 거기 남아 있거라》, 창비, 2007

黃宗建, 《韓國의 社會敎育》, 敎育科學社, 1985


## 논문

姜光夏, 〈경제개발 5개년 계획〉, 《經濟論集》 36-1, 1997

강명구·이상규, 〈이론과 현실 사이에서 : 부르디외 이론의 적용과 변용, 혹은 생성〉, 《언론
    과 사회》 19-4, 2011

강준만, 〈피에르 부르디외, 왜 중요한가?〉, 《한국언론정보학보》 5, 1995

고원, 〈박정희 정권 시기 농촌 새마을운동과 '근대적 국민 만들기'〉, 《경제와사회》 69, 2006

金宗西, 〈韓國 文盲率의 檢討〉, 《敎育學研究》 2, 1964

김기석·유성상, 〈미군정기 남한에서의 문맹 퇴치 운동, 1945~1948〉, 김종서 편, 《한국 문
    해교육 연구》, 교육과학사, 2001

김대영, 〈박정희 국가동원 메커니즘에 관한 연구〉, 《경제와사회》 61, 2004

김득중, 〈1948년 제헌국회의원 선거 과정〉, 《成大史林》 10, 1994

_____, 《制憲國會의 構成過程과 性格》, 성균관대 석사학위논문, 1994

김민남·조정봉, 〈해방 후 문해교육에 대한 비판적 이해〉, 《중등교육연구》 45, 2000

김영미, 〈미군정기 南朝鮮過渡立法議院의 성립과 활동〉, 《한국사론》 32, 1994

金永善, 〈國土建設計劃과 失業者對策〉, 《思想界》, 1961

_____, 〈民主黨 腹案의 骨子〉,《思想界》, 1960

金宗西, 〈韓國 文盲率의 檢討〉,《敎育學硏究》 2, 1964

稻葉斷雄, 〈美軍政下에 있어서 言語政策의 展開〉, 阿部洋 編,《解放後 韓國의 敎育改革》, 韓國硏究院, 1987

木宮正史,《韓國의 內包的 工業化戰略의 挫折 -5·16軍事政府의 國家自律性의 構造的 限界-〉, 고려대 박사학위논문, 1991

박재창, 〈민주화 이론과 시민교육의 전략〉,《민주시민교육의 전략과 과제》, 도서출판 오름, 2007

박진도·한도현, 〈새마을운동과 유신 체제 -박정희 정권의 농촌 새마을운동을 중심으로-〉, 《역사비평》 47, 1999

박창원,《해방기(1945~1948) 대구·경북 진보적민족주의 세력의 영화·연극운동 연구》, 계명대 박사학위논문, 2012

박효선, 〈한국군의 문해교육 전개 과정에 관한 연구〉,《圓光 軍事論壇》 5, 2009

브리안 위렌 저, 김쾌상 역, 〈正義를 위한 교육〉,《民衆敎育論 : 제3세계의 時角》, 한길사, 1979

서주연,《1960년대 박정희 정부의 향토학교 정책》, 한국교원대 석사학위논문, 2015.2

서진호,《근로 청소년의 사회교육에 관한 조사연구 -야간 특별학급 및 산업체 부설학교를 중심으로-〉, 단국대 석사학위논문, 1983

成來運, 〈鄕土를 外面하면서 二十年 -鄕土學校建設運動을 中心으로-〉,《새교육》 16-12, 1964

신원철, 〈경영혁신운동으로서의 공장 새마을운동 : 대한조선공사 사례〉,《산업노동연구》 9-2, 2003

신형식, 〈시민사회와 민주시민교육〉,《한국민주시민교육학회보》 13-2, 2012

심익섭, 〈민주시민교육의 논리와 발전전망〉,《민주시민교육의 전략과 과제》, 도서출판 오름, 2007

_____, 〈한국 민주시민교육의 기본논리〉,《한국민주시민 교육론》, 엠-애드, 2004

양동숙, 〈해방 후 독립촉성애국부인회의 조직과 활동 연구〉,《한국민족운동사연구》 62, 2010

오혁진·허준, 〈1950년대 '전국문맹 퇴치 교육'의 사회교육사적 의미〉,《평생교육연구》 17-

4, 2011

유경순, 《1980년대 변혁적 노동운동의 형성과 분화에 관한 연구》, 고려대 박사학위논문, 2011

_____, 〈청계피복 노동조합의 활동과 특징〉, 《1970년대 민중운동 연구》, 민주화운동기념사업회, 2005

柳達永, 〈勞作敎育의 再認識 -敎育의 當面課題-〉, 《새교육》 13-2, 1961

윤복남, 《한국 문해교육의 사회사적 고찰》, 고려대 박사학위논문, 1991

이광호, 〈미군정의 교육정책〉, 《분단시대의 학교교육》, 푸른나무, 1989

이길상, 〈미군정의 국가적 성격과 교육정책〉, 《정신문화연구》 47, 1992

_____, 〈해방 전후 한국 교육 관련 미국 자료 연구〉, 《해방 전후사 사료 연구》 2, 선인, 2002

이미숙, 〈현단계 민중교육에 대한 검토〉, 《한국 민중교육론》, 학민사, 1985

李榮德, 〈이것이 鄕土學校다〉, 《새교육》 13-2, 1961

李勳度, 《夜學의 韓國敎育 文化思想史的 硏究 -勞動夜學을 중심으로-》, 경북대 박사학위논문, 1997

이희수, 《미군정기 성인교육의 정치 사회화 기능》, 중앙대 박사학위논문, 1996

이희호, 〈미군정기 《한글 첫걸음》 교재에 대한 맥락 연구〉, 《겨레어문학》 48, 2012

임경택, 《한국 권위주의체제의 동원과 통제에 대한 연구 -새마을운동을 중심으로-》, 고려대 박사학위논문, 1991

임송자, 〈1970년대 한국노총의 공장새마을운동 전개양상과 특징〉, 《한국근현대사연구》 52, 2010

_____, 〈민주당 정권기 국토건설사업의 추진과정〉, 《史林》 6, 2013

_____, 〈이승만 정권기 문해교육 정책과 문맹 퇴치 5개년 사업〉, 《史林》 50, 2014

_____, 〈미군정기 우익 정치 세력과 우익 학생 단체의 문해·계몽운동〉, 《한국민족운동사연구》 79, 2014

_____, 〈민주당 정권기와 군정기의 향토학교 운동과 동원의 교육정치〉, 《한국민족운동사연구》 84, 2015

장상철, 〈작업장통제전략으로서의 공장새마을운동: 성과와 한계〉, 《1960~1970년대 노동자의 작업장 문화와 정체성》, 한울아카데미, 2006

정재걸, 〈현대 한국 군정교육의 역사적 평가: 5·16군정의 교육이념·교육 내용의 분석을 중심으로〉, 《한국교육사학》 13, 1991

車均禧, 〈國土建設事業의 基本構想과 展望〉, 《식량과 농업》 5-3, 1961

차성환, 〈1971년 사회운동의 재평가〉, 《1970년대 민중운동 연구》, 민주화운동기념사업회, 2005

최혜월, 〈미군정기 국대안 반대 운동의 성격〉, 《역사비평》 1, 1988

한완상, 〈민중과 의식화교육〉, 《한국 민중교육론》, 학민사, 1985

한준상, 〈미국의 문화침투와 한국교육〉, 《해방전후사의 인식》 3, 한길사, 1987

한준상·정미숙, 〈1948~1953년 문교정책의 이념과 특성〉, 《解放前後史의 認識》 4, 한길사, 1989

허은, 〈5·16 군정기 재건국민운동의 성격 – '분단국가 국민운동' 노선의 결합과 분화〉, 《역사문제연구》 11, 2003

洪仁根, 〈再建國民運動〉, 《신동아》, 1965

## 기타

※ 이 책을 집필하면서 부딪친 문제는 미군정기, 이승만 정권기, 민주당 정권기의 야학이나 교육정책에 대한 연구가 미흡하다는 점이었다. 이를 극복하기 위해 구체적으로 연구하여 세 편의 논문을 학술지에 발표했다. 이러한 논문의 내용을 수정·보완하여 이 책에 담았는데, 학술지에 실린 글은 아래와 같다.

〈미군정기 우익 정치 세력과 우익 학생 단체의 문해·계몽운동〉, 《한국민족운동사연구》 79, 2014

〈이승만 정권기 문해교육 정책과 문맹 퇴치 5개년 사업〉, 《사림》 50, 2014

〈민주당 정권기와 군정기의 향토학교 운동과 동원의 교육 정치〉, 《한국민족운동사연구》 84, 2015

# 찾아보기